LES PROCESSUS CG

BTS CG 1re et 2e années

PROCESSUS 5

Analyse et prévision de l'activité

Sous la direction de Christine Darlay

Marie-Agnès Choukroun
Alain Larguier
Jacques Retur
Éric Taccone
Régis Tombarel

+ liens avec le P7

Nathan
TECHNIQUE

Édition : Florence Terrasse, Anna-Tatum Villalba
Conception couverture : Vincent Rioult
Conception maquette : Anne-Danielle Naname

ISBN : 978-2-09-164847-7

Sommaire

Chapitre 1

Les coûts et décisions de gestion

Activité	Composante d'activité	Compétences	P7
5.1. Identification de la structure des coûts	**5.1.1.** Analyse de la décision de gestion **5.1.2.** Recensement des coûts associés à une activité, un produit ou un service de l'organisation	– Identifier les enjeux, les incidences, les caractéristiques d'une décision de gestion – Caractériser les objets de coûts (produit, service, commande, processus, entité…) et identifier les coûts pertinents	**– L'interprétation ou la présentation d'un schéma représentant un processus de l'organisation** – L'identification des besoins d'information des acteurs au sein d'une activité – L'identification des sources d'information – L'interprétation du modèle relationnel – L'extraction du PGI des informations pertinentes **– L'utilisation du tableur pour présenter les éléments des coûts et des marges**

Situation professionnelle

La SA Restau'Chef a été fondée par le couple Jeanne et Alain Droit il y a huit ans. Elle propose de la restauration semi-gastronomique sur place pour une gamme de prix entre 18 et 100 €. Sa notoriété est maintenant importante sur la ville d'Aubagne (13) et dans une périphérie de 40 km, incluant des agglomérations telles que Marseille et Aix-en-Provence.

Les performances comptables et financières de la société sont satisfaisantes. Pour faire face à un accroissement de la clientèle, les dirigeants ont été amenés à réaliser des travaux d'agrandissement de la salle et de modernisation de la cuisine au cours de l'année précédente.

Aujourd'hui, M. et Mme Droit se posent de nombreuses questions quant au positionnement de leur restaurant, ses capacités à répondre à la demande des clients, les coûts qu'il engendre et sa rentabilité. Ils souhaitent mettre à plat l'organisation de l'entreprise pour recenser précisément les coûts générés par l'exploitation du restaurant.

Mission

Vous êtes en stage dans la SA Restau'Chef et travaillez en relation directe avec M. et Mme Droit ainsi qu'avec le cabinet comptable de la société. Vous avez été affecté(e) à la réalisation d'une étude des coûts permettant de répondre à plusieurs objectifs :

– identifier les difficultés en matière de gestion auxquelles les dirigeants doivent faire face au cours de l'année N ;

– déterminer les moyens d'accroître la rentabilité, notamment en repérant les coûts pertinents ;

– analyser les différentes options qui s'offrent à M. et Mme Droit pour renforcer la performance et la pérennité de leur entreprise.

Travail à faire

I Identifier les problèmes de gestion

M. et Mme Droit souhaitent analyser les performances de l'année N.

1. **Analysez le chiffre d'affaires de l'entreprise.**

a) **Quelle est l'évolution globale du chiffre d'affaires entre N-3 et N ?** Annexes 1 et 2

b) **Étudiez cette évolution : quelle a été la variation de la fréquentation du restaurant entre N-1 et N ?** Fiche ressource 1

2. **Analysez la rentabilité de l'entreprise.**

a) **Quelle est l'évolution globale du résultat comptable entre N-1 et N ?**

b) **Quel est le taux de profitabilité en N-1 ? en N ?**

3. **Quel problème de gestion se pose pour cette entreprise ?**

II Expliciter les causes des problèmes de gestion

Les responsables veulent maintenant repérer les origines de ce dysfonctionnement. Au cours de l'année N-1, ils ont pris la décision de réaliser d'importants travaux en cuisine afin d'augmenter la capacité de production de l'établissement. Ils se remémorent les raisons qui les ont poussés à prendre cette décision et analysent les impacts qu'elle a eus.

4. **Analysez les choix effectués.** Annexe 3

a) **Quelle est la nature des décisions prises par M. et Mme Droit ?** Fiche ressource 1

b) **Quelle est la nature des décisions prises par Alain Bios ?**

P7 **5.** **Observez le processus de production des plats de l'année N-2 et identifiez les raisons pour lesquelles M. et Mme Droit ont pris ces décisions.** Annexe 4 — Fiche ressource 1

a) **Quelles sont les étapes de ce processus ?**

b) **Quel(s) dysfonctionnement(s) ce processus fait-il apparaître ?**

c) **En quoi les décisions prises par M. et Mme Droit doivent-elles permettre de résoudre le(s) problème(s) ?**

6. **Identifiez les conséquences de la décision de M. Droit sur les charges de l'entreprise.**

a) **Observez le compte de résultat. Quels sont les postes de charges qui ont particulièrement évolué entre N-1 et N ?** Annexes 2 et 3 — Fiche ressource 2

P7 b) **Comment ces évolutions s'expliquent-elles ? Complétez, sur l'annexe 2 ou sur tableur, le tableau d'évolution des charges et de la rentabilité entre N-1 et N.**

c) **Donnez des exemples de charges fixes et de charges variables. Ont-elles augmenté pour les mêmes raisons ?**

d) **Concluez sur les raisons du recul des bénéfices alors que le CA augmente.**

7. **Pourquoi peut-on dire, dans cette situation, que les charges fixes sont des coûts pertinents ?** Fiche ressource 2

III Prendre une décision et en mesurer les enjeux

M. et Mme Droit ont compris que leur cuisine était désormais sous-utilisée. Ils souhaitent prendre une décision qui permettra à la fois de répondre aux besoins nouveaux de la clientèle et de rentabiliser les investissements de l'an passé.

8. **Compte tenu des problèmes de rentabilité des nouveaux investissements, quel serait l'intérêt, du point de vue financier et commercial, de diversifier l'activité du restaurant ?** Annexe 5

9. **Cette nouvelle activité engendrera des coûts supplémentaires qui lui sont propres.** Annexe 5 · Fiche ressource 2

a) **Quelles seront les charges directes qu'elle produira ?**

b) **Pourquoi peut-on dire que ces charges directes sont les coûts pertinents de cette nouvelle activité ?**

c) **À votre avis, l'entreprise peut-elle les supporter ?**

d) **Les époux Droit ont-ils intérêt à créer cette nouvelle activité ?**

IV Mettre en place un système de contrôle de gestion

Tout au long de leur réflexion, et afin de prendre des décisions, M. et Mme Droit se sont appuyés sur différentes analyses. Ils ont exploité des processus, calculé différents coûts (fixes, variables, directs...). Ils ont alors eu recours à un système de contrôle de gestion.

10. **Quels éléments du contrôle de gestion ont permis de mettre en évidence les dysfonctionnements ?** Fiche ressource 3

11. **En quoi ces éléments ont-ils participé à la prise de décision ?**

Dans le cadre de ce contrôle de gestion, M. Droit s'est basé sur une comptabilité de gestion.

12. **Les coûts fixes, variables, directs et indirects sont-ils visibles dans le compte de résultat de l'entreprise ?** Annexe 2 · Fiche ressource 2

13. **Qu'a dû faire M. Droit pour obtenir ces données ?**

14. **Montrez l'intérêt d'une comptabilité de gestion.** Fiche ressource 4

Données de la situation

Annexe 1 L'activité globale de la SA Restau'Chef

• **Évolution du chiffre d'affaires au cours des dernières années**

	Évolution du CA						
	N-3	N-2	Évolution	N-1	Évolution	N	Évolution
CA global	755 000 €	750 000 €	– 0,66 %	764 000 €	1,87 %	850 000 €	11,26 %

• **Évolution du nombre de couverts par service (midi ou soir)**

		N-2	N-1	N
Nombre moyen de couverts par service	Midi	30	38	45
	Soir	18	27	30

Annexe 2 La rentabilité de l'entreprise

Éléments de gestion extraits du PGI (N et N-1), basés sur le compte de résultat établi par la comptabilité générale :

SA Restau'Chef

	N-1		N		Évolution
	Débit	%	Débit	%	
Achats de matières premières	267 800	43,5 %	324 000	43,9 %	21,0 %
Var. de stocks de matières premières (SI – SF)*	– 500	– 0,1 %	– 2 000	– 0,3 %	300,0 %
Achats divers	1 800	0,3 %	2 000	0,3 %	11,1 %
Achats de marchandises	68 400	11,1 %	78 000	10,6 %	14,0 %
Var. de stocks de marchandises (SI – SF)*	1 500	0,2 %	– 10 000	– 1,4 %	– 766,7 %
Services extérieurs (location, crédit-bail...)	19 950	3,2 %	29 700	4,0 %	48,9 %
Salaires	171 000	27,8 %	194 000	26,3 %	13,5 %
Charges sociales	76 950	12,5 %	89 500	12,1 %	16,3 %
Charges financières	950	0,2 %	5 700	0,8 %	500,0 %
Charges exceptionnelles	600	0,1 %	1 200	0,2 %	100,0 %
Dotations aux amortissements, dépréciations...	6 800	1,1 %	26 470	3,6 %	289,3 %
Totaux Charges	**615 250**		**738 570**		**20,0 %**
Ventes de produits finis	634 000	83,0 %	705 000	82,9 %	11,2 %
Ventes de marchandises	130 000	17,0 %	145 000	17,1 %	11,5 %
Chiffre d'affaires	**764 000**		**850 000**		**11,3 %**
Résultat	**148 750**		**111 430**		**– 25,1 %**
Taux de profitabilité (Résultat / Chiffre d'affaires)	**19,47 %**		**13,11 %**		

* SI : stock initial – SF : stock final.

• **Évolution des charges et de la rentabilité entre N-1 et N**

	N-1	% CA	N	% CA	Évolution
Chiffre d'affaires					
Charges variables	347 550 €		386 672 €		
Charges fixes					
Charges totales					
Résultat					

Annexe 3 La capacité de production des cuisines du restaurant

• En N-1, M. et Mme Droit ont pris la décision d'investir dans leur restaurant.

La SA Restau'Chef est un lieu attractif proposant des mets de bonne qualité dans un cadre agréable. Depuis sa création, les dirigeants ont souhaité se démarquer de la concurrence en développant une image de restaurant semi-gastronomique ; M. Droit a pris la décision de refaire à neuf la cuisine en N-1 et de moderniser le matériel pour augmenter sa capacité de production, en la faisant passer de 35 à 60 couverts par service.
La cuisine a été modernisée et la capacité d'accueil en salle augmentée :

Investissements réalisés		
	Montant	**Mode de financement**
Matériel de cuisine : four, congélateur, table de cuisson, petit matériel de découpe…	60 000 €	Emprunt et crédit-bail
Agrandissement de la chambre froide	20 000 €	Emprunt et autofinancement
Tables, chaises	15 000 €	Emprunt
Objets de décoration	5 000 €	Emprunt et autofinancement
Informatique*	10 000 €	Crédit-bail
Main-d'œuvre	30 000 €	Emprunt et autofinancement
Total	**140 000 €**	

* Le matériel informatique est constitué d'une caisse enregistreuse tactile associée à des PAD (petit matériel portable permettant de prendre les commandes des clients en salle et de les transférer automatiquement à distance en cuisine sans plus avoir de support papier).

Par ailleurs :
– un nouveau commis a été embauché en CDI ;
– les travaux ont été décidés par M. et Mme Droit mais le chef de rang, Alain Bios, a souhaité participer au choix du matériel. Il a également aidé à la sélection de nouveaux fournisseurs plus adaptés à l'augmentation de l'activité et à l'amélioration de la qualité.

• Les conséquences de cet investissement sur la structure des coûts de l'entreprise

Suite à cet investissement, les coûts de l'entreprise ont fortement augmenté, mais chacun pour des raisons différentes :
– certains ont augmenté à cause des décisions prises pour augmenter la capacité productive du restaurant. Ils sont liés à la structure de l'entreprise ;
– d'autres ont augmenté car les clients, plus nombreux, ont augmenté le nombre de repas fabriqués et vendus. Ils sont liés à l'activité de l'entreprise.

Annexe 4 Le processus de production des plats de la SA Restau'Chef en N-2

Les achats sont faits très régulièrement car le matériel pour la conservation ne permet pas de stocker de grandes quantités. Cela entraîne des livraisons fréquentes, dont la réception perturbe parfois le service.

Toutes les commandes clients sont gérées par M. Droit, qui apporte les bons en cuisine et explique ce qu'il y a à faire. Les entrées sont alors préparées immédiatement. Tous les bons sont ensuite déposés dans une boîte.

Lorsque le serveur ou M. Droit a débarrassé les entrées en salle, il demande en cuisine que les plats principaux soient réalisés. Il faut alors reprendre chaque bon pour vérifier la commande exacte. Ce n'est pas facile car tous les bons sont mélangés et le numéro de la table concernée n'est pas toujours lisible.

La petite taille du four et celle de la table de cuisson sont à l'origine d'une attente pour honorer les commandes, qui se répercute sur le temps d'attente des clients en salle.

Dès qu'une table a terminé les plats principaux, le serveur ou M. Droit apporte en cuisine la commande des desserts. Alain Bios est pâtissier et assume donc cette tâche, mais il aide également à la réalisation des entrées : « Ce n'est pas facile de passer d'une activité à une autre, surtout que l'espace est très restreint en cuisine », avoue-t-il.

Pour établir l'addition, M. Droit récupère le bon initial et le bon des desserts (ils sont parfois difficiles à lire car ils sont mal écrits et tachés). Il saisit les informations sur sa caisse en s'aidant d'une carte car il ne connaît pas tous les prix par cœur ! Il vérifie également que rien n'a été oublié en demandant au serveur s'il a bien marqué le vin, les cafés...

Annexe 5 Le projet de diversification

Afin de rentabiliser ses nouveaux investissements, M. Droit estime qu'il est possible de mettre en place une **restauration haut de gamme livrée sur le lieu de travail**. Il imagine une carte spécifique proposant des plateaux-repas de grande qualité (entrée + plat + dessert) ou des paniers sandwichs. Le client devrait réserver la veille avant 14 h pour être livré le lendemain entre 11 h et 12 h. La **publicité** serait faite directement dans les entreprises à proximité du restaurant et auprès des clients de Restau'Chef.

La **cible visée** (les salariés qui déjeunent sur leur lieu de travail) compte 3 696 personnes. M. et Mme Droit estiment qu'une trentaine de plateaux-repas en moyenne par jour est un objectif raisonnable car certains clients habituels (10 %) à l'heure du déjeuner sont très intéressés par ce concept.

Moyens à mettre en œuvre pour intégrer cette nouvelle activité dans le processus de l'organisation

- **Transport :** les plateaux seraient livrés entre 11 h et 12 h avec le véhicule qui est utilisé, presque uniquement, pour l'achat des produits frais le matin entre 5 h 30 et 9 h 30. Les livraisons peuvent être assurées par le personnel.
- **Matériel :** afin de faciliter la mise en place de cette nouvelle activité, M. et Mme Droit envisagent d'utiliser de la vaisselle et des boîtes jetables (en matériaux recyclables).
- **Main-d'œuvre :** le personnel de cuisine est en général motivé et sera capable d'absorber la charge de travail supplémentaire induite par cette diversification. Seul le chef de partie se demande pourquoi lancer cette activité « bas de gamme » : « Nous ne sommes pas un fast-food ! » s'est-il exclamé.

Fiche ressource 1

La décision dans la gestion de l'entreprise

I Le problème de gestion

Le problème de gestion correspond à un dysfonctionnement susceptible de minimiser la performance de l'entreprise ou de mettre en jeu sa pérennité.

> Exemple
> Un niveau trop élevé des stocks, qui coûtent cher à l'entreprise et font baisser la rentabilité, entraîne un risque pour la pérennité de l'entreprise.

II La décision de gestion

1. Définition

La décision de gestion regroupe des choix faits par le dirigeant pour optimiser l'utilisation des ressources de l'entreprise et résoudre un problème de gestion.

> Exemples
> Action promotionnelle pour réduire le niveau des stocks, regroupement des commandes pour en limiter la charge, abandon d'un produit non rentable.

2. Champ d'application

Son champ d'application concerne essentiellement les domaines de gestion. La décision de gestion vise à optimiser les performances de l'entreprise : déterminer un juste prix de vente (faible pour attirer le client mais suffisamment élevé pour permettre à l'entreprise de faire des bénéfices), moderniser des moyens de production, cibler une nouvelle clientèle... Elle est facilitée par l'utilisation d'un système d'information fiable : tableau d'analyse issu de la comptabilité de gestion, données commerciales... Elle concerne tous les services de l'entreprise.

> Exemple
> La réduction d'un prix de vente pour réduire le niveau des stocks doit être envisagée avec l'avis du service commercial pour évaluer ses chances de réussite.

3. Nature des décisions

Les décisions de gestion revêtent une nature différente suivant les objectifs qu'elles doivent atteindre et les conséquences qu'elles peuvent entraîner.

Décisions	Objectifs	Impacts
Stratégiques	Renforcer la pérennité de l'entreprise et favoriser son développement.	À long terme et définitifs
Opérationnelles	Développer l'efficience (optimiser les résultats en minimisant le coût des ressources).	À court terme et réversibles

> Exemples
> – Décisions stratégiques : racheter un fournisseur, diversifier l'activité en commercialisant un nouveau bien/service.
> – Décisions opérationnelles : remplacer les véhicules de fonction, aménager un processus de production.

4. Enjeux et incidences

Une décision de gestion, en utilisant des données prévisionnelles, aura dans tous les cas des impacts sur l'évolution et la stratégie de l'entreprise. Elle est susceptible d'entraîner des conséquences positives ou négatives.

III Les processus de l'organisation

Un processus est une succession d'actions qui aboutissent à un but précis. C'est un « enchaînement ordonné de faits ou de phénomènes, répondant à un certain schéma et aboutissant à quelque chose » (*Larousse*).

Les différentes activités de l'entreprise sont organisées en processus et sous-processus.

> Exemples
>
> Le processus de réception des marchandises, le processus de prospection de la clientèle.
>
> Articles livrés → **RÉCEPTION** Recevoir, contrôler et stocker les articles livrés par nos fournisseurs → Articles contrôlés et stockés
>
> Marché ciblé → **PROSPECTION** Trouver des clients potentiels sur le marché ciblé → Clients potentiels

Bien définir ces processus et sous-processus permet d'analyser le fonctionnement de l'entreprise, de déceler les éventuelles anomalies et de les corriger.

> Exemple
>
> Analyse du processus de production et de vente d'un tee-shirt.

1. Analyse du processus

Achats		Production			Distribution
1	2	3	4	5	6
Matières premières	Fournitures	Découpage	Assemblage	Emballage	Vente
		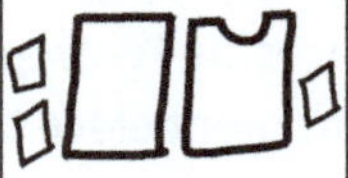			

La fabrication d'un bien ou d'un service passe par plusieurs stades qui peuvent, chacun à leur tour, générer autant de problèmes. La décomposition du processus permet de mieux identifier un dysfonctionnement et d'y répondre.

2. Mise en évidence des problèmes de gestion

> Exemple
>
> Problèmes intervenus lors de la production d'un tee-shirt

Achats		Production			Distribution
1	2	3	4	5	6
Matières premières	Fournitures	Découpage	Assemblage	Emballage	Vente
	⚠			⚠	⚠
Rupture d'approvisionnement Hausse du prix des matières premières		Nombreux déchets lors de la fabrication Beaucoup de produits mis au rebut pour défaut de qualité			Hausse du coût de la livraison

3. Exemple de prise de décision

Problème de gestion traité : l'approvisionnement en matières premières fait l'objet de trop nombreux retards.

Décision : faire appel à plusieurs fournisseurs pour pallier les défaillances éventuelles de l'un d'entre eux et les mettre en concurrence.

Les enjeux sont les opportunités ou les menaces engendrées par cette décision.

Gain potentiel lié à la diminution du risque de rupture ⟷ **Comparer** ⟷ Coût administratif probable engendré par la mise en place de ce nouveau partenariat

Fiche ressource 2

L'analyse des charges, des coûts et des marges

I Les charges

Une charge est un élément consommé par l'entreprise pour effectuer son activité.

> Exemples
> Achat de matières premières, salaires, loyer d'un local commercial.

Afin de mieux les comprendre et les analyser, les charges peuvent être regroupées en plusieurs catégories.

1. Les charges directes et indirectes

	Charges DIRECTES au bien ou service	Charges INDIRECTES au bien ou service
Définition	Elles sont affectées à un seul bien ou service.	Elles concernent l'activité globale.
Exemple	Matière première utilisée pour un bien ou énergie consommée pour un service	Électricité pour toute l'entreprise, c'est-à-dire utilisée par différents services (production, commercial…) et pour de multiples biens ou services sans distinction.

2. Les charges variables et les charges fixes

	Charges VARIABLES	Charges FIXES
Définition	Elles évoluent en même temps que l'activité.	Elles restent stables quel que soit le niveau d'activité.
Exemple	Quantité de matière première utilisée : elle augmente si la production vendue augmente.	Loyer d'un local

II Les coûts

Un coût est le regroupement de plusieurs charges de même nature.

> Exemple
> Le coût de production d'un meuble regroupe le prix des matières premières et des fournitures consommées, une partie du salaire de l'ouvrier qui l'a fabriqué, le prix de l'énergie employée et le coût de la machine utilisée.

Afin de mieux les comprendre et les analyser, les coûts peuvent être regroupés en plusieurs catégories.

1. Les coûts complets de production des produits vendus

Les coûts sont construits de manière homogène en tenant compte de l'**ensemble des charges constatées** au fur et à mesure de la fabrication du bien ou de la réalisation du service.
Leur calcul suit le processus de production et de distribution.

> Exemple
> Processus simplifié de production et de distribution d'un bien manufacturé

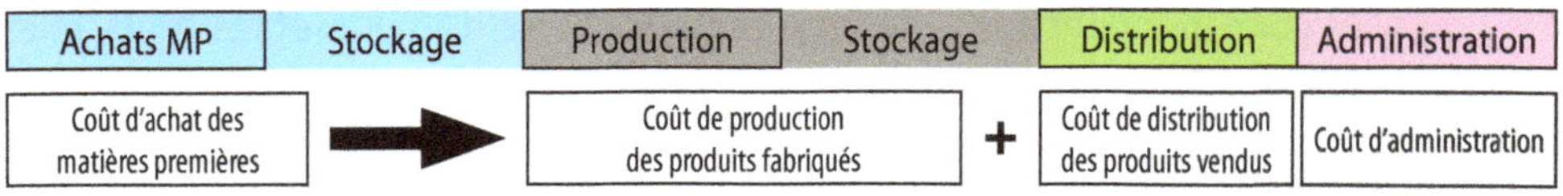

> Coût de revient complet du produit vendu = Coût de production des produits fabriqués + Coût de distribution des produits vendus + Coût d'administration
>
> Marge NETTE (bénéfice ou perte) = Chiffre d'affaires – Coût de revient complet (somme des charges de la comptabilité analytique)

2. Le coût variable

Le coût variable cumule toutes les charges qui évoluent lorsque la production change.

> Exemple
>
> Le coût variable d'un meuble en bois (60 €) regroupe les charges variables suivantes : achat de matières premières (50 €) et achat de petites fournitures (10 €).

3. Le coût direct

Le coût direct regroupe l'ensemble des charges qui peuvent être directement affectées à un service, un produit ou une activité.

4. Le coût spécifique

Le coût spécifique est calculé par bien ou service. Il additionne toutes les charges variables et les charges fixes en les répartissant entre chacun des biens ou services.

> Exemple
>
> Les charges variables consommées s'élèvent à 35 000 € pour le produit P1 et à 24 000 € pour le produit P2. Les charges fixes (le loyer, notamment) sont de 39 000 €. La fabrication de P1 nécessite l'utilisation de 1/3 de l'atelier, le coût spécifique de P1 s'élève donc à 47 000 € (35 000 € de charges variables + 13 000 € de charges fixes). La fabrication de P2 nécessite l'utilisation de 2/3 de l'atelier, le coût spécifique de P2 s'élève donc à 50 000 € (24 000 € de charges variables + 26 000 € de charges fixes).

5. Le coût pertinent

Un coût est pertinent lorsqu'il participe à une décision et est de nature à l'influencer. Il offre une solution à un problème de gestion.

> Exemple
>
> Une entreprise enregistre cette année une baisse de la rentabilité des biens qu'elle fabrique. Après analyse de la structure des coûts, son dirigeant s'aperçoit que le prix des matières premières et leur transport ont très nettement augmenté. Le coût d'approvisionnement est pertinent.

III La création de richesse

Au fur et à mesure que le bien est élaboré et fabriqué, son coût augmente et sa valeur s'accroît.

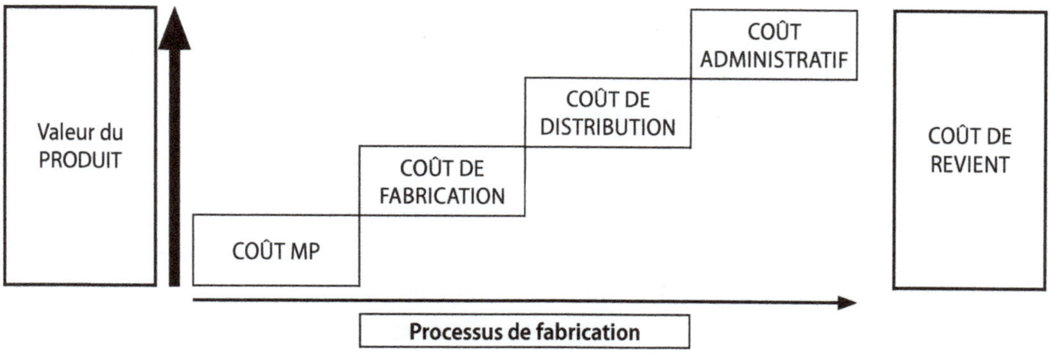

IV Les marges

Elles correspondent à la différence entre le chiffre d'affaires et les coûts. Elles sont calculées avant que le résultat analytique ne soit définitivement évalué. Elles permettent de mieux déterminer les éventuelles fragilités dans la rentabilité de l'entreprise.

> Exemples
>
> Marge sur coût variable = Chiffre d'affaires – Coût variable
> Marge sur coût direct = Chiffre d'affaires – Coût direct
> Marge sur coût spécifique = Chiffre d'affaires – Coût spécifique
> Marge nette = Chiffre d'affaires – Somme des charges identifiées en comptabilité de gestion

Fiche ressource 3

Principes et objectifs du contrôle de gestion

I Le contrôle de gestion

1. Principes

Le contrôle de gestion ne consiste pas simplement à vérifier des résultats mais plutôt à mettre en place un ensemble d'outils pour piloter l'entreprise de manière plus efficace (atteindre l'objectif fixé…) et efficiente (… en ayant optimisé les moyens de le faire). Il met en place une analyse des résultats obtenus afin d'établir des objectifs à atteindre et de déterminer les facteurs nécessaires pour y parvenir.

2. Moyens

Le contrôle de gestion fait appel notamment à un système d'information et à la comptabilité de gestion. Il utilise principalement deux outils :
– la planification, qui offre une organisation rigoureuse en déterminant les objectifs à atteindre et l'ordre des étapes successives à franchir pour y parvenir ;
– les budgets, qui permettront une évaluation quantitative des objectifs et des éventuels écarts avec les résultats obtenus.

3. Le système d'information

Il représente un ensemble de données organisées. Le système informatique permet d'en faciliter le traitement.

4. L'information

La valeur de l'information est d'autant plus grande que l'information est cohérente, pertinente et mise à jour.

> Exemples
>
> Cohérence : pour prévoir l'évolution de son chiffre d'affaires, un constructeur de baies vitrées utilisera des informations sur une branche d'activité à laquelle il est lié (bâtiment et non transport).
>
> Pertinence : pour résoudre un problème de stocks de matières premières trop lourds, un fabricant de chaussures étudiera l'évolution de ses achats et de sa production qui concerne le problème actuel mais ne se souciera pas de la productivité du service Comptabilité.

II Le contrôle de gestion et la prise de décision

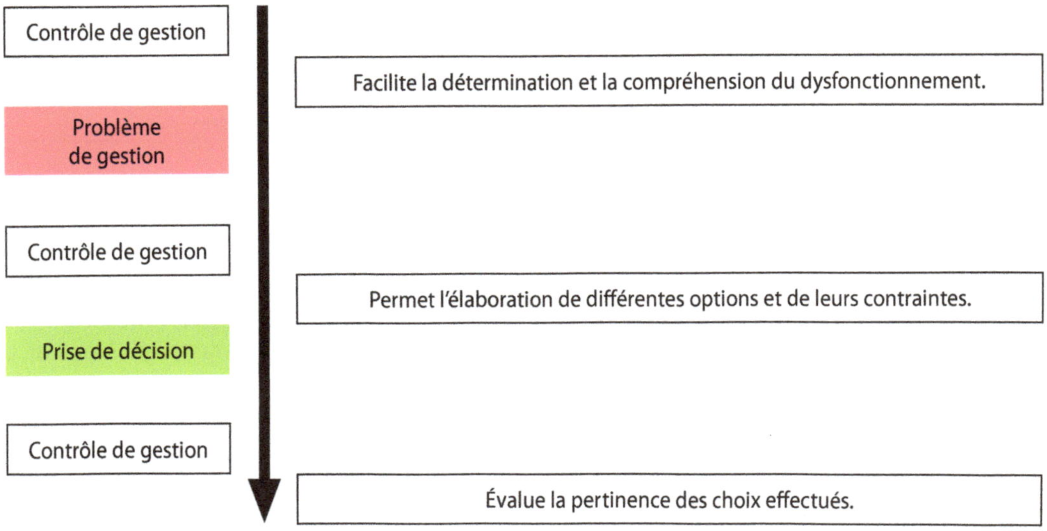

Fiche ressource 4

La comptabilité de gestion, un des outils du contrôle de gestion

I Définition

La comptabilité de gestion évalue les charges que l'entreprise supporte au cours d'un exercice. Elle utilise majoritairement les informations données par la comptabilité générale (produits et charges) qu'elle adaptera à ses objectifs.

II Les objectifs de la comptabilité de gestion

La comptabilité de gestion est un véritable outil de pilotage d'une société qui utilise de nombreuses informations non divulguées en externe. Elle poursuit plusieurs objectifs :

1. lister et décomposer les différentes charges afin de mieux les comprendre et les maîtriser ;
2. identifier la performance de chacun des produits commercialisés pour optimiser la gamme choisie ;
3. construire des prévisions de manière pertinente et suivre leur réalisation ;
4. mettre en place des solutions adaptées en recourant à des ressources internes ou en faisant appel à un partenaire (un sous-traitant, par exemple).

III Comparaison de la comptabilité générale et de la comptabilité de gestion

	Comptabilité générale	Comptabilité de gestion
Objet	– Elle donne une vue globale et synthétique de l'activité de l'entreprise. – Elle est obligatoire.	– Elle donne une vue détaillée de chacune des activités de l'entreprise. – Elle est facultative.
Présentation	Normalisée	Libre
Méthodes de calcul	Normalisées	Libres
Utilisation	En interne + partenaires (État…)	En interne exclusivement
Périodicité de publication de documents	Imposée annuellement pour des raisons fiscales	Sans contrainte mais très régulière
Évaluation des montants	– Globale pour l'ensemble des charges et produits enregistrés par l'entreprise – En valeur (euros)	– Détaillée par bien ou par service – En valeur ou en quantités
Portée	Financière et fiscale	Stratégique

IV L'évaluation des charges

Le montant des charges de la comptabilité de gestion est estimé à partir de la comptabilité générale mais après avoir appliqué quelques retraitements extracomptables car certaines charges existent dans l'une mais pas dans l'autre (voir chapitre 2).

Exemple

La plus-value réalisée par une société suite à la vente d'une machine qu'elle utilisait dans sa chaîne de production est prise en compte en comptabilité générale mais pas en comptabilité analytique.

Applications

1 Une rentabilité défaillante

L'entreprise Ygreque, qui fabrique et commercialise des jouets en bois, a été rachetée par la famille Durans il y a deux ans. Malgré les restructurations importantes (modernisation de l'outil de production, réorganisation de l'atelier...) effectuées par sa dirigeante, Agnès Durans, le résultat reste toujours faible.

1. À laide d'un tableur, calculez le coût de la matière première utilisée pour chacun des produits.
2. À laide d'un tableur, évaluez le coût des produits mis au rebut.
3. Déduisez-en les problèmes de gestion apparus dans cette entreprise.
4. Les informations transmises (documents) sont-elles pertinentes ? Pourquoi ?
5. Quelle catégorie de charges est concernée par ce problème de gestion ?
6. Proposez des pistes de solution afin d'améliorer la rentabilité de l'entreprise.
7. Calculez le montant des charges qui pourraient être ainsi évitées.

Document 1 Les matières premières utilisées

	Quantité de matières premières achetées par mois (en kg)	Quantité de matières premières utilisée par produit (en kg)	Poids du produit fini	Production mensuelle moyenne
Jouet n° 324	38	0,30	0,15	100
Jouet n° 325	61	0,20	0,10	200
Jouet n° 326	42	0,15	0,10	300
Jouet n° 327	49	0,20	0,10	200
Jouet n° 328	41	0,25	0,10	100

Document 2 Les produits mis au rebut

	N-2		N-1		N	
	Nombre de produits refusés par mois pour défaut de qualité	Taux	Nombre de produits refusés par mois pour défaut de qualité	Taux	Nombre de produits refusés par mois pour défaut de qualité	Taux
Jouet n° 324	4	4,00 %	2	2,00 %	1	1,00 %
Jouet n° 325	7	3,50 %	3	1,50 %	2	1,00 %
Jouet n° 326	15	5,00 %	11	3,67 %	10	3,33 %
Jouet n° 327	17	8,50 %	10	5,00 %	7	3,50 %
Jouet n° 328	8	8,00 %	2	2,00 %	3	3,00 %

Document 3 Le prix des matières premières

Prix au kg des matières premières utilisées pour la fabrication des jouets n°s 324 à 328					
N-5	N-4	N-3	N-2	N-1	N
3,20 €	3,80 €	3,85 €	4,05 €	4,35 €	4,60 €

2 Une commande supplémentaire

L'entreprise IXE fabrique du matériel de bureau. Son dirigeant s'intéresse à la performance des luminaires. Une administration publique a besoin, dans un délai d'un mois, de 300 luminaires REF401 et 120 luminaires REF404 pour un budget total inférieur à 26 000 €.

1. **Déterminez si cette commande peut être une opportunité pour l'entreprise IXE.**
2. **Identifiez les problèmes de gestion que cela soulève.**
3. **Quelle catégorie de charges est concernée ?**
4. **Le processus de production doit-il être modifié ?**
5. **Proposez des solutions pour répondre à ces problèmes.**

Document 1 Les capacités de production

Rythme de la production pour répondre aux commandes

	Capacité de production mensuelle ACTUELLE	Production mensuelle moyenne	Taux d'utilisation
Bureau REF101	100	70	70 %
Bureau REF102	200	150	75 %
Siège REF201	500	420	84 %
Siège REF202	400	400	100 %
Siège REF203	200	160	80 %
Étagère REF304	700	680	97 %
Luminaire REF401	800	780	98 %
Luminaire REF402	700	540	77 %
Luminaire REF403	600	580	97 %
Luminaire REF404	600	400	67 %

Document 2 La rentabilité des produits proposés

	Coût de revient	Prix de vente	Bénéfice / Coût de revient
Bureau REF101	120	144	20 %
Bureau REF102	190	230	21 %
Siège REF201	35	55	57 %
Siège REF202	50	90	80 %
Siège REF203	120	210	75 %
Étagère REF304	40	60	50 %
Luminaire REF401	30	42	40 %
Luminaire REF402	70	90	29 %
Luminaire REF403	90	120	33 %
Luminaire REF404	110	140	27 %

Document 3 La production

Les ouvriers de l'atelier « Luminaire » sont polyvalents et utilisent le même outillage quel que soit le produit fabriqué.

Chapitre 2

Démarche de calcul de coût des centres de responsabilité

Activité
5.2. Calcul, contrôle et analyse des coûts de revient des activités, produits et services de l'organisation

Composante d'activité
5.2.1. Sélection, recherche et extraction des informations pertinentes
5.2.2. Mise en œuvre d'un système de calcul de coûts
5.2.3. Analyse de la démarche mise en œuvre
5.2.4. Évaluation des coûts et des marges et leur suivi

Compétences
– Extraire et exporter les informations nécessaires au calcul des coûts
– Retraiter les charges et les produits nécessaires au calcul des coûts et calculer les charges incorporées au calcul des coûts
– Analyser la démarche à mettre en œuvre et identifier les coûts relatifs en fonction du processus de production
– Calculer les coûts par une méthode répondant aux besoins des gestionnaires, expliquer les résultats en soulignant l'intérêt et les limites de la méthode retenue

P7
– L'interprétation du modèle relationnel, une extraction des données à partir du PGI
– **Une utilisation du tableur adaptée aux besoins de l'utilisateur pour effectuer et automatiser les calculs**
– Des propositions de paramétrage précises et pertinentes au regard des besoins
– Des propositions argumentées d'évolution du SI pour répondre aux besoins de gestion

Situation professionnelle

La SA Line-Pro est spécialisée dans la confection de vêtements professionnels commercialisés sous la marque Ligne. Cette société, créée en 1972 par M. Fauvet, emploie aujourd'hui 65 personnes et dispose d'un atelier de fabrication basé à Béthune (Pas-de-Calais) et de 6 magasins de vente implantés en France.

Un vêtement est conçu en trois étapes : la création (dessin du modèle, création du patron…), la découpe de toutes les pièces le composant (devant, dos, poches…) et le montage (surfilage, montage, couture…). Chaque étape est réalisée dans un atelier distinct avec un responsable par atelier.

En début de mois, M. Fauvet a été démarché par le responsable commercial de la société La Couture, spécialisée dans le montage de vêtements à des prix très attractifs. Depuis cet entretien, il se demande s'il n'aurait pas intérêt à se spécialiser dans la création en supprimant son atelier Montage et en sous-traitant cette dernière étape.

Il demande à Mme Ricard, responsable du service administratif, de lui transmettre le coût de fonctionnement des ateliers de l'entreprise, et tout particulièrement celui de l'atelier Montage, afin d'appuyer sa réflexion sur des éléments plus précis.

Mission

Comptable auprès de Mme Ricard, vous êtes chargé(e) de proposer une méthode de calcul du coût de chaque atelier et de réaliser une première estimation chiffrée afin d'aider M. Fauvet à prendre une décision.

Travail à faire

P7 L'ensemble des travaux demandés peut être réalisé à l'aide d'un tableur.

I Justifier la mise en place d'une comptabilité de gestion

M. Fauvet pensait que, grâce aux données issues des derniers bilan et compte de résultat, la réponse à sa question serait quasi immédiate…

Annexe 1
Fiches ressources 1 et 2

1. Sur quel objet de coût M. Fauvet souhaite-t-il une étude ?
2. Expliquez pourquoi M. Fauvet ne trouve pas la réponse à sa question dans le compte de résultat de l'entreprise.
3. Auprès de quelles personnes pourrez-vous obtenir des informations pour calculer le coût de l'atelier Montage ? Imaginez quelques exemples.

II Sélectionner les informations nécessaires au calcul du coût de fonctionnement des services de Line-Pro

Vous avez collecté de nombreuses informations comptables et souhaitez sélectionner uniquement les charges à prendre en compte dans le calcul du coût de fonctionnement des différents services de l'entreprise.

Annexes 2, 3 et 7
Fiches ressources 3 et 4

4. Pourquoi faut-il retraiter les charges pour calculer les coûts ?
5. Procédez à une sélection des informations.
   a) Quelles sont, parmi la liste à votre disposition, les charges non incorporables ? Justifiez.
   b) Quelles sont les charges supplétives que vous pourrez intégrer dans le calcul des coûts ? Justifiez.
   c) Calculez la différence d'incorporation. À quoi correspond-elle ?
6. D'après les informations fournies en annexe 2, quelles sont les charges directes aux produits ? Allez-vous en tenir compte pour le calcul du coût des services ? Justifiez.
7. Sélectionnez et calculez les charges qui seront ventilées dans les centres d'analyse.
   a) À partir de l'annexe 2, procédez aux calculs nécessaires pour déterminer le montant de ces charges. Complétez la colonne « Montant » du tableau proposé en annexe 7. Vous pouvez reproduire cette annexe sur tableur. Utilisez ensuite le tableau pour réaliser l'ensemble des calculs de ce chapitre de manière automatisée.
   b) Calculez le total.

III Ventiler les charges retenues dans les différents centres d'analyse

Vous procédez à la répartition des charges dans les différents centres d'analyse de l'entreprise.

Annexes 2 et 7
Fiches ressources 5 et 6

8. Sachant que, dans l'entreprise Line-Pro, les centres d'analyse correspondent aux centres de responsabilité (annexe 1), définissez les centres d'analyse que vous allez retenir pour votre étude.
   a) Quels seront les centres opérationnels, principaux et auxiliaires ? les centres de structure ?
   b) Complétez l'en-tête du tableau proposé en annexe 7.
   c) Quel est l'intérêt de faire coïncider les centres d'analyse avec les centres de responsabilité ?

9. Repérez, parmi les charges retenues, les charges directes aux centres pouvant être affectées sans ambiguïté à certains centres. Répartissez-les dans les centres concernés en complétant l'annexe 7 ou votre fichier sur tableur.

10. Les charges restantes sont indirectes aux centres et nécessitent une clé de répartition pour être ventilées.

a) Quelle est l'utilité d'une clé de répartition ?

b) Pourquoi le choix d'une clé de répartition est-il un enjeu ?

c) Procédez à la répartition des charges restantes à l'aide des clés suggérées dans l'annexe 2 en complétant l'annexe 7 ou votre fichier sur tableur.

11. Calculez le total du coût des centres d'analyse en complétant l'annexe 7 ou votre fichier sur tableur.

IV Calculer le coût de l'atelier Montage

Vous procédez à la répartition secondaire puis calculez le coût moyen de l'atelier Montage à l'aide d'une unité d'œuvre.

Annexes 4 à 7
Fiches ressources 6 et 7

12. Procédez à la répartition secondaire.

a) À quoi correspond un centre auxiliaire ?

b) Vous décidez de répartir le coût du centre Entretien dans les différents centres principaux. Pourquoi ?

c) Effectuez la répartition secondaire en complétant l'annexe 7 ou votre fichier sur tableur.

d) Quel est le coût total annuel de l'atelier Montage ?

13. Procédez au calcul du coût moyen de chaque centre.

a) Justifiez les choix d'unité d'œuvre pour les ateliers.

b) Calculez le coût moyen de chaque atelier pour une unité d'œuvre.

c) Quelle est l'utilité de ce calcul ?

V Conclure sur l'opportunité de sous-traiter le montage des vêtements

Vous donnez à Mme Ricard votre avis sur cette proposition de sous-traitance.

Annexes 6 et 8

14. Calculez le coût moyen du montage d'un vêtement. Comparez-le avec la proposition de l'entreprise La Couture.

15. Réalisez une note à l'attention de Mme Ricard dans laquelle vous expliquerez la méthode retenue pour calculer le coût des ateliers et donnerez votre avis sur cette proposition.

Données de la situation

Annexe 1 Organigramme de la SA Line-Pro

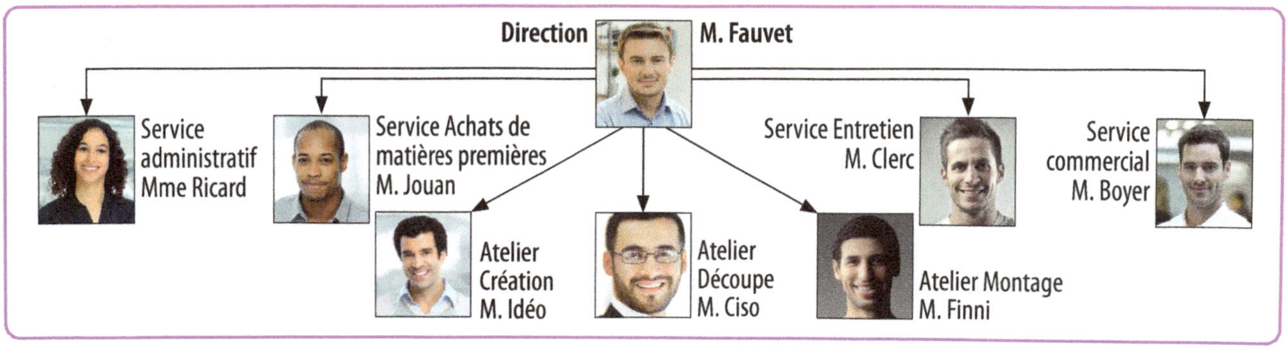

Annexe 2 **Informations issues du service Comptabilité**

De la balance au 31/12/N-1, on extrait les soldes suivants. À partir de ces soldes, certaines ventilations extracomptables sont proposées.

• **Capitaux propres : 240 000 €**
Une rémunération conventionnelle de 10 % de ces capitaux doit être prise en compte dans les coûts et répartie dans le service administratif.

• **Constructions : 300 000 €**
Elles sont amortissables linéairement sur 20 ans. La charge d'amortissement est à répartir en fonction de la surface occupée : 10 % pour le service administratif, 10 % pour le service Entretien, 10 % pour le service Achats, 65 % pour les ateliers de production (la surface de chaque atelier est à peu près équivalente), 5 % pour le service commercial.

• **Matériels industriels : 312 000 €**
Ils sont amortissables linéairement sur 10 ans et se répartissent ainsi :
– atelier Création : 40 000 € ;
– atelier Découpe : 212 000 € ;
– atelier Montage : 60 000 €.

• **Matériel de transport : 115 000 €**
Un Renault Break de 22 000 €, amortissable en linéaire sur 5 ans, est exclusivement utilisé par le service commercial.
Deux camions, dont la valeur globale d'achat est de 93 000 €, sont utilisés par le service Achats (à 65 %) et le service commercial. Ils sont amortissables linéairement sur 5 ans.

• **Mobilier et matériel de bureau : 28 000 €**
La charge d'amortissement (linéaire sur 7 ans) est répartie à 80 % pour le service administratif, 5 % pour le service Achats et 15 % pour le service commercial.

• **Achats de matières premières : 670 000 €**
Sur ce montant global, 75 000 € sont dédiés aux vêtements destinés aux métiers de la santé et 60 000 € aux vêtements des métiers de l'hôtellerie-restauration.

• **Achats de fournitures : 16 000 €**
Les charges d'électricité s'élèvent à 13 100 €. Des compteurs divisionnaires permettent de les ventiler : 1 500 € au service administratif, 900 € au service Achats, 2 400 € à l'atelier Création, 3 350 € à l'atelier Découpe, 2 800 € à l'atelier Montage, 1 250 € au service Entretien et 900 € au service commercial.
Les fournitures administratives (2 900 €) sont intégralement dédiées au service administratif.

• **Services extérieurs : 63 200 €**
Le service Entretien a généré des charges pour 44 400 €.
Les primes d'assurance s'élèvent à 18 800 €, dont 1 200 € pour le Renault Break, 5 600 € pour les deux camions, 8 000 € pour les matériels industriels (à répartir forfaitairement en proportion du coût des matériels détenus), le reste pour les locaux (à répartir forfaitairement en proportion des surfaces).

• **Autres services extérieurs : 71 600 €**
Des charges d'honoraires de 3 200 € sont imputables au service administratif.
Des frais de déplacement sont imputables pour 20 000 € au service commercial, 8 200 € à la direction et 32 000 € au transport sur achat.
Des frais postaux de 8 200 € sont imputables pour 50 % au service administratif, 20 % au service Achats et 30 % au service commercial.

• **Impôts et taxes : 36 000 €**
La taxe professionnelle doit être répartie à hauteur de 2 % au service administratif, 5 % au service Entretien, 5 % au service commercial, 5 % au service Achats et 83 % à parts égales aux ateliers.

• **Charges de personnel : 470 000 €**
Le montant de la main-d'œuvre directe de production est de 470 000 € et se répartit ainsi : 80 000 € pour l'atelier Création, 90 000 € pour l'atelier Découpe, 95 000 € pour l'atelier Montage, 42 000 € pour le service Entretien, 46 000 € pour le service commercial, 87 000 € pour le service administratif et 30 000 € pour le service Achats.

• **Charges financières : 28 600 €**
50 % de ce montant concernent le service administratif, 40 % les trois ateliers (de manière équivalente) et 10 % le service commercial.

• **Charges exceptionnelles : 25 000 €**

• **Ventes de produits finis : 2 150 000 €**

Annexe 3 Sélection des charges à prendre en compte en comptabilité de gestion

Données comptables	À exclure du coût des services		À prendre en compte dans le coût des services	
	Charges directes aux produits	Charges non incorporables	Charges incorporables	Charges supplétives
Rémunération conventionnelle des capitaux propres				✓
Amortissements des constructions et matériels			✓	
Achats de matières premières	✓			
Achats de fournitures			✓	
Services extérieurs et autres			✓	
Contribution économique territoriale			✓	
La plupart des charges de personnel			✓	
Charges financières			✓	
Charges exceptionnelles		✓		

Annexe 4 Coûts du service Entretien

Le service Entretien consacre la plupart de son temps à entretenir les machines des ateliers et les véhicules de transport.
D'après le responsable du service, on peut répartir la charge de travail ainsi : 20 % pour l'atelier Création, 25 % pour l'atelier Découpe, 25 % pour l'atelier Montage, 20 % pour le service Achats et 10 % pour le service commercial.

Annexe 5 Le choix d'une unité d'œuvre

Pour chaque centre d'analyse, il est nécessaire de définir une unité de mesure appelée « unité d'œuvre » (UO) ou « assiette de frais ». L'UO est l'unité de mesure de l'activité d'un centre. Elle doit donc caractériser cette activité.
Pour l'entreprise Line-Pro, un entretien avec le responsable d'atelier a permis de choisir comme UO le nombre de patrons créés pour l'atelier Création, le nombre d'heures travaillées pour les ateliers Découpe et Montage.

Annexe 6 Nombre d'unités d'œuvre des ateliers

Au cours de l'année N-1 :
– l'atelier Création a conçu 700 patrons ;
– l'atelier Découpe a travaillé 6 400 heures. En moyenne, un vêtement nécessite entre 20 et 30 minutes de découpe selon la complexité du produit ;
– l'atelier Montage a travaillé 7 000 heures. En moyenne, le montage d'un vêtement nécessite entre 30 et 45 minutes selon la complexité du modèle.

Annexe 7 Sélection et répartition des charges pour le calcul du coût des centres d'analyse

Dans l'entreprise Line-Pro, les centres d'analyse correspondent aux centres de responsabilité.

		Centres d'analyse						
		Centres opérationnels						Centre de structure
		Centre auxiliaire	Centres principaux					
Charges issues de la comptabilité générale	**Montant**							
Amortissement des constructions								
Amortissement des matériels industriels								
Amortissement des camions								
Amortissement du véhicule Renault Break								
Amortissement du mobilier de bureau								
Électricité								
Fournitures administratives								
Charges d'entretien								
Assurances des camions								
Assurances des matériels industriels								
Assurance des locaux								
Assurance du véhicule Renault Break								
Honoraires								
Déplacements								
Frais postaux								
Impôts et taxes								
Main-d'œuvre								
Charges financières								
Charges supplétives								
Total répartition primaire								
Total répartition secondaire								
		UO						
		Nombre d'UO						
		Coût de l'UO						

Annexe 8 Tarifs proposés par la société La Couture

La Couture propose une base de réflexion sur une fourchette de prix suivante :
– montage d'un vêtement : 11,50 €, quelle que soit la complexité du modèle ;
– pour un vêtement en deux parties (un ensemble pantalon-tunique, par exemple), deux montages seront facturés.

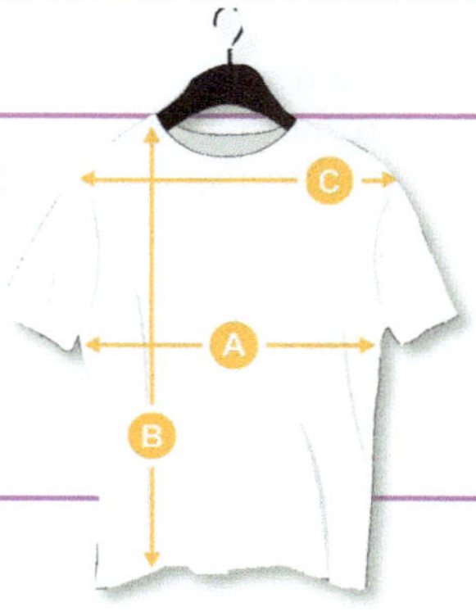

Fiche ressource 1

Les objets de coûts

I Les différents objets de coûts

Un objet de coût correspond à tout élément pour lequel un calcul de coût peut être utile : coût de fabrication d'un produit, coût de fonctionnement d'un service, coût de préparation d'une commande... Selon le domaine d'activité de l'entreprise, les objets de coûts seront différents.

II L'objectif de calcul des coûts

Calculer des coûts permet d'optimiser les choix de gestion au sein de l'entreprise. Bien connaître le coût de revient d'un produit, par exemple, facilitera la fixation d'un prix de vente au plus juste tout en préservant la rentabilité. Cela permettra aussi d'isoler et de détailler les charges consommées et de déterminer si elles sont toutes indispensables.

III Les moyens d'évaluer les coûts

1. Les limites de la comptabilité financière (ou générale)

Au cours d'un exercice comptable, une entreprise enregistre des charges en comptabilité. Celles-ci sont recensées dans la balance comptable (comptes de la classe 6).
Elles sont classées par natures et globalisées pour l'ensemble de l'entreprise.

> Exemples
> Ensemble des charges d'électricité : compte 60...
> Ensemble des charges d'amortissement : compte 681...
> Ensemble des charges de personnel : comptes 641... et 645...

Ainsi, la comptabilité financière ne précise pas qui, dans l'entreprise, a profité de ces charges.

> Exemple
> À la lecture des données de la comptabilité générale, on ne peut pas connaître la consommation d'électricité ou les coûts du personnel par service.

2. Un retraitement indispensable des charges de la comptabilité financière

Le calcul d'un coût consiste à identifier et cumuler les charges en lien avec l'objet de coût. Pour cela, il faut faire appel aux données issues de la comptabilité générale mais également aux informations obtenues par une analyse sur le terrain afin de pouvoir répartir les charges de la comptabilité générale vers les différents objets de coûts.

> Exemple
> Les charges d'électricité sont issues de la comptabilité générale. Le responsable de la production transmet les consommations d'électricité en kWh de chaque atelier, ce qui permet de répartir les charges de la comptabilité.

3. Le lien entre charges et coûts

Une charge peut donc concerner plusieurs objets de coûts.

> Exemple
> Une facture d'électricité concerne plusieurs services de l'entreprise.
> Une toile de coton (achat de matière première) peut intervenir dans le coût de fabrication de produits différents.

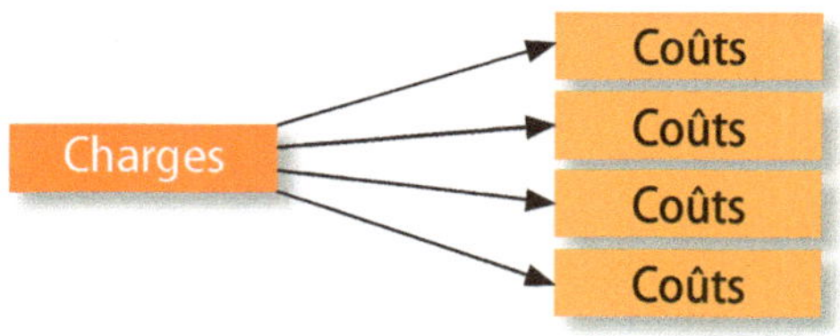

Fiche ressource 2

Sélectionner les informations nécessaires au calcul de coûts

Afin de mettre en place un système de calcul des coûts, il est nécessaire de bénéficier d'informations nombreuses, précises, actuelles et fiables.

I Les différentes sources d'information

Type de source	Utilité	Personnes à contacter
Comptabilité financière : apport quantitatif de données	– Comptes de bilan : nature et quantité des immobilisations disponibles (matériel…), valeur, vétusté… – Comptes du compte de résultat : montant et évolution des charges par catégorie (exploitation, financières, exceptionnelles) – Balance comptable : détail des comptes de charges	Selon l'organisation de l'entreprise : le responsable administratif, le comptable, l'expert-comptable
Fiches de stock	– Coût d'acquisition des matières et fournitures utilisées, évolution de la consommation, saisonnalité… – Coût de production des produits fabriqués	Le responsable administratif, les responsables d'atelier…
Informations internes et externes : budgets, tableaux de bord, marché…	– Différentes étapes du processus de production – Temps de fabrication nécessaire – Quantité de main-d'œuvre utilisée…	Le responsable administratif, les responsables d'atelier…
PGI (progiciel de gestion intégré)	La centralisation des données permet de bénéficier d'informations très nombreuses et variées : nombre de commandes passées, de ventes effectuées…	Le responsable administratif, le responsable commercial, le responsable des achats…

Les données en valeur seront issues essentiellement de la **balance comptable**. Elles serviront de socle pour établir l'analyse des coûts en gestion.
Toutes les informations supplémentaires collectées aideront à mieux répartir et évaluer les charges par produit ou service.

II La sélection de l'information

La sélection de l'information consiste à choisir les données indispensables au système de calcul de coûts. Une information quantitative (issue de la comptabilité financière en général) est indispensable mais n'est pas suffisante. Les informations devront être :
– limitées en nombre car il serait complexe de toutes les traiter ;
– associées à d'autres notions plus qualitatives.

Fiche ressource 3

Des charges de la comptabilité générale aux charges retenues pour la comptabilité de gestion

Avant de proposer une méthode de calcul de coûts, le comptable doit bien distinguer les charges qu'il devra récupérer de la comptabilité générale des coûts qu'il devra calculer dans un raisonnement de comptabilité de gestion.

I La notion de charge en comptabilité générale

1. Repérer les charges

Les **charges** correspondent aux consommations réalisées par l'entreprise pour les besoins de son activité, c'est-à-dire l'ensemble des frais qu'elle a dû engager pour produire l'ensemble des biens et services destinés à la vente.

> Exemples
>
> L'achat de laine pour fabriquer une couverture, l'achat de gasoil pour le camion dédié aux livraisons des clients, les frais d'électricité pour éclairer les locaux et faire fonctionner le matériel, les intérêts d'emprunt payés au banquier, les impôts payés à l'État, une partie du matériel immobilisé que l'on consomme sur plusieurs années.

2. Classer les charges par natures

Les charges sont classées par natures (achats de matières premières, charges de personnel, impôts...) puis déduites des ventes pour calculer le résultat comptable global de l'année.
Inscrites et classées dans la comptabilité générale, elles correspondent au point de départ du travail. C'est à partir des charges que l'on calcule les coûts.

II La notion de coût en comptabilité de gestion

1. Qu'est-ce qu'un coût ?

Un coût est la somme de plusieurs charges relatives à un même événement.

> Exemple
>
> L'entreprise Rioz fabrique du mobilier de jardin en teck. Le coût des planches de teck stockées près des ateliers est composé de la somme des charges suivantes : le prix d'achat d'une planche, une partie des charges de gasoil dédiées au transport des planches jusqu'à l'entreprise, une partie du salaire du chauffeur, une partie du salaire de l'acheteur qui a négocié les prix, une partie des frais engendrés par son service, une partie des frais générés par les locaux où ces planches sont stockées...

Pour calculer un coût, il faut d'abord **reclasser par fonctions** les charges de la comptabilité générale initialement enregistrées par natures.

2. À quel moment calculer les coûts ?

Les coûts peuvent être calculés :
– **après** que les frais ont été engagés : on parle de coûts historiques, de coûts constatés ou de coûts réels ;
– **avant** que les frais ne soient engagés : on parle de coûts préétablis, de coûts standard ou de coûts prévisionnels.
On peut calculer les coûts avant et après puis analyser les écarts.

III Le retraitement des charges pour calculer les coûts

La comptabilité analytique peut se dégager des contraintes juridiques ou fiscales qui influencent la comptabilité générale pour privilégier une approche économique. C'est pourquoi le comptable peut être amené à retraiter les charges issues de la comptabilité générale avant de pouvoir les exploiter dans le calcul des coûts.

1. Exclure les charges non incorporables

Le comptable peut exclure du calcul des coûts des charges de la comptabilité générale jugées non incorporables. Il s'agit des charges :
– sans rapport direct avec l'activité de l'entreprise (une prime d'assurance-vie sur la tête du dirigeant, par exemple) ;
– qui ne relèvent pas de l'exploitation courante (une charge exceptionnelle, par exemple) ;
– qui n'ont pas un caractère de charges (l'impôt sur les bénéfices, par exemple).

2. Recalculer certaines charges incorporables

Certaines charges de la comptabilité générale sont bien incorporées aux coûts mais pour un montant différent de celui qui figure dans la comptabilité générale.

> Exemple
> Le mode de calcul des dotations aux amortissements en comptabilité générale est imposé par des contraintes fiscales. En comptabilité analytique, on peut choisir un calcul d'amortissement plus proche de la réalité économique.

3. Ajouter des charges supplétives

Le comptable peut être amené à intégrer dans les coûts des charges qui ne sont pas prises en compte dans la comptabilité générale parce qu'elles ne sont pas, en général, déductibles du résultat comptable.

Les charges supplétives les plus couramment admises sont les suivantes.

La rémunération de l'exploitant dans une entreprise individuelle	**La rémunération des capitaux propres** dans une société
La rémunération de l'exploitant est généralement décidée après le calcul et la parution des bénéfices de l'année. Elle n'est donc pas enregistrée comme une charge en comptabilité. On peut choisir d'en tenir compte dans le calcul des coûts.	Les capitaux propres sont constitués du capital et des réserves. Comme les emprunts, ils correspondent à une ressource de financement pour l'entreprise. L'emprunt nécessite de payer des intérêts, qui sont des charges financières, alors que les capitaux propres nécessitent de verser des dividendes, qui ne sont pas considérés comme des charges. Ainsi, on peut choisir de calculer une charge financière qui correspondrait au coût des capitaux propres.

Le retraitement des charges pour calculer les coûts

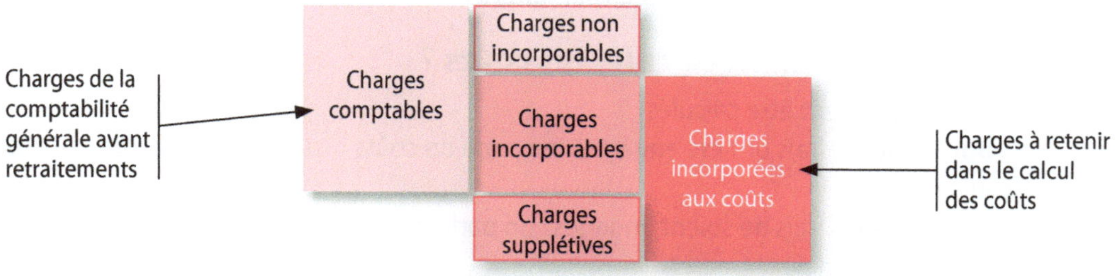

La différence entre les charges comptables et les charges incorporées aux coûts s'appelle la différence d'incorporation.

Différence d'incorporation = Charges non incorporables + Charges supplétives

Fiche ressource 4

Les charges à prendre en compte dans le calcul de coûts des centres

Il existe deux modes de cheminement des charges vers l'événement étudié : un cheminement direct et un cheminement indirect. Quel que soit l'élément étudié, le calcul de son coût distinguera donc deux types de charges : les charges directes et les charges indirectes.

I Distinguer les charges directes des charges indirectes

1. Les caractéristiques des charges directes et indirectes

Nature des charges	Signification	Exemple
Charges directes	**Les charges directes ne concernent qu'un seul objet de coût.** Elles sont donc directement affectées à ce coût, c'est-à-dire sans calcul intermédiaire.	– Les matières premières utilisées uniquement pour fabriquer le produit P sont des charges directes dans le calcul du coût de ce produit. – Le salaire du responsable de l'atelier A est une charge directe pour le calcul du coût de cet atelier.
Charges indirectes	**Les charges indirectes concernent plusieurs objets de coûts.** Elles nécessitent une opération de répartition, c'est-à-dire un calcul préalable permettant le partage de chaque charge entre plusieurs coûts.	La facture d'électricité, unique pour toute l'entreprise, est une charge indirecte pour le produit P comme pour l'atelier A.

2. La classification des charges selon l'objet de coût

Une charge peut être directe ou indirecte selon l'objet sur lequel porte le calcul de coût.

> Exemple (suite)
>
> Le salaire du responsable de l'atelier A est direct pour le calcul du coût de cet atelier dans la mesure où le responsable travaille exclusivement pour cet atelier. Son salaire peut être affecté immédiatement et sans ambiguïté au coût de l'atelier A.
> Ce même salaire est indirect pour le calcul du coût de fabrication du produit P1 dans la mesure où l'atelier A fabrique plusieurs produits différents. Dans ce cas, seule une partie de ce salaire sera affectée au calcul du coût du produit P1.

En cas de doute pour distinguer les charges directes des charges indirectes, on peut interroger le responsable administratif, le comptable ou l'expert-comptable de l'entreprise, les responsables de service…

II Seules les charges indirectes aux produits sont prises en compte dans le calcul du coût des centres

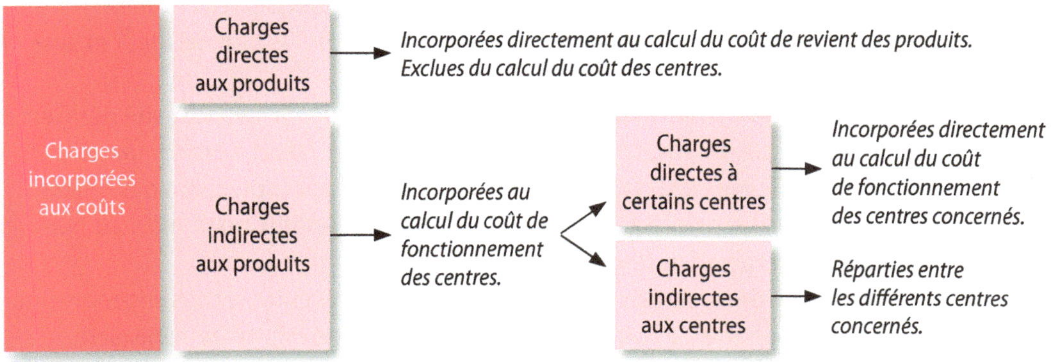

Fiche ressource 5

L'imputation des charges grâce aux clés de répartition

I La distinction entre affection et imputation

L'**affectation** correspond à une répartition des charges **sans calcul intermédiaire.**
L'**imputation** correspond à une répartition des charges **avec calcul intermédiaire.**
Ainsi, selon que la charge est directe ou indirecte, on dira qu'elle est affectée ou imputée aux coûts.

II La clé de répartition

Répartir une charge consiste à la ventiler entre plusieurs objets de coût.

> Exemple
>
> Ventiler la charge globale de loyer consiste à répartir cette charge entre les différents services de l'entreprise.

La clé de répartition correspond au moyen choisi pour répartir la charge.

> Exemple (suite)
>
> La charge de loyer peut être divisée en parts égales qui seront réparties entre les différents services de l'entreprise ; dans ce cas, la clé de répartition est le nombre de services dans l'entreprise. La charge de loyer peut aussi être répartie en fonction de la superficie (m^2) de chaque service ; la clé de répartition est alors la superficie.

III Les conséquences du choix d'une clé de répartition

1. Un calcul imparfait

Lorsqu'il s'agit d'une charge directe, l'affectation est réalisée sans ambiguïté. La valeur ne peut pas être remise en cause.
Par contre, lorsqu'il s'agit d'une charge indirecte, la répartition de cette charge sur les différents coûts ne peut être qu'approximative. Bien que choisie avec soin, une clé de répartition peut toujours être remise en cause.

> Exemple
>
> Les charges d'électricité peuvent être réparties entre les différents ateliers selon le nombre d'heures de fonctionnement des machines. La répartition obtenue restera arbitraire, une machine pouvant, sur une même durée, être plus consommatrice d'énergie qu'une autre.

Ainsi, plus il y a de charges directes dans le calcul de coût, moins celui-ci est discutable.

2. Un besoin de compromis

Lors d'un calcul de coût, on recherche la pertinence plutôt que l'exactitude.
Le coût est pertinent s'il est élaboré au bon moment, pour le bon décideur et avec une précision satisfaisante pour ce dernier.
L'**exactitude** renvoie à la validité des calculs arithmétiques, à l'exhaustivité des éléments intégrés dans ce calcul. Or, l'exactitude a elle-même un coût. Il faut alors comparer le coût d'accès à cette information exacte par rapport au gain apporté par la précision des calculs.
Ainsi, il faut parfois privilégier l'élaboration d'un coût approximatif mais au bon moment, à celle d'un coût exact mais trop tardif.
Un bon système de calcul de coût est donc un compromis entre le coût engendré pour l'obtention de l'information et le coût qui pourrait résulter d'une information inexacte.

Fiche ressource 6

Les centres d'analyse

I Découper l'entreprise en centres d'analyse

1. Intérêt

Les charges indirectes (charges d'administration, charges financières, amortissement d'une immobilisation polyvalente, énergie consommée, charges d'un service d'entretien général…) nécessitent des calculs préalables pour connaître leur destination.
La méthode utilisée par le comptable pour réaliser la répartition de ces charges sur les différents objets de coût est appelée « **méthode des centres d'analyse** ».
Un centre d'analyse est une subdivision comptable de l'entreprise qui regroupe les éléments de charges indirectes, préalablement à leur imputation aux coûts.

Les centres d'analyse peuvent correspondre à une division effective de l'entreprise :
– un atelier, un service, un bureau… On parle dans ce cas de centre de travail ;
– une section fictive ouverte dans le seul but de faciliter les calculs : financement, administration… On parle dans ce cas de section de calcul.

2. Méthode

D'une entreprise à l'autre, les centres d'analyse ne sont pas déterminés de la même manière : ils dépendent de la complexité de l'entreprise, de ses activités et de ses besoins d'information. Le découpage de l'entreprise en centres d'analyse nécessite donc de mener une réflexion avec le responsable administratif ou l'expert-comptable, par exemple.

a) Les différents types de centres d'analyse

Dans tous les cas, on distinguera des **centres « opérationnels »**, qui travaillent directement sur le produit (ex. : le service Approvisionnement des matières premières, les ateliers, les services commerciaux), et des **centres de « structure »**, qui ne travaillent pas directement sur le produit (ex. : les services administratifs). En général, les différents services administratifs sont regroupés dans un centre d'analyse unique appelé « Administration ».

b) La relation entre centres d'analyse et centres de responsabilité

Le plus simple est cependant de faire correspondre les centres d'analyse avec les centres de responsabilité (service Achats, atelier Découpe, service commercial…) et donc avec une partie de l'organigramme de l'entreprise.
Dans ce cas, l'activité du centre de responsabilité, confondu avec un centre d'analyse, devient mesurable. On connaîtra, par exemple, les quantités achetées par le service Achats, les quantités vendues par le service commercial… On pourra alors suivre l'évolution du coût de certains centres par rapport à son activité, dans le temps et dans l'espace (avec de la sous-traitance, par exemple).

II Choisir un élément de mesure des centres d'analyse

1. Définir des unités d'œuvre

Pour mesurer l'activité de chaque centre d'analyse, il faut choisir une grandeur significative.

> Exemples
> L'activité du centre Approvisionnement des matières premières peut être mesurée en fonction des kilogrammes de matières achetées. L'activité du centre Production peut être mesurée en fonction des quantités produites. L'activité du centre Entretien peut être mesurée par le nombre d'heures d'entretien effectuées.

La plupart du temps, l'élément de mesure de l'activité est une unité physique : nombre d'heures, d'unités, de kilogrammes… Cette unité de mesure s'appelle une **unité d'œuvre**. L'activité de certains centres d'analyse ne peut pas être mesurée de façon fiable à l'aide d'une unité physique (par exemple, l'ensemble des services administratifs de l'entreprise). Dans ce cas, on calcule un **taux de frais**, c'est-à-dire une base exprimée en euros.

2. Calculer des coûts moyens

Cette unité de mesure permet de calculer un coût moyen par unité qui permettra :
– de suivre l'évolution du coût du centre de responsabilité dans le temps ;
– de répartir les coûts du centre sur les différents produits fabriqués par l'entreprise. L'unité d'œuvre sert donc de clé de répartition.

> Exemple (suite)
>
> Le coût du centre Approvisionnement est de 175 000 € pour le mois de mars. On choisit comme unité d'œuvre les quantités achetées (en kg). Pour le mois de mars, 10 000 kg ont été achetés.
>
> Le coût d'une unité d'œuvre est donc de : 175 000 / 10 000 = 17,50 €.
>
> Cela signifie que pour approvisionner 1 kg de matière première, on dépense en moyenne 17,50 € de frais de fonctionnement du service Approvisionnement.

III La typologie des centres d'analyse et UO possibles

<table>
<tr><th colspan="5">Centres opérationnels</th><th>Centres de structure</th></tr>
<tr><td colspan="5">Ils correspondent aux services de l'entreprise en relation directe avec le produit.
Leur activité est mesurée par une unité d'œuvre physique : les quantités produites, le nombre d'heures travaillées, de kg achetés…</td><td rowspan="3">Ils correspondent plus ou moins aux services administratifs de l'entreprise. Leur activité ne peut pas être mesurée par une unité d'œuvre physique.
Exemple</td></tr>
<tr><th colspan="2">Centres auxiliaires</th><th colspan="3">Centres principaux</th></tr>
<tr><td colspan="2">Ils correspondent à des services travaillant pour l'ensemble de l'entreprise. L'essentiel de leurs coûts est imputé sur les centres principaux.
Exemples</td><td colspan="3">Ils correspondent aux principales fonctions de l'entreprise. L'essentiel de leurs coûts est imputé sur les produits fabriqués.
Exemples</td></tr>
<tr><th>Service Entretien</th><th>Gestion du personnel</th><th>Approv.</th><th>Production</th><th>Distribution</th><th>Administration</th></tr>
<tr><td>Le coût pourra être réparti en fonction des heures d'entretien de chaque service (UO).</td><td>Le coût pourra être réparti en fonction des effectifs de personnel de chaque service (UO).</td><td>Le coût pourra être réparti en fonction des kg achetés (UO).</td><td>Le coût pourra être réparti en fonction des heures effectuées par les machines (UO).</td><td>Le coût pourra être réparti en fonction des quantités vendues (UO).</td><td>Le coût pourra être réparti en fonction des autres coûts (TF).</td></tr>
</table>

Fiche ressource 7

L'analyse d'un tableau de répartition des charges indirectes

❶ **Charges indirectes par nature** *Issues de la comptabilité générale*		**Centres d'analyse**					
		Centres opérationnels					**Centre de structure**
		Centre auxiliaire	**Centres principaux**				
		Maintenance	Approv.	Production			Administration
				Atelier 1	Atelier 2	Atelier 3	
Services extérieurs	xxx xxx						
Autres services extérieurs	xxx xxx						
Impôts et taxes	xxx xxx		❷				
Personnel	xxx xxx						
Charges financières	xxx xxx						
Amortissements	xxx xxx						
…							
Répartition primaire ❸	**1 337 214**	**12 500**	**70 656**	**346 663**	**55 567**	**656 060**	**195 768**
			1 250	6 250	2 500	2 500	
Répartition secondaire ❹		**0**	**71 906**	**352 913**	**58 067**	**658 560**	**195 768**
Nature de l'unité d'œuvre ❺			kg de MP	kg de MP consom-mée	heure de MOD	heure-machine	coût de production des produits vendus
Nombre d'UO			68 341	68 341	3 150	17 150	1 893 698
Coût de l'UO			**1,0522**	**5,1640**	**18,4340**	**38,4000**	**0,1034**

❶ Dans cette première colonne, les charges sont issues de la comptabilité générale. Il s'agit d'un classement par natures. Les charges que l'on peut affecter directement au coût du produit ou service sont exclues.

❷ Chaque ligne de charges indirectes est ventilée sur les différents centres d'analyse selon une clé de répartition la plus fiable possible. Les charges d'amortissement, par exemple, peuvent être ventilées en fonction des immobilisations détenues dans chaque centre.
Il faut mener une enquête et interroger les éventuels responsables de centre pour déterminer une clé de répartition simple et fiable.

❸ On parle de **répartition primaire** lorsque toutes les charges indirectes de la comptabilité générale ont été ventilées sur l'ensemble des centres d'analyse (qu'ils soient auxiliaires, principaux ou de structure.) On totalise un premier niveau de coût pour chaque centre.

❹ La répartition secondaire consiste à reventiler les coûts des centres auxiliaires sur les autres centres pour lesquels ils travaillent. Par exemple, si un service de maintenance entretient le matériel des ateliers de l'entreprise, le coût de ce centre doit être ajouté aux coûts des ateliers.
Cette reventilation est calculée à l'aide d'une clé de répartition judicieusement choisie.
Après la répartition secondaire, on ne tient plus compte du coût des centres auxiliaires, vidés et ventilés sur les autres.
Le gestionnaire dispose d'une estimation du coût des centres principaux et de structure. Ce coût est un outil de gestion.

❺ L'unité d'œuvre (ou le taux de frais) est une grandeur qui permet de mesurer l'activité du centre et d'en répartir le coût sur d'autres objets d'étude.
Dans l'exemple ci-dessus, l'unité de mesure de l'activité du service Approvisionnement est la quantité de matière première achetée (choix arbitraire). Ce service a un coût de 71 906 € et a permis d'approvisionner 68 341 kg de matière première : 71 906 / 68 341 = 1,0522 ⇒ **dans ce service, approvisionner 1 kg de matière première coûte 1,0522 €.**
Ce coût de l'UO est un excellent indicateur de gestion. Il pourra être comparé dans le temps et dans l'espace.

Nature de l'unité d'œuvre			kg de MP	kg de MP consommée	heure de MOD	heure-machine	coût de production des produits vendus
Coût UO			**1,0522**	**5,1640**	**18,4340**	**38,4000**	**0,1034**

kg de MP (1,0522)

L'activité du centre Approvisionnement peut être mesurée par la quantité de matière première achetée.

Approvisionner 1 kg de matière première coûte en moyenne 1,0522 €, tous frais de service confondus. Ce coût s'ajoute au prix d'achat de la matière première elle-même.

kg de MP consommée (5,1640)

L'activité de l'atelier 1 peut être mesurée par la quantité de matière première utilisée.

La transformation d'1 kg de matière première coûte en moyenne 5,1640 €, tous frais de l'atelier confondus.

heure de MOD (18,4340)

L'activité de l'atelier 2 peut être mesurée par le nombre d'heures travaillées.

1 heure travaillée dans l'atelier 2 coûte en moyenne 18,3440 € (sans compter les salaires directs).

heure-machine (38,4000)

L'activité de l'atelier 3 peut être mesurée par le nombre d'heures pendant lesquelles les machines ont fonctionné.

Lorsque qu'une machine fonctionne 1 h, cela coûte 38,40 € en moyenne, tous frais d'atelier confondus.

coût de production des produits vendus (0,1034)

L'activité du centre Administration ne peut pas être mesurée par une UO mais par un taux de frais. Elle sera comparée au coût de production des produits vendus.

À chaque euro de coût de production, on peut ajouter en moyenne 10,34 centimes de coûts liés à l'administration de l'entreprise.

Applications

1 Retenir les charges incorporables dans le calcul des coûts

Vous êtes comptable dans la PME Terre du Soleil, fabricant de poteries et arts de la table à Roussillon (Vaucluse).

M. Mathieu, fondateur de la société, a mis en place une comptabilité de gestion. Il s'interroge sur les charges de la comptabilité générale à prendre en compte dans la comptabilité analytique.

Quelles sont les charges incorporables parmi les cas soulevés par M. Mathieu (document) ?

Document **Les questions de M. Mathieu**

- Le 3 septembre, un violent orage a détruit une partie des stocks de produits finis. La valeur nette comptable de ces stocks était de 130 000 €. Après la visite des experts, la compagnie d'assurances de la PME ne remboursera que 100 000 €.
- Cette société est récente. M. Mathieu a dû payer des frais d'enregistrement pour 12 500 €.
- Terre du Soleil a été créée sous forme de société anonyme. Le salaire de M. Mathieu figure au compte « Charges de personnel » (6 000 € par mois, charges comprises). Pourtant, M. Mathieu sait que s'il avait choisi la forme de l'entreprise individuelle, il aurait dû se rémunérer par prélèvements. Ces prélèvements n'auraient pas constitué une charge.
- M. Mathieu a constitué, avec ses associés, un capital de 50 000 €. Les ressources ont été complétées par un emprunt bancaire de 40 000 € remboursé avec un taux d'intérêt de 7 % par an. Les intérêts représentent une charge financière. Pourtant, M. Mathieu et ses associés auraient pu réaliser un apport de 90 000 €, évitant ainsi à la PME de supporter les charges d'intérêt (ils ont longuement hésité entre les deux solutions).
- L'entreprise a payé en septembre une prime d'assurance de 15 000 € pour l'année.
- Les approvisionnements de matières premières sont réalisés grâce à l'achat d'un véhicule d'occasion dont on n'évitera pas les frais d'entretien.

2 Répartir les charges sur les différents centres d'analyse

Vous êtes comptable dans l'entreprise Saint-Michel, fabricant breton de parapluies. Le responsable administratif vous demande de proposer une ou deux clés de répartition pour ventiler les charges d'électricité dans les centres d'analyse (documents 1 et 2).

1. **Doit-on systématiquement répartir les charges à l'aide d'une clé de répartition ?**
2. **Proposez et justifiez une ou deux solutions pour une répartition la plus juste possible.**

Document 1 Trois situations possibles

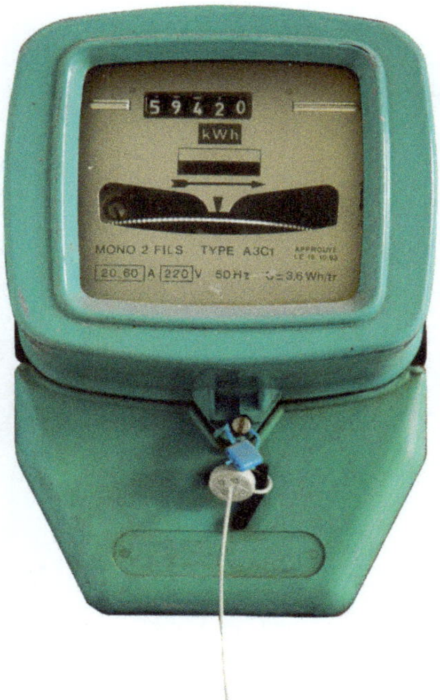

Une charge [issue de la comptabilité générale] peut :

– soit concerner un seul centre d'analyse : c'est par exemple le cas des charges constituées par les salaires du personnel du bureau d'études, immédiatement affectables au **centre d'analyse** « Bureau de préparation du travail » (lorsque celui-ci est créé) ;

– soit concerner plusieurs centres d'analyse, mais être aisément mesurable : c'est le cas de l'énergie électrique, lorsque chaque centre de travail possède un compteur d'électricité ;

– soit concerner plusieurs centres d'analyse, mais ne pas être aisément mesurable : cas de l'électricité, lorsqu'il n'existe qu'un seul compteur à l'arrivée de la ligne électrique dans l'entreprise.

Dans les deux premiers cas, l'affectation de la charge ou de la portion de charge au centre d'analyse ne pose pas de grandes difficultés.
[C'est le cas, par exemple, des] charges de personnel quand on peut aisément les calculer pour le personnel propre à chaque centre de travail, [de l']électricité, gaz, eau (quand chaque centre d'activité dispose d'un compteur)...

Dans le troisième cas, une répartition de la charge entre les centres d'analyse concernés est nécessaire : on utilise alors une **clé de répartition** dont l'emploi conduit à un partage proportionnel. Pour chaque élément de charge à répartir, on s'efforce de déterminer une relation constante entre le montant de la charge et une activité [...].
Ainsi, on admet [par exemple] qu'il y a **proportionnalité** entre les dépenses de chauffage des centres d'activité et le nombre des éléments de radiateurs dont ils sont dotés. [...]

http://www.comptabilite-move.com

Document 2 Quelques cas courants de choix de clé de répartition

[...] On répartit :
– d'après la **surface** : les loyers et charges locatives, les impôts relatifs aux bâtiments, les primes d'assurance incendie, les frais d'entretien des locaux, les coûts des petites réparations, les frais d'éclairage, les amortissements des immeubles.
On corrige d'ailleurs les nombres proportionnels découlant de la comparaison des surfaces, soit en les arrondissant pour faciliter les calculs, soit en les modifiant pour tenir compte de l'utilisation plus ou moins grande des surfaces respectives ;
– d'après les **volumes des locaux** : les dépenses de chauffage ;
– d'après le **nombre d'éléments utilisant les prestations** : les dépenses d'éclairage (en fonction du nombre d'ampoules électriques), etc. ;
– d'après les **effectifs** : petites fournitures de bureau ;
– d'après le **nombre de postes** : les redevances téléphoniques ;
– d'après les **quantités de matières premières traitées** : les matières consommables ;
– d'après les **valeurs des entrées en stock** : les dépenses indirectes de transport à l'achat ;
– d'après les **valeurs des matières ou produits stockés** : les dépenses d'assurance incendie ;
– d'après les **valeurs des salaires** : les charges sociales ;
– d'après les **valeurs des ventes réalisées** : les frais d'emballage.
Chaque entreprise choisit, pour chaque élément de frais à répartir, le critère de répartition qui lui paraît le plus exact. On ne peut fixer à ce sujet de règles générales.

http://www.comptabilite-move.com

3 Choisir une unité d'œuvre significative

L'entreprise Intercep est spécialisée dans le négoce et la conservation de champignons et de légumes sauvages (truffes, cèpes, girolles, mousserons, trompettes, morilles, mélanges forestiers, asperges...). Vous venez d'y être embauché(e) comme comptable auprès de M. Lejeune, le directeur administratif et financier.
M. Lejeune hésite entre deux unités d'œuvre pour l'atelier Conditionnement-machine : l'heure-machine ou le nombre de produits conditionnés.

À partir des informations fournies en documents, rédigez une courte note destinée à M. Lejeune dans laquelle vous justifierez le choix de l'heure-machine comme unité d'œuvre de cet atelier.

Document 1 Le choix d'une unité d'œuvre et ses conséquences

L'unité d'œuvre choisie pour un centre doit correspondre à l'activité du centre et avoir, pour tous les intéressés, une signification concrète qui permette de passer des opérations techniques à l'évaluation en euros, et inversement.

Le choix de l'unité d'œuvre est délicat.

Une activité étant définie, il peut exister diverses façons de la mesurer. Que choisir ? L'heure-ouvrier (heure de travail ouvrier), l'heure-machine (heure de travail de la machine), le nombre d'unités usinées, le poids ou le volume des quantités traitées, l'unité d'énergie consommée, etc.

Sans doute est-on conduit, quand on organise pour la première fois une comptabilité analytique d'exploitation, à définir *a priori*, compte tenu toutefois des conditions d'exploitation prévisibles, l'unité d'œuvre correspondant à chaque centre d'activité. Mais le choix définitif doit être effectué à partir d'observations et de contrôles, de manière que ce choix assure la meilleure corrélation possible entre la variation des coûts et la variation en quantité des prestations fournies.

http://www.comptabilite-move.com

Document 2 Informations issues du PCG

Unité d'œuvre	Le choix de cette UO est possible si...
Heure de main-d'œuvre	– On peut pointer le travail par opérateur (ou par équipe). – Les temps de travail de l'opérateur et de la machine sont étroitement liés.
Heure-machine	– On peut pointer le temps de travail de chaque machine (ou groupe de machines). – Le temps de fonctionnement de la machine est sans rapport avec le temps de travail de l'opérateur qui la sert. – Les frais de fonctionnement du poste (énergie ou fluides, entretien du matériel, consommation et affûtage de l'outillage) sont importants relativement à ses frais de main-d'œuvre. – L'amortissement du poste de travail est important.
Unité de fourniture travaillée	– Les temps de main-d'œuvre et ceux de fonctionnement de la machine par produit sont difficiles ou impossibles à pointer. – Les fournitures travaillées font l'objet d'un pointage. [...] Si le centre de travail n'intervient dans le processus d'élaboration que pour un seul produit ou pour des produits pouvant être ramenés à une unité type d'équivalence.

Document 3 Éléments chiffrés relatifs à l'activité de l'atelier Conditionnement-machine

	Coût du service	% évol.	Milliers de sachets conditionnés	% évol.	Écart % évol.	Nb d'heures-machine	% évol.	Écart % évol.
3e trimestre N-3	17 100		647			496		
4e trimestre N-3	16 890	– 1,23 %	685	5,87 %	7,10 %	491	– 1,01 %	0,22 %
1er trimestre N-2	14 310	– 16,32 %	596	– 7,88 %	8,43 %	425	– 14,31 %	2,00 %
2e trimestre N-2	16 520	– 3,39 %	659	1,85 %	5,25 %	492	– 0,81 %	2,59 %
3e trimestre N-2	16 150	– 5,56 %	640	– 1,08 %	4,47 %	480	– 3,23 %	2,33 %
4e trimestre N-2	17 850	4,39 %	714	10,36 %	5,97 %	530	6,85 %	2,47 %
1er trimestre N-1	15 940	– 6,78 %	648	0,15 %	6,94 %	473	– 4,64 %	2,15 %
2e trimestre N-1	15 531	– 9,18 %	620	– 4,17 %	5,00 %	461	– 7,06 %	2,12 %
3e trimestre N-1	17 850	4,39 %	714	10,36 %	5,97 %	530	6,85 %	2,47 %
4e trimestre N-1	18 240	6,67 %	729	12,67 %	6,01 %	541	9,07 %	2,41 %
1er trimestre N	15 540	– 9,12 %	621	– 4,02 %	5,10 %	465	– 6,25 %	2,87 %
2e trimestre N	16 021	– 6,31 %	671	3,71 %	10,02 %	482	– 2,82 %	3,49 %

Chapitre 3

Démarche de calcul de coût de revient des produits

Activité
5.2. Calcul, contrôle et analyse des coûts de revient des activités, produits et services de l'organisation

Composante d'activité
5.2.1. Sélection, recherche et extraction des informations pertinentes
5.2.2. Mise en œuvre d'un système de calcul de coûts
5.2.3. Analyse de la démarche mise en œuvre
5.2.4. Évaluation des coûts et des marges et leur suivi

Compétences
– Extraire et exporter les informations nécessaires au calcul des coûts
– Retraiter les charges et les produits nécessaires au calcul des coûts et calculer les charges incorporées au calcul des coûts
– Analyser la démarche à mettre en œuvre et identifier les coûts relatifs en fonction du processus de production
– Calculer les coûts par une méthode répondant aux besoins des gestionnaires, expliquer les résultats en soulignant l'intérêt et les limites de la méthode retenue

P7
– L'interprétation du modèle relationnel, une extraction des données à partir du PGI
– **Une utilisation du tableur adaptée aux besoins de l'utilisateur pour effectuer et automatiser les calculs**
– Des propositions de paramétrage précises et pertinentes au regard des besoins
– Des propositions argumentées d'évolution du SI pour répondre aux besoins de gestion

Situation professionnelle

La SA Line-Pro est spécialisée dans la confection de vêtements professionnels commercialisés sous la marque Ligne.

M. Fauvet, responsable de l'entreprise, a récemment étudié l'opportunité de sous-traiter une partie de son processus de fabrication. À cette occasion, vous avez fourni à Mme Ricard, responsable du service administratif, des éléments de calcul des coûts des différents centres de responsabilité de l'entreprise.

Ces calculs ont permis de démontrer que les coûts de revient de l'atelier Montage étaient maîtrisés et que le choix de sous-traiter ne s'imposait pas pour l'instant. La structure de cette PME reste donc inchangée. La conception d'un vêtement reste divisée en trois étapes distinctes : création, découpe et montage.

À l'occasion du Salon « Les métiers de service », M. Boyer, directeur commercial de Line-Pro, a démarché le responsable d'un ensemble de six salons de coiffure. Ce dernier souhaiterait imposer une tenue professionnelle commune à l'ensemble de son personnel.

M. Boyer lui a suggéré une création spécifique qui sera validée selon le prix de vente proposé. Une fiche produit a été formalisée par les responsables d'atelier. M. Boyer s'adresse désormais à Mme Ricard afin d'estimer le coût de revient de ce nouveau produit. En fonction de ce coût, il pourra proposer un prix de vente.

Mission

Lors de votre précédente mission, vous avez mis en place un calcul des coûts des services selon la méthode des centres d'analyse qui a satisfait Mme Ricard. Celle-ci vous suggère de conserver cette méthode pour estimer le coût de revient du vêtement proposé pour les salons de coiffure.

Travail à faire

P7 L'ensemble des travaux demandés peut être réalisé à l'aide d'un tableur.

I Repérer les différentes étapes de la formation du coût du produit

Avant de procéder aux calculs, vous schématisez le processus de conception d'un vêtement.

1. **Schématisez le processus de production de l'entreprise Line-Pro.** — Annexe 1
2. **Quel est le lien entre ce processus de production et le calcul des coûts de revient des produits ?** — Fiche ressource 1
3. **Déduisez de votre schéma les différents niveaux de constitution des coûts dans l'entreprise Line-pro.**

À partir des données issues de la comptabilité, vous avez sélectionné les charges incorporables aux coûts. Parmi celles-ci, vous avez distingué les charges directes et les charges indirectes aux produits, et avez ventilé les charges indirectes dans les différents centres de responsabilité de l'entreprise (voir chapitre 2).

4. **Pourquoi les coûts des services (centres de responsabilité) participent-ils aussi aux coûts des produits fabriqués ?** — Fiche ressource 2
5. **Comment ces coûts seront-ils répercutés sur les coûts des produits ?** — Fiches ressources 6 et 7 du chapitre 2

II Préparer les données nécessaires à la répartition des charges indirectes aux produits

Afin de pouvoir ventiler une partie des coûts de chaque centre sur le coût de fabrication du nouveau vêtement, vous terminez le travail amorcé de calcul du coût moyen de chaque centre (voir chapitre 2).

6. **À partir des informations collectées auprès de Mme Ricard et des éléments relatifs à l'année N-1, complétez le tableau de répartition des charges indirectes soit sur l'annexe 2, soit sur votre fichier excel construit en chapitre 2.** — Annexes 2 à 4

III Calculer le coût d'approvisionnement des deux matières premières

Le vêtement destiné aux salons de coiffure sera composé de deux tissus de qualité différente, habituellement utilisés par l'entreprise. Vous avez collecté des informations afin de calculer leur coût d'approvisionnement.

Remarque :
P7 **Vous pouvez reproduire sur tableur l'annexe 9 puis l'utiliser pour automatiser les calculs demandés tout au long de ce chapitre.**

7. **Quelles sont les composantes d'un coût d'acquisition ?** — Annexes 2, 5 et 9 (partie 1)
8. **Calculez le coût d'acquisition de chaque matière première en complétant l'annexe 9.** — Fiche ressource 4
9. **Complétez les entrées en stock pour chaque matière première.** — Annexe 9 (partie 2) ; Fiche ressource 3

IV Calculer le coût de production des tenues destinées aux salons de coiffure

Dans un premier temps, 100 vestes seront conçues. Vous calculez leur coût de production.

Annexes 6 à 9 (parties 2 à 4)
Fiches ressources 5 et 6

10. Quelles sont les composantes d'un coût de production ?

11. Vous retrouvez le coût d'acquisition des matières premières consommées :

a) Calculez les quantités de tissus nécessaires à la fabrication des 100 vestes à l'aide de l'annexe 6.

b) Le responsable de l'atelier Découpe a sorti ces tissus des stocks : complétez les fiches de stock (annexe 9, partie 2) en sachant que l'entreprise utilise la méthode du CMP pour valoriser les sorties de stocks.

c) Calculez le coût total d'acquisition des matières premières nécessaires à la fabrication des vestes.

12. Vous prenez en compte les problèmes particuliers liés à la production.

a) Pourquoi n'y a-t-il pas d'encours à évaluer dans le calcul des vestes ?

b) La production des vestes donne lieu à des produits dérivés. Lesquels ? Pourquoi faut-il en tenir compte dans le calcul du coût de production des vestes ?

13. Calculez les charges indirectes de production, prenez en compte des produits dérivés, puis calculez le coût de production des vestes (annexe 9, partie 3).

14. Vous placez ces vestes en stock. Complétez les entrées en stock de ces vestes (annexe 9, partie 4).

V Calculer le coût de revient complet des vestes

Le responsable des salons de coiffure a commandé 75 vestes. Vous calculez leur coût de revient.

Annexes 8 et 9 (parties 4 et 5)
Fiche ressource 7

15. Quelles sont les composantes d'un coût de revient complet ?

16. Vous sortez les vestes des stocks de produits finis. Calculez le coût de production des 75 vestes sorties. Complétez la fiche de stock (annexe 9).

17. Calculez les coûts hors production à l'aide de l'annexe 8.

18. Calculez le coût de revient complet des vestes commandées (annexe 9).

VI Analyser les résultats obtenus et la méthode utilisée

M. Boyer a collecté des informations sur la concurrence. Ce type de veste, à qualité équivalente, est vendu environ 100 € HT.

Fiches ressources 8 et 9

19. Vous analysez les résultats obtenus.

a) L'entreprise Line-Pro peut-elle proposer un prix proche de celui de la concurrence ? Justifiez.

b) Dans ce cas, quel sera le résultat analytique par produit ?

c) Calculez la marge sur coût d'acquisition, sur coût de production. Quelle est la partie du processus de production la moins coûteuse ?

20. Analysez la méthode de valorisation des stocks retenue.

a) Les stocks ont été valorisés selon la méthode du CMP. Cette méthode est-elle bien adaptée pour l'entreprise Line-Pro ? Justifiez.

b) Les fiches de stock permettent de valoriser le stock final de l'entreprise. Celui-ci correspondra-t-il systématiquement à l'inventaire physique calculé une fois par an ? Justifiez.

Données de la situation

Annexe 1 Le processus de fabrication des vêtements dans l'entreprise

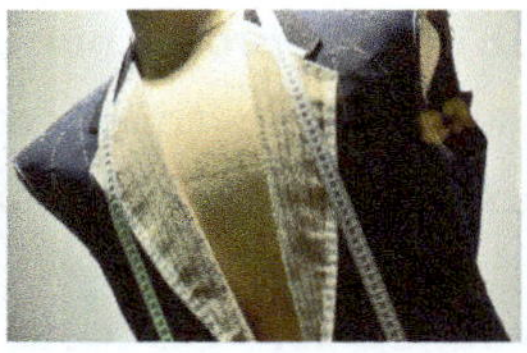

L'entreprise Line-Pro se procure l'ensemble des tissus et accessoires incorporés aux vêtements auprès de deux ou trois fournisseurs habituels. Afin d'éviter les ruptures d'approvisionnement, des matières premières sont achetées par avance et stockées dans l'entreprise.

Le processus de production suit un ordre immuable : à chaque nouvelle création intervient M. Idéo, responsable de l'atelier Création. Avec son équipe, il propose la forme du vêtement et conçoit le patron nécessaire à sa confection. Intervient ensuite l'atelier Découpe, sous la responsabilité de M. Ciso. Les différentes pièces constitutives du vêtement sont alors prêtes à être assemblées par l'équipe Montage, dirigée par M. Finni. Le service Entretien ne participe pas directement à la fabrication du produit. M. Clerc, son responsable, a en charge l'entretien des différentes machines utilisées dans l'entreprise. Entre la création et le montage, les délais sont courts. L'entreprise ne tient pas de stocks de produits en cours.

Les clients de Line-Pro sont fidèles et certains produits classiques sont régulièrement demandés. C'est pourquoi l'entreprise peut se permettre de fabriquer par avance certains produits pour le stock. Le service commercial consulte régulièrement les stocks afin de donner à ses clients une date approximative de livraison.

M. Fauvet et Mme Ricard ne participent pas directement au processus de fabrication des vêtements mais, en tant que responsables de services administratifs, ils participent à la bonne coordination de l'ensemble.

Annexe 2 Tableau de répartition des charges indirectes

	Centres d'analyse						
	Centres opérationnels						Centre de structure
	Centre auxiliaire	Centres principaux					
	Entretien	Approv.	Création	Découpe	Montage	Distrib.	Admin.
Total répartition secondaire	0,00	102 440	123 585,64	160 713,40	146 065,96	98 775	151 020
Unité d'œuvre (UO)			patron	h de travail	h de travail		
Nombre d'UO			700	6 400	7 000		
Coût de l'UO			176,551	25,111	20,867		

Annexe 3 Entretien avec Mme Ricard

Vous : Pour calculer le coût complet prévisionnel des vêtements destinés aux salons de coiffure, j'ai besoin de plusieurs éléments. Je pense utiliser le tableau de répartition des charges indirectes que nous avions conçu pour calculer le coût des différents ateliers.

Mme Ricard : C'est effectivement ce qu'il faut faire ! Les charges de la comptabilité générale que nous avons ventilées sur les différents services de l'entreprise représentent pour les produits des charges indirectes puisque ces services sont là pour les fabriquer.

Vous : Sachant qu'il s'agit d'un calcul prévisionnel, doit-on prévoir de nouvelles charges engendrées par cette nouvelle production ?

Mme R. : Excellente question ! Je pense que si cette commande se concrétise, elle pourra être absorbée par les structures actuellement •••

•••

en place. Je ne pense pas qu'il y ait besoin ni de machine spécifique ni d'heures supplémentaires de travail. En tout cas, pour l'instant. Vous pouvez donc garder les coûts moyens d'unité d'œuvre tels que nous les avions évalués.

Vous : Pour ventiler les coûts des services Approvisionnement et Distribution, j'ai interrogé les responsables des services concernés. Pour l'approvisionnement, M. Jouan, notre responsable du service Achats de matières premières, considère que le nombre de mètres carrés de tissu achetés serait une unité de mesure représentative de son service. M. Boyer, notre directeur commercial, propose de répartir le coût de son service en fonction du nombre d'articles vendus.

Mme R. : Je suis favorable à ces choix, qui me semblent tout à fait pertinents ! Je vous propose de répartir le coût des services administratifs en fonction du coût de production que vous aurez calculé. Il ne vous reste plus qu'à trouver le nombre de ces unités d'œuvre pour l'année dernière afin de compléter votre tableau.

Annexe 4 Éléments relatifs à l'année N-1

L'année dernière, le service Achats de matières premières a acheté 115 000 m^2 de tissus de différentes qualités et finitions ; le service commercial a vendu 45 000 vêtements (un ensemble veste-pantalon vaut deux vêtements) ; le coût de production global était d'environ 1 350 000 €.

Annexe 5 Achats de tissus au cours du mois

Ce mois-ci, ont été achetés 5 000 m^2 de tissu Alpha (prix d'achat : 14,50 €/m^2) et 3 500 m^2 de tissu Oméga (prix d'achat : 15,60 €/m^2).
En début de période, l'entreprise disposait en stock de 2 000 m^2 de tissu Alpha pour une valeur totale de 32 000 € et de 1 500 m^2 de tissu Oméga pour une valeur de 25 450 €.

Annexe 6 Fiche produit de la veste destinée aux salons de coiffure

Coloris : blanc ou noir
Une poche basse à droite
Tailles : 1 à 5
Longueur : 80 cm
Poids : 205 g/m^2

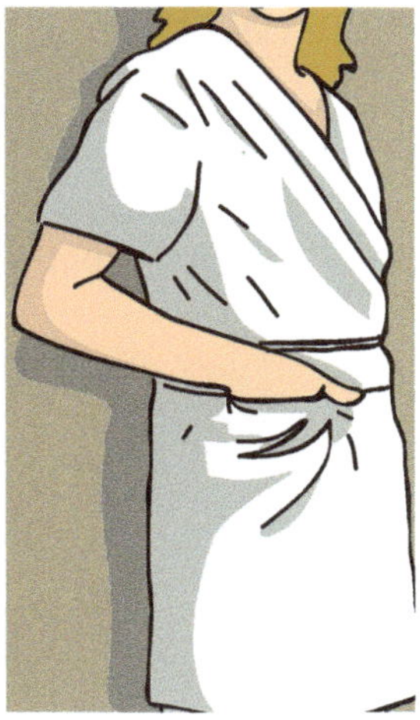

2,5 m^2 de tissu Alpha, 65 % polyester – 35 % coton
0,5 m^2 de tissu Oméga, 100 % coton

Annexe 7 Informations diverses liées à la fabrication du nouveau produit

Par sécurité, on décide de fabriquer 100 vestes. Pour concevoir ce produit, l'atelier Création a réalisé un nouveau patron. Ce nouveau produit ne présente aucune spécificité, il n'y a pas de charges directes pour les ateliers de l'entreprise.
Le responsable de l'atelier Découpe évalue à 30 minutes le temps nécessaire pour la découpe des pièces du vêtement.
Le responsable de l'atelier Montage estime à 40 minutes le temps nécessaire au montage du vêtement.
La découpe du tissu laisse apparaître un produit dérivé : une bande de tissu Alpha de 50 cm qui sera utilisée dans la fabrication d'un vêtement destiné aux métiers de bouche (renforcement des poches avant). La valeur de ce produit dérivé est estimée à 3 € par veste produite.

Annexe 8 Informations diverses liées à la vente du nouveau produit

Le nombre de vestes commandées est de 75. Les vestes supplémentaires resteront en stock et pourront être proposées à d'autres clients. Pour des raisons d'hygiène, chaque veste sera conditionnée dans un film plastifié avant la vente. On estime le coût de cet emballage à 1,15 € l'unité.

Annexe 9 Calcul du coût de revient (à reproduire et compléter sur tableur)

Coût d'acquisition des matières premières achetées (1)

Charges directes	Tissu Alpha	Tissu Oméga
Nombre de m²		
Prix du m²		
Total charges directes		
Charges indirectes		
UO		
Nombre d'UO		
Coût de l'UO		
Total charges indirectes		
Total coût d'acquisition		

Fiches de stock des matières premières (2)

	Tissu Alpha					
	Entrée			Sortie		
	Quantité	Coût unitaire	Valeur	Quantité	Coût unitaire	Valeur
Stock initial/Sortie						
Achats du mois/Stock final						
Total						

	Tissu Oméga					
	Entrée			Sortie		
	Quantité	Coût unitaire	Valeur	Quantité	Coût unitaire	Valeur
Stock initial/Sortie						
Achats du mois/Stock final						
Total						

Coût de production des vestes pour le salon de coiffure (3)

Coût d'acquisition	Quantité	Coût	Montant
Tissu Alpha			
Tissu Oméga			
Total coût d'acquisition			
Charges indirectes de prod.			
Création			
Découpe			
Montage			
Total charges indirectes			
Déchets utilisables			
Total coût de production			

Fiches de stock du produit fini (4)

	Veste pour les salons de coiffure					
	Entrée			Sortie		
	Quantité	Coût unitaire	Valeur	Quantité	Coût unitaire	Valeur
Stock initial/Sortie						
Achats du mois/Stock final						
Total						

Coût de revient complet des vestes pour les salons de coiffure (5)

	Quantité	Coût	Montant
Coût de prod. des vestes vendues			
Distribution			
Charges directes			
Charges indirectes			
Administration			
Charges indirectes			
Total coût de revient			

Fiche ressource 1

Analyser la formation du coût de revient complet

I Comprendre l'objectif du coût de revient complet

1. Définition

Le **coût de revient** est le coût d'un produit, d'un service, d'une commande… au stade final du processus, c'est-à-dire coût de distribution (vente) inclus. (Attention, le coût de revient est parfois appelé, à tort, « prix de revient ».)
Il est constitué par l'ensemble des charges de la comptabilité générale qui le concernent. C'est donc un **coût complet** (et non partiel).

> Exemple
>
> Le coût complet d'un produit P1 est composé du prix d'achat de la matière première, des frais dépensés pour amener cette matière première dans les stocks, des frais dépensés dans les ateliers pour transformer cette matière et en faire un produit fini, d'une partie des dépenses du service commercial chargé de le vendre… Tous ces frais relatifs à ce produit P1 sont repérés et cumulés pour former le coût complet du produit.

2. Utilité

D'une manière générale, la présentation des coûts par le gestionnaire permet aux responsables de prendre des décisions de gestion : déterminer des prix de vente, développer certains produits, services ou activités, sous-traiter, embaucher, rechercher des gains de productivité…
La connaissance du coût complet d'un produit permet de calculer le résultat dégagé par la vente de ce produit. On parle de « résultat analytique ».

II Observer le processus de production

Pour élaborer une méthode de calcul des coûts complets, il faut d'abord observer le processus de production, c'est-à-dire l'ensemble des étapes nécessaires à la fabrication et à la vente d'un bien : l'achat des matières premières (approvisionnement), la transformation de cette matière première en produit fini (production) puis la vente du produit fini (distribution).
Selon la complexité du produit, le processus de transformation peut être plus ou moins long et nécessiter le passage dans plusieurs ateliers successifs.

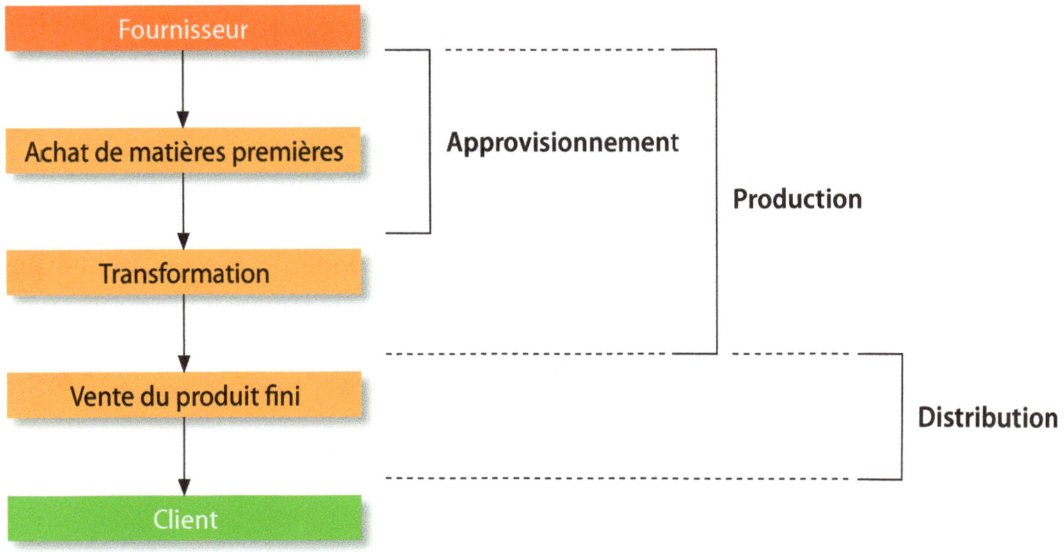

III Étudier la formation hiérarchique du coût dans le processus de production

D'après le plan comptable général (PCG), le coût complet d'un produit ou d'un service est calculé selon une démarche dite « hiérarchique », qui suit le déroulement du processus de production : approvisionnement, production, distribution.
Le gestionnaire calcule un coût à chaque étape du processus de production et constitue ainsi progressivement le coût complet.

La formation hiérarchique du coût de revient complet

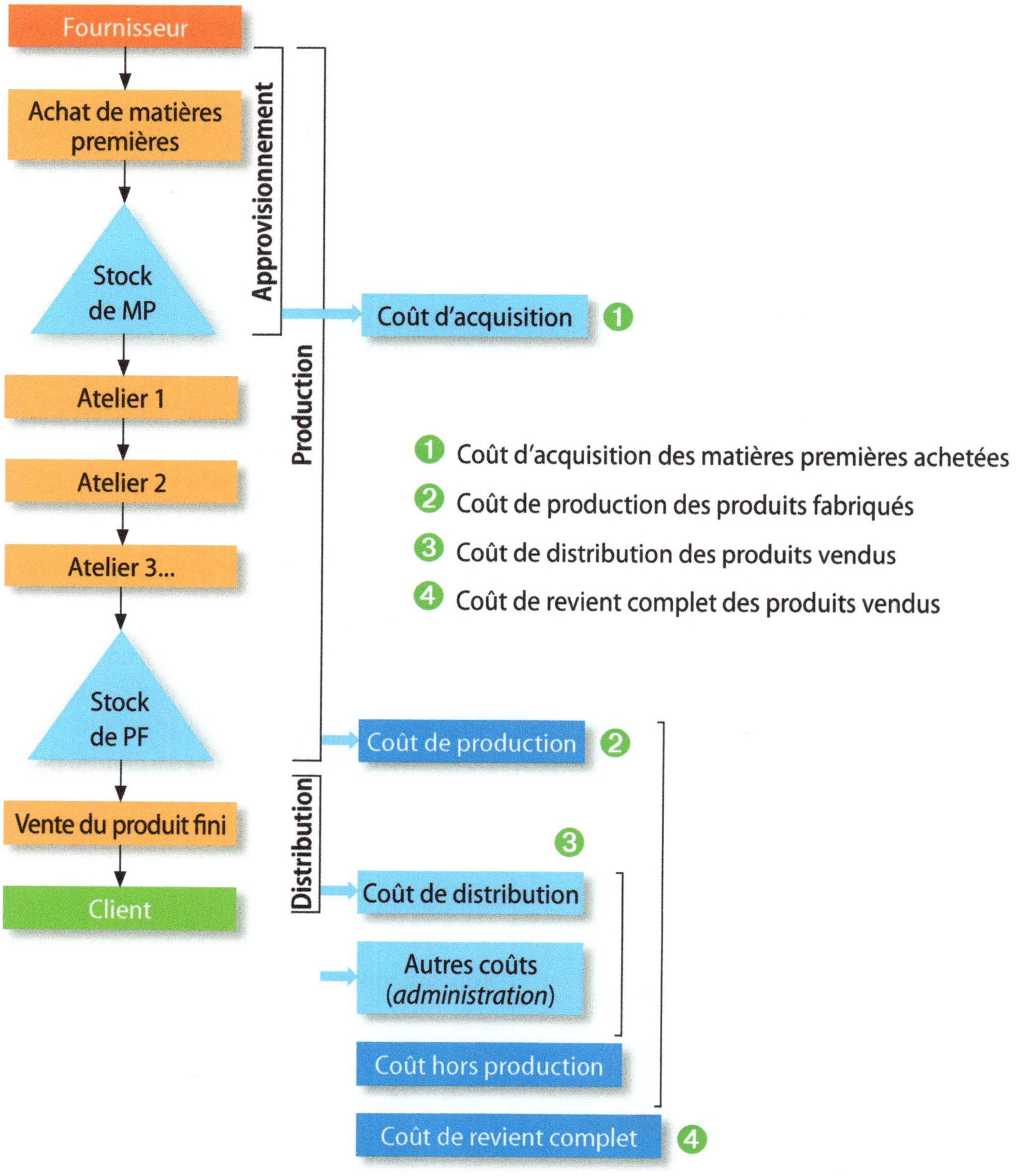

Fiche ressource 2

Intégrer le coût des centres de responsabilité dans le coût complet des produits

I Différencier les charges directes des charges indirectes

Le coût de revient complet d'un bien ou d'un service destiné à la vente (un produit fini, une commande...) est composé de charges directes et de charges indirectes (voir chapitre 2, fiche ressource 4).

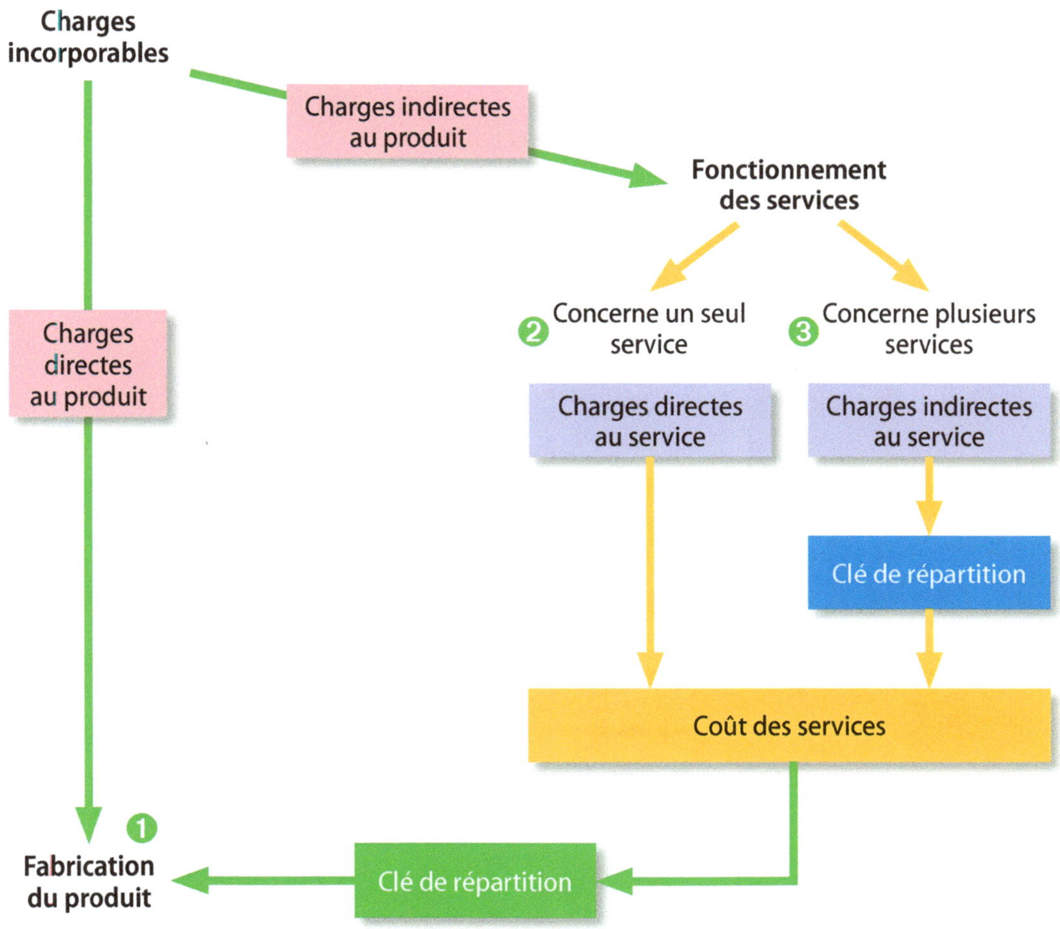

Exemples :

❶ Tissu du vêtement	Directe au produit
❷ Salaire du responsable du service	Directe au service concerné, indirecte au produit
❸ Facture EDF	Indirecte aux services, indirecte au produit

II Intégrer les charges directes et indirectes

Pour calculer le coût de revient complet d'un produit, le gestionnaire doit cumuler les charges directes au produit et les charges indirectes au produit qui correspondent aux coûts des centres de responsabilité (voir chapitre 2).

Ces dernières sont réparties sur les produits à l'aide de l'unité d'œuvre choisie pour représenter l'activité du centre (voir chapitre 2).

Les charges directes et indirectes dans la formation du coût de revient complet

Coût d'acquisition			
Charges directes		✓	❶
Charges indirectes		✓	❷
Total Coût d'acquisition		Total 1	
Coût de production			
Coût d'acquisition		✓	❸
Charges directes		✓	❹
Charges indirectes		✓	❺
Total Coût de production		Total 2	
Coût hors production			
Coût de distribution			
	Charges directes	✓	❻
	Charges indirectes	✓	❼
Coût d'administration		✓	❽
Total Coût hors production		Total 3	
Coût de revient complet			
Coût de production		✓	❾
Coût hors production		✓	
Total Coût de revient complet		Total 4	

❶ Charges directes d'acquisition des matières premières **achetées** sur la période.

❷ Une partie des coûts des services d'approvisionnement. Selon le nombre d'UO consommé.

❸ Coût d'acquisition des matières **consommées** lors de la fabrication du produit (différent des matières achetées).

❹ Charges de production pouvant être affectées sur un produit, sans arbitraire.

❺ Une partie des coûts des services de production. Selon le nombre d'UO consommé.

❻ Charges liées à la vente qui concernent un produit déterminé (ex. : emballage).

❼ Une partie des charges issues des services Distribution. Selon le nombre d'UO consommé.

❽ Une partie des charges issues des services administratifs, répartie généralement proportionnellement au coût de production précédemment calculé. Ce sont des charges indirectes.

❾ Coût de production des produits **vendus** (et non des produits fabriqués).

Fiche ressource 3

Le suivi des mouvements de stock

I La prise en compte des stocks

1. Définition

Les stocks sont des biens qui interviennent dans le cycle d'exploitation pour être consommés ou vendus. On distingue généralement les stocks de matières premières (et fournitures), de marchandises, de produits finis. Des stocks peuvent aussi être constitués de biens en cours de transformation : il s'agit alors de « production en cours » ou « produits intermédiaires ».

2. L'inventaire permanent

La comptabilité générale utilise le plus souvent la technique de l'**inventaire intermittent** pour valoriser les stocks. À chaque achat ou vente, les comptes de stocks ne sont pas modifiés. Un inventaire physique, obligatoire une fois par an, permet de corriger la valeur des stocks avant d'élaborer les documents financiers.

La comptabilité de gestion ne peut pas se contenter de cette information trop tardive. L'importance d'un suivi rigoureux de la valeur des stocks, pour le calcul des coûts, contraint le gestionnaire à mettre en place une méthode d'inventaire spécifique pour connaître, à tout moment, la valeur des stocks et donc des consommations. Il s'agit de l'**inventaire permanent**. Selon cette méthode, tous les mouvements de stock (entrées ou sorties) sont enregistrés au fur et à mesure.

3. Les comptes de stocks

Le gestionnaire propose un suivi des mouvements de stock sur des comptes qui mettent en évidence le stock initial (SI), les entrées en stock, les sorties de stock et un stock de fin de période (SF).

II La fiche de stock

1. Les différentes présentations de fiche de stock

Présentation n° 1

Inspirée de la comptabilité générale, cette présentation indique, à gauche, le stock initial et les entrées et, à droite, le stock final et les sorties.

Stock de matières premières							
Libellé	**Qté (kg)**	**Prix unitaire**	**Montant**	**Libellé**	**Qté (kg)**	**Prix unitaire**	**Montant**
Stock initial				Sorties			
Entrées				Stock final			
Totaux				Totaux			

Présentation n° 2

Cette option présente les entrées à gauche et les sorties à droite mais elle précise le niveau des soldes successifs dans la dernière colonne de droite.

Stock de matières premières								
		ENTRÉES			SORTIES			**Stocks**
Date	**Libellé**	**Quantité**	**Prix unitaire**	**Montant**	**Quantité**	**Prix unitaire**	**Montant**	
3/1/N	Stock initial							
4/1/N	Achats							
5/1/N	Utilisation							

2. La valorisation des entrées en stock

Les biens entrant en stock sont valorisés au coût d'entrée, qui varie en fonction des éléments stockés :

– les **matières premières** entrant en stock sont valorisées au **coût d'acquisition** ;
– les **produits finis** entrant en stock sont valorisés au **coût de production.**

3. La valorisation des sorties de stock

Le coût de sortie des stocks dépend de la méthode de valorisation choisie.
Pour évaluer les sorties et le montant du stock final, il existe principalement deux méthodes.

a) La méthode du coût moyen pondéré (CMP)

$$\text{CMP} = \frac{\text{Total des entrées en valeur}}{\text{Total des entrées en quantité}}$$

Total des entrées en valeur : Valeur du stock initial + Valeur des entrées de la période considérée

Total des entrées en quantité : Stock initial en quantité + Entrées en quantité

Le CMP sera utilisé en fin de période pour évaluer l'ensemble des sorties et le montant du stock final. Dans ce cas, la présentation n° 1 est utilisée.

Exemple

Stock de matières premières									
Date	**Libellé**	**Quantité (kg)**	**Prix unitaire**	**Montant**	**Date**	**Libellé**	**Quantité (kg)**	**CMP**	**Montant**
3/12/N	Stock initial	200	7,90	1 580,00	7/12/N	Sorties	400	8,15	3 260,00
5/12/N	Entrées	300	8,20	2 460,00	18/12/N	Sorties	150	8,15	1 222,50
15/12/N	Entrées	100	8,50	850,00	27/12/N	Stock final	50	8,15	407,50
	Totaux	600	8,15	4 890,00		**Totaux**	600	8,15	4 890,00

CMP = 4 890 / 600 = 8,15

Les sorties et le stock final sont valorisés au CMP

Valeur du stock final

b) La méthode du PEPS (premier entré premier sorti) ou FIFO (*First In First Out*, en anglais)

Les mouvements sont valorisés au fur et à mesure de leur réalisation en faisant sortir en priorité les matières les plus anciennes au prix auquel elles ont été achetées. Dans ce cas, la présentation n° 2 est utilisée.

Exemple (suite)

Stock de matières premières								
		ENTRÉES			SORTIES			Stocks
Date	**Libellé**	**Quantité**	**Prix unitaire**	**Montant**	**Quantité**	**Prix unitaire**	**Montant**	
3/12/N	Stock initial	200	7,90	1 580,00				1 580,00
5/12/N	Achat	300	8,20	2 460,00				4 040,00
7/12/N	Sorties				100	7,90	790,00	3 250,00
7/12/N	Sorties				100	7,90	790,00	2 460,00
7/12/N	Sorties				200	8,20	1 640,00	820,00
15/12/N	Achat	100	8,50	850,00				1 670,00
18/12/N	Sortie				100	8,20	820,00	850,00
18/12/N	Sortie				50	8,50	425,00	425,00
27/12/N							Stock final	**425,00**

Les sorties sont prélevées en priorité sur les produits les plus anciens.

Valeur du stock final

Fiche ressource 4

Le coût d'acquisition

I Repérer les composantes d'un coût d'acquisition

Un coût d'acquisition représente, pour les matières premières achetées, l'ensemble des charges engagées depuis le passage de la commande jusqu'au moment de leur mise en stock.

Quels sont les éléments à prendre en compte ?		Exemples
Le prix d'achat de la matière première	Il s'agit du prix du produit payé au fournisseur (HT). Dans la constitution du coût du produit, ce sont des **charges directes**.	Mètres de tissu **achetés**. Métrage précis, valorisé au prix facturé par le fournisseur.
Les frais accessoires d'approvisionnement	Il s'agit du coût du service Approvisionnement, dont le rôle est d'acheter et de mettre en stock les matières premières. Ce sont des **charges indirectes** au produit.	Une partie du coût du service Approvisionnement, selon l'unité d'œuvre représentative de ce centre (voir chapitre 2, fiche ressource 7).

II Schéma de calcul d'un coût d'acquisition

Inspirée de la comptabilité générale, cette présentation indique, à gauche, le stock initial et les entrées et, à droite, le stock final et les sorties.

Charges directes	Prix d'achat des matières	Q achetées × PU	= Montant
Charges indirectes	Une partie du coût du centre Approvisionnement	Nombre d'UO × Coût de l'UO	= Montant
			Total 1

III Impact sur les stocks de matières premières

Coût d'acquisition des matières premières **achetées**

Entrées				Sorties			
Libellé	**Quantité**	**Prix unitaire**	**Valeur**	**Libellé**	**Quantité**	**Prix unitaire**	**Valeur**
Stock initial	Q en stock		Valeur 1	**Conso.**	Q consommées	CMP	Valeur sortie stocks
Achats	Q achetées		Total 1	**Stock final**	Q restantes	CMP	…
Total	Total *(A)*	**CMP** *(B/A)*	Total *(B)*	**Total**	Total *(A)*		Total *(B)*

Coût d'acquisition moyen des matières premières **consommées**, c'est-à-dire sorties de stock pour être utilisées dans la fabrication d'un produit

Fiche ressource 5

Le coût de production

I Repérer les composantes d'un coût de production

Un coût de production représente l'ensemble des charges engagées depuis l'achat des matières premières jusqu'à la mise en stock du produit fini.

Quels sont les éléments à prendre en compte ?		Exemples
Le coût d'acquisition de la matière première	Il s'agit du coût d'acquisition de la matière première consommée. Les centres de production se procurent la matière première dans les stocks pour lesquels il peut y avoir eu plusieurs approvisionnements à des prix différents. C'est donc un coût moyen de sortie de stock.	Mètres de tissus **consommés** pour fabriquer un produit P. Métrage précis, valorisé au coût d'approvisionnement moyen de sortie de stock.
Les charges directes de production	Il est parfois possible d'affecter directement sur un produit des charges des centres de production qui ne concernent que ce produit.	Des coûts de main-d'œuvre lorsque l'on peut connaître précisément le temps passé à la fabrication du produit P.
Les charges indirectes de production	Il s'agit du coût des services de production dont le rôle est d'élaborer tous les produits finis.	Une part du coût des ateliers de production, selon l'unité d'œuvre représentative de ces centres (voir chapitre 2, fiche ressource 7).

II Schéma de calcul d'un coût de production

Coût d'acquisition des matières premières consommées	Q consommées	×	CMP d'acquisition	= Montant

Charges directes +

Par exemple, des heures de main-d'œuvre affectées au produit

Atelier 1	Nombre d'heures	×	Taux horaire	= Montant
Atelier 2	Nombre d'heures	×	Taux horaire	= Montant
…	…		…	…

Charges indirectes +

Une partie du coût de chaque atelier

Atelier 1	Nombre d'UO	×	Coût UO atelier 1	= Montant
Atelier 2	Nombre d'UO	×	Coût UO atelier 2	= Montant
…	…		…	…

= Total 2

Coût de production des produits **fabriqués**

III Impact sur les stocks de produits finis

Entrées				Sorties			
Libellé	Quantité	Prix unitaire	Valeur	Libellé	Quantité	Prix unitaire	Valeur
Stock initial	Q en stock		Valeur 1	Conso.	Q vendues	CMP	Valeur sortie stocks
Achats	Q produites		Total 2	Stock final	Q restantes	CMP	…
Total	Total (A)	CMP (B/A)	Total (B)	Total	Total (A)		Total (B)

Coût de production moyen des produits **vendus**, c'est-à-dire sortis de stock pour être livrés aux clients

Fiche ressource 6

Coûts de production : problèmes particuliers

Le calcul du coût de production peut être affecté par l'existence de produits encours, de sous-produits ou de déchets.

I Le traitement des produits encours

Dans certaines entreprises, le processus de fabrication des produits est long.
Il se peut qu'à la fin de la période considérée (mois, année), certains produits ne soient pas totalement fabriqués. On parle de produits « en cours » (encours finals).
De même, l'entreprise a pu terminer, en début de période, la fabrication de produits déjà en cours de fabrication sur la période précédente (encours initiaux).

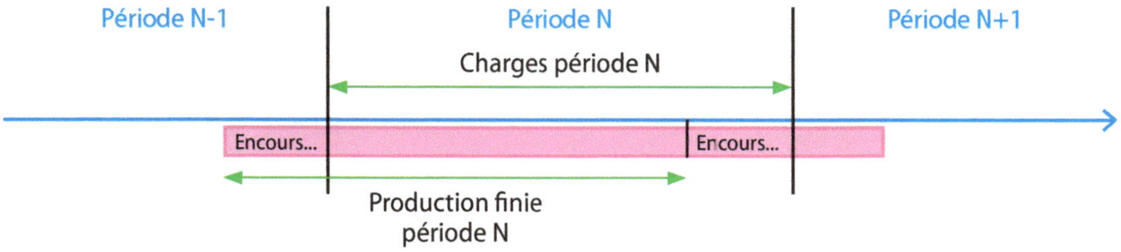

Dans ce cas, les charges de la période ne correspondent pas aux produits finis de la période. On procède donc au retraitement suivant pour le calcul du coût de production des produits finis de la période :

Coût de production des produits finis = Charges de la période
+ Valeur des encours initiaux
– Valeurs des encours finals

Les encours sont délicats à évaluer, leur valorisation est généralement forfaitaire.

II Le traitement des produits dérivés

Certaines fabrications aboutissent, en plus du produit principal que l'on veut obtenir, à des produits dérivés. Il peut s'agir de sous-produits ou de produits résiduels (déchets, rebuts). Généralement, ces éléments ont une certaine valeur dont il faut tenir compte dans le calcul des coûts.

1. Les sous-produits

Un sous-produit est un produit secondaire obtenu au cours de la fabrication d'un produit principal. Il se distingue du déchet dans la mesure où il pourrait faire l'objet d'une production pour lui-même.

Il est souvent difficile à évaluer car les charges qui lui sont relatives sont difficiles à isoler des autres. On procède donc souvent à une évaluation forfaitaire (par exemple, le prix du marché du sous-produit auquel on déduit un pourcentage estimé de bénéfice).

2. Les déchets

Les déchets sont des résidus de fabrication, constitués souvent par des éléments de matière première (ex. : des copeaux de métal).
Certains déchets sont inutilisables. Ils n'ont aucune valeur d'échange. Dans ce cas, on n'en détermine pas le coût et on ne tient pas de fiche de stock.
D'autres sont utilisables. Ils peuvent être vendus ou réutilisés dans l'entreprise. Dans ce cas, on déduit leur valeur du coût de production du produit principal.

Fiche ressource 7

Le coût de revient complet

I Repérer les composantes d'un coût de revient complet

Un coût de revient complet est composé de l'ensemble des charges directes et indirectes qui interviennent depuis l'achat des matières premières jusqu'à la vente du produit fini.
Ainsi, on ajoute au coût de production un coût hors production.

Les coûts hors production ne peuvent être imputés qu'au coût de revient complet des produits qui ont été effectivement **vendus**. On distingue généralement les **coûts de distribution** des **coûts d'administration**. Pour la majorité d'entre eux, il s'agit de charges indirectes au produit.

Quels sont les éléments à prendre en compte dans le coût hors production ?		**Exemples**
Le coût de **distribution** du produit fini	Il s'agit du coût engagé pour vendre le produit. Il peut être composé de **charges directes** au produit et de charges **indirectes**, communes à tous les produits.	Les emballages ou une publicité spécifique à un produit sont des charges directes de distribution. Les charges indirectes sont constituées par une partie du coût du centre Distribution.
Les coûts d'**administration**	Ce sont des **charges indirectes** au produit, généralement réparties sur le produit proportionnellement au coût de production.	Les charges de la direction générale, des services comptables, du service GRH, du service informatique…

II Schéma de calcul d'un coût de revient complet

Coût de production des produits vendus	**Q vendues**	×	**CMP de production**	**= Montant**
Charges directes du service Distribution				**+**
Exemple : frais d'emballage pour ce produit…				= Montant
Charges indirectes				**+**
Une partie du coût du service **Distribution**	Nombre d'UO	×	Coût UO distrib.	= Montant
Une partie du coût du service **Administration**	Nombre d'UO	×	Coût UO admin.	= Montant
				= Total 3

Fiche ressource 8

Le calcul du résultat analytique et des marges

I Le résultat analytique des produits vendus

Le résultat analytique d'un produit correspond à la différence entre le prix de vente du produit et son coût de revient complet.

On peut aussi calculer le résultat pour l'ensemble d'une production, pour une famille de produits, pour une commande…

La somme des résultats analytiques de la comptabilité de gestion est proche du résultat comptable de l'entreprise. Les écarts proviennent des différences d'incorporation (voir chapitre 2).

II Les marges sur coûts

Une marge est un résultat intermédiaire entre des produits et des coûts.
Il existe de nombreuses possibilités de calcul de marge.

1. Les calculs de marge très utilisés en comptabilité financière

Marge commerciale = Chiffre d'affaires – Coût d'achat des marchandises vendues
Marge nette = Chiffre d'affaires – Résultat net comptable

2. Les calculs de marge très utilisés en comptabilité de gestion

Marge sur coût d'acquisition = Prix de vente – Coût d'acquisition
Marge sur coût de production = Prix de vente – Coût de production
Marge sur coût de distribution = Prix de vente – Coût de distribution
Marge nette = Prix de vente – Coût de revient complet
La marge nette correspond, dans ce cas, au résultat analytique.

Il ne faut pas confondre la marge commerciale et la marge sur coût d'acquisition. En effet, le coût d'achat des marchandises vendues utilisé dans le calcul de la marge commerciale correspond au prix d'achat des marchandises chez le fournisseur alors que le coût d'acquisition correspond au prix d'achat auquel on ajoute une quote-part des frais du service Approvisionnement.
Par ailleurs, la marge sur coût d'acquisition est souvent calculée pour une matière première.

III L'intérêt de calculer des marges sur coût

Les marges sont particulièrement intéressantes pour la gestion. Elles sont calculées en fonction des besoins de l'entreprise. Elles permettent de disposer d'indicateurs pertinents pour orienter la politique des ventes, connaître les performances des centres de profit ou de responsabilité, réaliser des estimations.

Fiche ressource 9

La valorisation du stock final

I Les conséquences du choix de la méthode de valorisation des stocks sur la valeur du stock final

Suivant la méthode utilisée, la valeur des stocks changera et impactera les données de la comptabilité.

La **méthode du CMP**, en globalisant les calculs, simplifie la démarche mais empêche d'appréhender avec précision les variations de prix. La valeur unitaire des sorties provient de la moyenne des prix d'achat.	La **méthode du PEPS** individualise tous les flux, ce qui permet de mieux suivre l'évolution des prix et d'éviter de garder en stock des entrées trop anciennes. Elle est, par conséquent, plus souvent recommandée dans le cas de denrées périssables, qui ne peuvent être stockées durant une trop longue période, ou de produits subissant de grandes variations de prix. Elle est toutefois beaucoup plus complexe et lourde à mettre en place.

> Exemple
>
> Reprenons l'exemple de la fiche ressource 3.
> À partir des deux cas présentés ci-dessus, on s'aperçoit que le stock final n'a pas la même valeur. Avec la méthode du CMP, le stock est évalué à un prix moyen (8,15 €) alors qu'avec la méthode du PEPS, le stock final est évalué au prix d'achat réel (il reste 50 produits achetés 8,50 € l'un). Elle montre que le prix a augmenté sensiblement sur la période. L'écart aurait pu être encore plus élevé en cas d'inflation soutenue.

II La transmission des informations à la comptabilité générale

Les stocks de matières premières ou de produits finis sont un élément du patrimoine de l'entreprise.
À ce titre, ils apparaissent à l'actif du **bilan** de l'entreprise. Ces produits n'étant pas encore vendus mais en stock, ils doivent être valorisés au bilan à leur **coût d'acquisition** pour les matières premières et à leur **coût de production** (et non pas au coût de revient complet) pour les produits finis. C'est un principe de prudence car ils ne seront peut-être jamais vendus.
Ainsi, le travail de calcul du coût des produits par le gestionnaire aura pour double effet de participer au calcul du coût complet et de fournir au comptable la valeur des stocks apparaissant à l'actif de l'entreprise.

III La prise en compte des différences d'inventaire

L'inventaire physique des stocks est réalisé une fois par an compte tenu de la tâche lourde et minutieuse qu'il représente, en général dans les premières semaines de janvier. Des membres du personnel sont chargés de compter le nombre d'unités présentes pour chaque référence (produits, matières premières…).
Des différences d'inventaire peuvent alors apparaître lorsque le stock final (calculé et figurant sur la fiche de stock) ne correspond pas au stock réel évalué par l'inventaire physique.

Situation	Résultat	Interprétation
Stock réel < Stock final théorique	Perte (mali)	Vol, perte, détérioration… de produits
Stock réel > Stock final théorique	Gain (boni)	Erreur de quantité ou de référence dans les entrées

Par la suite, cette différence d'inventaire sera inscrite dans la comptabilité soit comme une sortie fictive de stock en cas de mali, soit comme une entrée fictive en stock en cas de boni.

Applications

1 Repérer des erreurs dans le calcul d'un coût

La société Bruniran est spécialisée dans la fabrication de couvertures, qu'elle vend à des grossistes. À partir de matières premières, le fil de laine vierge et le fil de coton, elle produit deux modèles de couverture : l'un appelé Mérinos, en laine pure, l'autre appelé Nuage, en coton. Le fil est acheté à des filatures locales. Il est ensuite tissé en couvertures dans un atelier de tissage. Les couvertures obtenues sont colorées dans un atelier de teinture avant d'être apprêtées dans un atelier de finition. Elles sont ensuite expédiées dans un emballage carton. En tant que comptable dans cette entreprise, vous êtes en contact régulier avec un étudiant actuellement en stage. Dans le cadre de son projet, il a été amené à calculer un coût de revient complet de chacune des deux couvertures. Ce stagiaire souhaiterait que vous vérifiiez son travail avant de le présenter à son maître de stage.

- **Déterminez quelles sont les erreurs commises par ce stagiaire.**

Document 1 Les éléments de calcul à disposition

Stocks début du mois

Fil de laine	10 000 m	pour 3 200 €
Fil de coton	2 000 m	pour 400 €
Couvertures Mérinos	100	à 23,70 € l'une
Couvertures Nuage	200	à 19,35 € l'une

Achats du mois

Fil de laine	60 000 m	pour 19 200 €
Fil de coton	40 000 m	pour 8 000 €

La production du mois a nécessité :

	Mérinos	Nuage
Consommation de fil de laine	65 000 mètres	
Consommation de fil de coton		30 000 mètres
Main-d'œuvre directe à 12 € de l'heure	715 heures	300 heures
Heures-machine du centre Tissage	350 heures	250 heures
Heures-machine du centre Teinture	143 heures	60 heures
Production	2 000 couvertures	1 000 couvertures

Ventes du mois :

Couvertures Mérinos	1 800 à 34 €
Couvertures Nuage	800 à 28 €

Chaque vente de couverture nécessite un emballage carton : 0,25 € pièce.

Document 2 Les résultats chiffrés obtenus par le stagiaire

	Approv.	Tissage	Teinture	Finition	Distribution	Admin.
Totaux après répartition secondaire	**4 200**	**15 000**	**8 120**	**780**	**5 488**	**8 870,40**
Nature de l'unité d'œuvre	m de fil acheté	Heure machine	Heure machine	Unité fabriquée	Unité vendue	Coût de production des produits vendus
Nombre d'unités d'œuvre	100 000,00	1 015,00	203,00	3 000,00	1 800,00	53 092,74
Coût de l'UO	0,04200	14,78	40,00	0,26	3,04889	0,16707

Coût d'acquisition des matières premières

	Fil de laine	Fil de coton
Charges directes		
Nb m	60 000,00	40 000,00
Prix/m	0,3200	0,2000
Total Charges directes	**19 200,00**	**8 000,00**
Charges indirectes		
UO	m de fil acheté	
Nb UO	60 000,00	40 000,00
Coût UO	0,04	0,04
Total Charges indirectes	**2 520,00**	**1 680,00**
Total Coût d'acquisition	21 720,00	9 680,00

Fiches de stock des matières premières

Fil de laine	Entrées			Sorties		
	Quantité	Coût unitaire	Valeur	Quantité	Coût unitaire	Valeur
SI/sorties	***10 000***		***3 200***	**65 000**	**0,356**	**23 140**
Achats mois/SF	60 000		21 720	5 000	**0,356**	1 780
Total	70 000	0,356	24 920	70 000	**0,356**	24 920

Fil de coton	Entrées			Sorties		
	Quantité	Coût unitaire	Valeur	Quantité	Coût unitaire	Valeur
SI/sortie	***2 000***		***400***	**30 000**	**0,24**	**7 200**
Achats mois/SF	40 000		9 680	12 000	**0,24**	2 880
Total	42 000	0,240	10 080	42 000	**0,24**	10 080

•••

Coût de production

	Couvertures Mérinos			Couvertures Nuage		
Coût d'acquisition	***Quantité***	***Coût***	***Montant***	***Quantité***	***Coût***	***Montant***
Fil de laine	60 000	0,356	21 360,00			
Fil de coton				40 000	0,240	9 600,00
Total Coût d'acquisition			**21 360,00**			**9 600,00**
Charges directes						
Main-d'œuvre directe	715	12,00	**8 580,00**	300	12,00	**3 600,00**
Charges indirectes						
Tissage	350	14,78	5 172,41	250	14,78	3 694,58
Teinture	143	40,00	5 720,00	60	40,00	2 400,00
Finition	2 000	0,26	520,00	1 000	0,26	260,00
Total Charges indirectes			**11 412,41**			**6 354,58**
Total Coût de production			41 352,41			19 554,58

Fiches de stock des produits

Couvertures Mérinos						
	Entrées			**Sorties**		
	Quantité	Coût unitaire	Valeur	Quantité	Coût unitaire	Valeur
Stock initial/sorties	***100***	***23,70***	***2 370***	**1 800**	20,82	**37 476,35**
Production mois/stock final	2 000	20,68	41 352	300	20,82	6 246
Total	2 100	20,82	43 722	2 100	20,82	43 722

Couvertures Nuage						
	Entrées			**Sorties**		
	Quantité	Coût unitaire	Valeur	Quantité	Coût unitaire	Valeur
Stock initial/sorties	***200***	***19,35***	***3 870***	**800**	19,52	**15 616,39**
Production mois/stock final	1 000	19,55	19 555	400	19,52	7 808
Total	1 200	19,52	23 425	1 200	19,52	23 425

Coût de revient total et unitaire

	Couvertures Mérinos			Couvertures Nuage		
	Quantité	**Coût**	**Montant**	**Quantité**	**Coût**	**Montant**
Coût de production	2 000	20,82	41 640,39	1 000	19,52	19 520,48
Distribution						
Charges directes (cartons)	2 000	0,25	500,00	800	0,25	200,00
Charges indirectes	2 000	3,049	6 097,78	1 000	3,049	3 048,89
Administration						
Charges indirectes	41 640	0,167	6 957,01	19 520	0,167	3 261,36
Total Coût de revient			**55 195,19**			**26 030,73**
Chiffre d'affaires global			68 000,00			28 000,00
Résultat analytique global			12 804,81			1 969,27
Coût de revient unitaire			27,60			26,03
Chiffre d'affaires unitaire			34,00			28,00
Résultat analytique unitaire			6,40			1,97

2 Prendre une décision

La société CASQ fabrique divers casques de moto. Le modèle le plus vendu est le casque Integhrall, très prisé par les connaisseurs. Il est vendu 102,40 € HT. M. Morard, responsable de l'entreprise, constate qu'un casque similaire et de qualité équivalente est désormais accessible sur Internet au prix de vente HT de 85 €.
Afin de ne pas risquer de perdre sa clientèle, M. Morard souhaite étudier les conséquences d'une baisse du prix de vente de son casque Integhrall.

1 Calculez le coût de revient complet des casques vendus au cours du mois d'avril qui vient de s'écouler puis le résultat analytique pour un casque vendu.

2 M. Morard peut-il aligner son prix sur celui de la concurrence ? Que lui suggérez-vous ?

Document 1 Description du casque Integhrall

L'entreprise n'assure que la fabrication des calottes en polycarbonate et sous-traite la production des accessoires suivants (intégrés directement à la production) :
- cisières,
- jugulaires,
- rembourrages intérieurs mousse.

Document 2 Processus de production du casque Integhrall

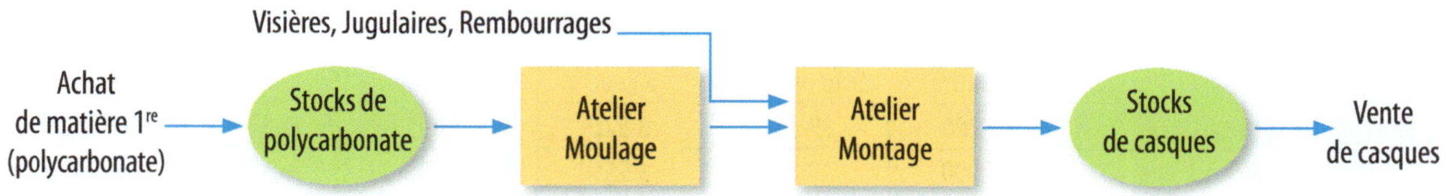

Document 3 Extrait du tableau de répartition des charges indirectes

	Approv.	Moulage	Montage	Distribution
Nature de l'unité d'œuvre	kg acheté	1 h MOD	1 h MOD	Coût prod.
Coût de l'UO	1,20	8,40	10,20	0,03

Document 4 Éléments d'information collectés sur le mois d'avril

Stocks de matière première à fin avril

Polycarbonate							
	Entrée				Sortie		
	Quantité	Coût unitaire	Valeur		Quantité	Coût unitaire	Valeur
Stock initial	***200***	***14,1000***	***2 820***	Sorties	**500**	15,6000	7 800
Achats avril	1 500	15,8000	*23 700*	Stock final	*1 200*	*15,6000*	18 720
Total	1 700	15,6000	26 520	***Total***	1 700	15,6000	26 520

• • •

Au cours du mois d'avril, 500 casques ont été fabriqués.

Ils ont nécessité : 500 kg de polycarbonate issus des stocks, 500 visières (achetées 3,60 € pièce), 500 jugulaires (achetées 6,20 € pièce), 500 rembourrages intérieurs mousse (achetés 9,00 € pièce) ; 620 heures de main-d'œuvre directe à 12 € de l'heure pour la fabrication des calottes ; 350 heures de main-d'œuvre directes à 11,60 € de l'heure pour le montage des casques.

Stocks de produits finis début avril : 150 casques à 69,08 € pièce.

Ventes du mois d'avril du modèle Integhrall : 600 casques à 102,40 € pièce.

3 Calculer les marges sur coûts

La société Lapotery est spécialisée dans la fabrication de pots en terre cuite qu'elle fabrique sur commande et vend à des magasins de décoration. À partir de matières premières, la terre (deux types de terres sont utilisés), elle fabrique deux produits différents. Travaillant uniquement sur commande, elle ne dispose pas de stocks. En tant que comptable, on vous demande de comparer les coûts et les marges des deux produits.

À partir du document, répondez aux questions suivantes.

1. **Quels sont les coûts d'acquisition, de production et de revient complet des produits ?**
2. **Quelles sont les marges sur coût pour chacun des produits ?**
3. **Quel produit dégage le meilleur résultat analytique ?**

Document Les éléments de calcul à disposition pour le mois de janvier N

Le bas du tableau d'analyse des charges indirectes se présente ainsi :

	Approv.	Centre de prod. 1 Fabrication	Centre de prod. 2 Cuisson	Centre Distribution	Centre Administration
Totaux après répartition secondaire	5 000	18 750	19 375	15 625	7 584
Nature de l'unité d'œuvre	kg matière achetée	kg matière utilisée	heures MOD*	unité vendue	coût de production des produits vendus
Nombre d'unités d'œuvre	7 500	7 500	1 240	4 815	

* MOD : main-d'œuvre directe

La production du mois a nécessité :

– pour les pots Alpha
2 000 kg de terre brune
4 000 kg de terre grasse

– pour les pots Omega
500 kg de terre brune
1 000 kg de terre grasse

Les achats ont été les suivants :

Terre brune	2 500 kg	à 5,85 € le kg
Terre grasse	5 000 kg	à 1,64 € le kg

MOD utilisée

Centre de production 1 — 900 h à 8 € (dont 600 h pour les pots Alpha)
Centre de production 2 — 1 240 h à 8 € (dont 640 h pour les pots Omega)

Ont été fabriqués et vendus pendant le mois :

3 000 pots Alpha → prix de vente : 26 € pièce
1 815 pots Omega → prix de vente : 23 € pièce

4 Connaître les limites de la méthode des coûts complets

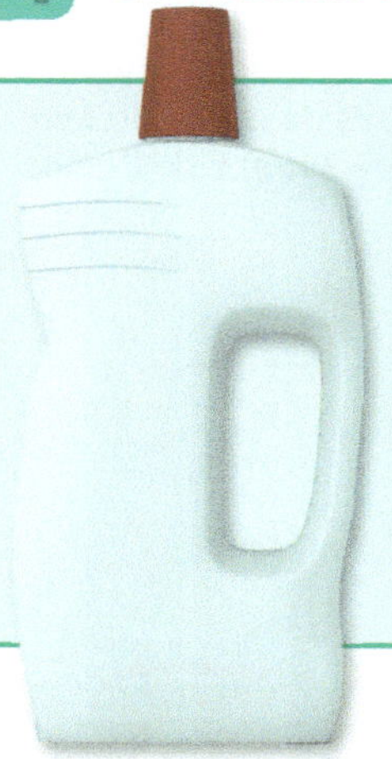

La société Maxilor produit, à partir de deux matières premières, deux détergents destinés à une utilisation professionnelle. Depuis quelques années, une comptabilité analytique a été mise en place pour calculer les coûts complets des produits. Lors d'une réunion, le responsable de l'entreprise fait quelques constatations : le coût de production du détergent Azur a baissé de 3 % entre le mois de mars et le mois d'avril alors que celui du détergent Cristal a augmenté de 6 %. En tant que comptable, vous lui apportez quelques éléments de réponse.

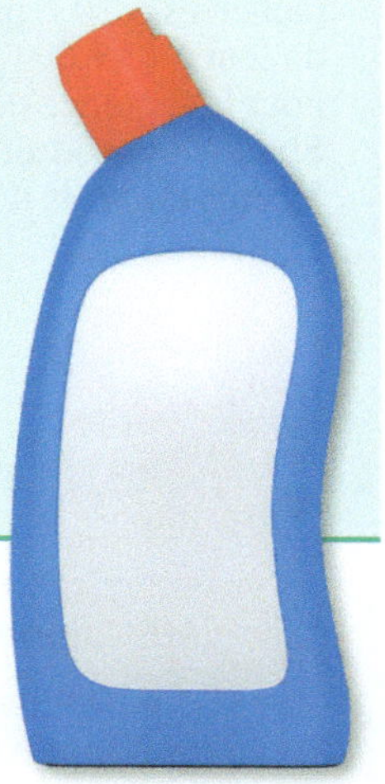

À partir des éléments fournis (documents 1 à 3), répondez aux questions suivantes.

1. **Le coût de production a-t-il effectivement varié différemment entre les deux produits ?**
2. **Les responsables d'atelier pouvaient-ils corriger la situation ?**
3. **Concluez sur les limites de la méthode des coûts complets.**

Document 1 Informations obtenues auprès des responsables de centre

Entre les mois de mars et avril, le prix des matières premières est resté inchangé pour les deux produits, il n'y a pas eu d'augmentation de salaire et les ateliers ont travaillé dans des conditions tout à fait satisfaisantes. Il n'y a pas eu de gaspillage, la productivité des ateliers s'est maintenue. Les charges de distribution aussi sont cohérentes d'un mois sur l'autre.

Document 2 Informations obtenues après analyse des tableaux de calcul de coûts

Les volumes d'activité ont varié entre mars et avril.
Les quantités produites de détergent Azur sont passées de 10 000 à 12 300 lots, alors que celles du détergent Cristal sont passées de 8 000 à 6 000 lots.
Les quantités vendues de détergent Azur ont augmenté alors que celles du détergent Cristal ont légèrement baissé.

Or, l'unité d'œuvre retenue pour répartir les charges indirectes de production sur les produits est la quantité de produits fabriqués. De même, l'unité d'œuvre retenue pour répartir les coûts indirects de distribution est la qualité de produits vendus.

Document 3 Charges fixes et charges variables

Certaines situations ne peuvent pas s'expliquer uniquement avec les notions de charges directes et indirectes. Qu'elles soient directes ou indirectes, certaines charges évoluent en fonction de l'activité de l'entreprise, d'autres non.

On appelle « charges variables » les charges qui varient dans le même sens que l'activité de l'entreprise. Par exemple, les matières premières consommées varient proportionnellement à la fabrication et à la vente des produits finis.

On appelle « charges fixes » les charges dont le montant est indépendant de l'activité de l'entreprise, dans une structure donnée. Par exemple, le loyer de l'atelier ou le coût des machines reste le même tant qu'on n'agrandit pas les locaux ou que l'on n'achète pas de machines nouvelles.

Tenir compte de cette variabilité des charges est nécessaire pour expliquer l'évolution du coût unitaire des produits.

Chapitre 4

Calcul des coûts à partir de la méthode à base d'activités

Activité
5.2. Calcul, contrôle et analyse des coûts de revient des activités, produits et services d'une organisation

Composante d'activité
5.2.4. Évaluation des coûts et des marges et leur suivi

Compétence
Mettre en œuvre une méthode de calcul de coût répondant aux besoins des gestionnaires, expliquer les résultats en soulignant l'intérêt de la méthode retenue

P7
Une utilisation du tableur adaptée aux besoins de l'utilisateur pour effectuer et automatiser les calculs

Situation professionnelle

La société ACEQ, dirigée par Thomas Aquilin, fabrique et vend des appareils de chauffage (chauffage central, radiateurs électriques, chauffe-eau, sèche-serviettes...). Cette entreprise est réputée sur son marché depuis plus de 50 ans. Les produits, fabriqués en grande série, se sont vendus dans le monde entier. Mme Darvet, la responsable administrative, s'appuie depuis de nombreuses années sur la méthode des centres d'analyse pour calculer le coût de revient complet des produits vendus et prendre des décisions.
Depuis quelque temps, le marché des appareils de chauffage a fortement changé. La concurrence est vive, les clients sont de plus en plus exigeants. La société ACEQ a dû s'adapter pour assurer sa pérennité. Le responsable marketing est à l'initiative de la fabrication de produits plus au goût des consommateurs, quitte à fabriquer en petite série : une nouvelle gamme de radiateurs a pour objectif de répondre à la demande des clients. Il a par ailleurs multiplié les services annexes dans l'entreprise à l'attention de la satisfaction des clients.
Le chiffre d'affaires commence à se redresser, mais le taux de profitabilité reste en baisse.
M. Aquilin ne comprend pas l'origine des coûts dans la société et souhaite comprendre l'impact de cette nouvelle organisation sur leur évolution. Mme Darvet a du mal à répondre précisément à son responsable...

Mission

Vous travaillez auprès de Mme Darvet, qui vous délègue une étude sur le coût de revient de la nouvelle gamme de radiateurs. Il vous faudra tenir compte de la nouvelle organisation de l'entreprise...

Travail à faire

I Choisir une méthode de calcul des coûts

Depuis la réorganisation de l'entreprise, M. Aquilin ne maîtrise plus l'origine des différents coûts, ce qui entraîne des hésitations importantes lorsqu'il doit prendre des décisions. Mme Darvet se demande si elle doit remettre en cause la méthode de calcul des coûts par les centres d'analyse qu'elle utilisait jusqu'à présent…

1. Vous vérifiez l'adéquation entre la méthode de calcul des coûts mise en œuvre et la nouvelle organisation de l'entreprise.

▶| Annexes 1 à 3
▶| Fiche ressource 1

a) Pourquoi l'entreprise a-t-elle choisi désormais de fabriquer en petite série ? Pourquoi ce choix de fabrication n'est-il pas réellement compatible avec la méthode des centres d'analyse ?

b) Quels sont les services hors production récemment créés dans l'entreprise ? Justifiez ces changements. Apparaissent-ils dans le tableau de répartition des charges indirectes ? Pourquoi cette nouvelle organisation n'est pas réellement compatible avec la méthode des centres d'analyse ?

c) Quelle est la part des charges indirectes dans le total des charges de l'entreprise ? Pourquoi, selon vous, les charges indirectes sont aussi importantes ? En quoi la méthode des centres d'analyse n'est-elle pas adaptée dans cette configuration ?

2. Compte tenu de la nouvelle organisation de l'entreprise, Mme Darvet a-t-elle raison de remettre en cause la méthode de calcul des coûts jusqu'à présent mise en œuvre chez ACEQ ?

3. Vous observez les résultats des calculs par la méthode des centres d'analyse.

▶| Annexes 3,4 et 5

a) Selon cette méthode, quel est le radiateur le plus rentable pour l'entreprise ?

b) Que s'est-il passé au cours de l'année N ?

La mise en avant du produit Sirocco en N n'a pas eu les effets escomptés sur le résultat de l'entreprise. Mme Darvet est donc persuadée qu'il faut revoir la méthode de calcul des coûts. Elle souhaite mettre en place une méthode à base d'activité.

4. Les objectifs de la méthode ABC répondent-ils aux besoins de M. Aquilin ?

▶| Fiche ressource 2

5. Compte tenu de la nouvelle organisation de l'entreprise, quel est l'intérêt de découper l'entreprise en activités ?

II Analyser le découpage de l'entreprise en activités

Mme Darvet vous a confié le dossier. Vous avez étudié le fonctionnement de l'entreprise et proposé un nouveau découpage.

6. Qu'est-ce qu'une activité ?

▶| Annexe 6
▶| Fiche ressource 3

7. Comparez le nombre de centres d'analyse et le nombre d'activités. Quel est l'intérêt d'un découpage plus fin de l'entreprise ?

8. Vous auriez pu détailler encore cette carte des activités mais vous vous êtes volontairement limité(e). Pourquoi ?

9. Vous vous préparez à allouer des ressources à chaque activité.

a) En quoi consiste cette répartition des ressources ?

b) Pourquoi ne serez-vous pas amené(e) à faire de répartition secondaire ?

c) Comment peut-on vérifier que le choix des activités est pertinent ?

III Préparer le calcul du coût moyen des inducteurs de coût

Après avoir réparti les charges indirectes sur les activités, vous avez interrogé les différents responsables de l'entreprise. Les informations que vous avez recueillies vous ont permis de proposer des inducteurs représentatifs pour chaque activité.

Annexes 7 à 9
Fiche ressource 4

10. Le total des charges indirectes réparties sur les activités (annexe 7) correspond-il à celui des charges réparties sur les centres d'analyse (coût des centres, annexe 3) ? Justifiez.

11. Pourquoi le total des charges indirectes réparties sur les activités (annexe 7) ne correspond-il pas aux charges indirectes de la nouvelle gamme de radiateurs (résultat analytique par produit, annexe 3) ?

12. Le centre Approvisionnement a été décomposé en trois activités.
a) Classez les inducteurs retenus pour chaque activité par catégorie (annexe 8).
b) Le même inducteur a-t-il été choisi pour ces trois activités ? Pourquoi ?
c) Comparez avec l'unité d'œuvre jusqu'à présent utilisée dans la méthode des centres d'analyse et concluez sur le rôle d'un inducteur.

13. Comparez l'unité d'œuvre jusqu'à présent utilisée pour répartir les charges du SAV et les inducteurs retenus dans la méthode ABC. Commentez.

14. Vous préparez les centres de regroupement.
a) En quoi consiste un centre de regroupement ? Quel est son intérêt ?
b) Pourquoi le regroupement « Nombre de commandes clients » peut-il être considéré comme un processus ?
c) Calculez le coût des centres de regroupement en complétant l'annexe 9.

15. Calculez le coût unitaire des inducteurs. Complétez l'annexe 9.

IV Calculer le coût de revient des radiateurs avec la méthode ABC

Vous connaissez désormais avec précision l'origine des coûts dans l'entreprise. Vous souhaitez calculer le coût de revient des radiateurs avec la méthode ABC.

Annexes 10 et 11
Fiche sressources 5et 6

P7 **16.** Reproduisez l'annexe 11 sur un tableur puis calculez de manière automatisée le coût de revient de chaque radiateur et les résultats analytiques global et unitaire.

17. Quel est le radiateur le plus performant selon cette méthode ?

Vous souhaitez convaincre Mme Darvet de l'intérêt de la méthode ABC. Vous préparez vos arguments.

18. Comparez les inducteurs retenus pour les activités du centre Approvisionnement et l'unité d'œuvre initialement utilisée.
a) Le coût du centre Approvisionnement varie-t-il en fonction du prix d'achat des fournitures ?
b) Il n'est pas possible de réduire le nombre de références qui composent le radiateur Sirocco. Quelle autre solution apparaît avec la méthode ABC pour réduire les coûts d'approvisionnement ?

19. Expliquez pourquoi la répartition des coûts des centres Recherche & Développement, Assemblage, Distribution, SAV et Administration sont beaucoup plus justes avec la méthode ABC.

20. Repérez quelques exemples de décisions que M. Aquilin pourra suggérer pour réduire les coûts.

21. Concluez sur l'intérêt de la méthode ABC.

Données de la situation

Annexe 1 Évolution récente de l'entreprise

La société ACEQ a été créée il y a une cinquantaine d'années par André Aquilin. Elle produisait et distribuait alors exclusivement des radiateurs électriques. Sa gamme de produits a été progressivement élargie et l'arrivée, il y a cinq ans, de Thomas Aquilin (le fils du fondateur) a coïncidé avec la création d'un service Recherche et Développement.

De nouveaux produits moins énergivores et plus « design » vont alors voir le jour.

N-3 : création d'un service Recherche et Développement, et commercialisation d'une nouvelle gamme de radiateurs électriques décoratifs.

N-2 : création d'un service après-vente pour mesurer et accroître la satisfaction des clients.

N-1 : lancement d'un nouveau modèle de chauffe-eau.

N : élaboration d'une application pour smartphone permettant de régler la température de chaque pièce à distance.

Thomas Aquilin s'explique : « Nous modernisons nos radiateurs en permanence en intégrant, par exemple, de la technologie avant-gardiste. Je travaille en étroite collaboration avec le directeur du service Recherche et Développement pour construire une offre toujours plus attirante. Le processus a été revu pour tenir compte de l'importance des services au sein de la valeur fabriquée par ACEQ. Le recours à la sous-traitance a également transformé notre structure en l'allégeant. Nos salariés sont polyvalents et la priorité est donnée, de nos jours, aux conseils d'installation, à la fabrication sur commande et à un délai d'intervention très court du SAV. »

Annexe 2 Conditions de fabrication de la nouvelle gamme de radiateurs

- **Zéphyr :** modèle basique d'entrée de gamme. Il est vendu principalement en grandes surfaces spécialisées. La baisse du prix de vente imposée par la concurrence l'a rendu de moins en moins rentable.
- **Foehn :** modèle de milieu de gamme. Le design est particulièrement soigné.
- **Sirocco :** modèle très récent et prometteur. Selon M. Aquilin, « il intègre de nouvelles fonctionnalités qui feront référence sur le marché du radiateur électrique dans quelques années ».

Ces trois modèles sont fabriqués en petite série, parfois à la demande. L'entreprise ne dispose pas de stock. M. Aquilin souhaite rester réactif face à l'évolution de la demande des clients.

Annexe 3 Coût de revient des radiateurs selon la méthode des centres d'analyse (année N-1)

- **Tableau de répartition des charges indirectes construit par Mme Darvet**

Répartition des charges indirectes par centre d'analyse

	Approv.	R&D	Assemblage	Distribution	SAV	Admin.
Coût des centres	273 000	552 000	922 000	672 000	388 000	345 000
Unité d'œuvre (UO)	100 € d'achat	heure de MOD	heure de MOD	unité vendue	unité vendue	100 € de CA
Nombre d'UO	13 300	7 800	7 800	11 585	11 585	49 199
Coût de l'UO	20,53	70,77	118,21	58,01	33,49	7,01

Annexe 3 (suite)

• **Résultat analytique par produit selon la méthode des centres d'analyse**

	Zéphyr	Foehn	Sirocco	Total gamme
Quantité vendue	5 571	4 407	1 607	
Prix unitaire	280	540	610	
Chiffre d'affaires	**1 559 880**	**2 379 780**	**980 270**	**4 919 930**
Charges directes	900 000	730 000	408 000	2 038 000
Charges indirectes	1 078 246	1 044 779	328 974	2 452 000
Total Coût de revient	**1 978 246**	**1 774 779**	**736 974**	**4 490 000**
Résultat analytique	**– 418 366**	**605 001**	**243 296**	**429 930**
Résultat unitaire	– 75	137	151	

Annexe 4 Développement des ventes de radiateurs Sirocco en N

Compte tenu du résultat analytique par produit, M. Aquilin a décidé en N de favoriser les ventes de radiateurs Sirocco. Une action promotionnelle soutenue a été réalisée et le chiffre d'affaires sur ce modèle s'est véritablement envolé. Ce produit a demandé beaucoup d'efforts en matière de recherche et développement. Il est très demandé mais encore fragile : les clients ont sollicité plus souvent le SAV, tant pour l'installation que pour le dépannage. « Nous avons pu faire face à ces petits problèmes grâce à une équipe de techniciens vraiment performants », a expliqué M. Aquilin.

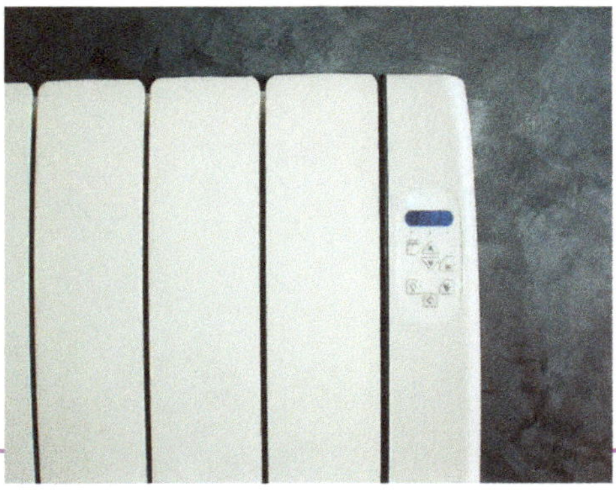

Annexe 5 Évolution des résultats en N

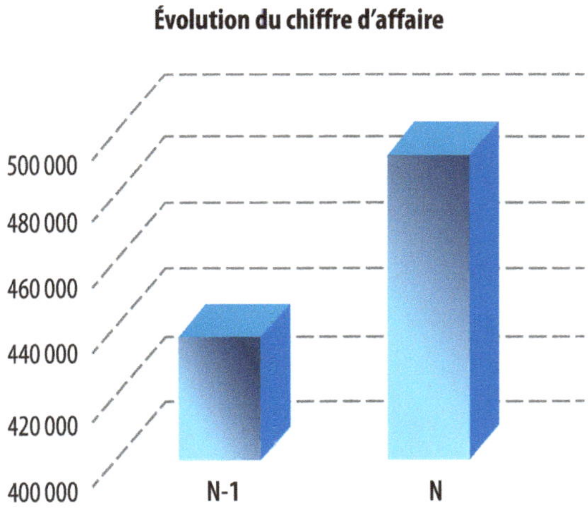

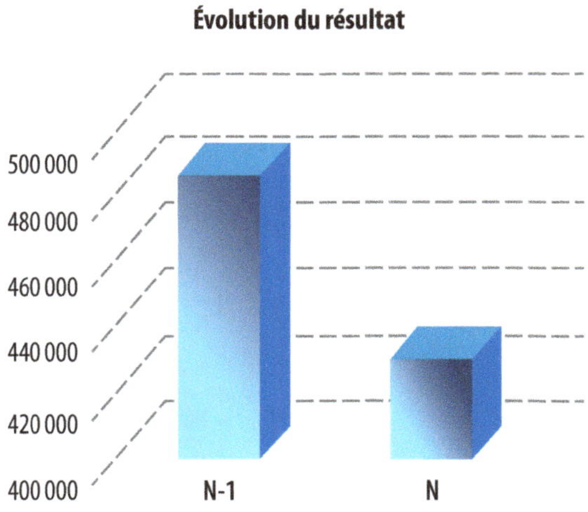

Annexe 6 Carte des activités

	Approv.	Recherche & Développement	Production	Distribution	SAV	Administr.
Activités	Relation fournisseurs	Mise au point prototype	Assemblage	Relation clients	Suivi des réclamations	Facturation
	Réception fournitures	Tests	Conditionnement	Livraison	Réparations SAV	Encaissement
	Réparation fournitures	Applications		Suivi des ventes		

Annexe 7 Répartition des charges indirectes sur les activités

Le comptable, après enquête auprès des salariés et observation des tâches effectuées par chacun d'entre eux, a pu évaluer le montant des charges consommées par activité.

Relation fournisseurs	134 000
Réception fournitures	99 000
Répartition fournitures	40 000
Approvisionnement	**273 000**
Mise au point prototype	235 000
Tests	117 000
Applications	200 000
Recherche & Développement	**552 000**
Assemblage	754 000
Conditionnement	168 000
Production	**922 000**
Relation clients	250 000
Livraison	280 000
Suivi des ventes	142 000
Distribution	**672 000**
Suivi des réclamations	256 000
Réparations SAV	132 000
SAV	**388 000**
Facturation	188 000
Encaissement	157 000
Administration	**345 000**
TOTAL GÉNÉRAL	**3 152 000**

Annexe 8 Choix des inducteurs

Activités	Codes	Inducteurs
Relation fournisseurs	A1	Nombre de références
Réception fournitures	A2	Nombre de commandes fournisseurs
Répartition fournitures	A3	Nombre de commandes fournisseurs
Mise au point prototype	RD1	Nombre de brevets
Tests	RD2	Nombre de brevets
Applications	RD3	Nombre de brevets
Assemblage	P1	Nombre de manipulations
Conditionnement	P2	Nombre de produits assemblés
Relation clients	D1	Nombre de clients
Livraison	D2	Nombre de commandes clients
Suivi des ventes	D3	Nombre de commandes clients
Suivi des réclamations	S1	Nombre de réclamations
Réparations SAV	S2	Nombre de réparations
Facturation	AD1	Nombre de commandes clients
Encaissement	AD2	Nombre de commandes clients

Annexe 9 Répartition du coût des activités dans les centres de regroupement

Activité	Coût	Centres de regroupement								
		Nombre de références	Nombre de commandes fournisseurs	Nombre de brevets	Nombre de manipulations	Nombre de produits	Nombre de commandes	Nombre de clients	Nombre de réclamations	Nombre de réparations
Relation fournisseurs										
Réception fournitures										
Répartition fournitures										
Mise au point prototype										
Tests										
Applications										
Assemblage										
Conditionnement										
Relation clients										
Livraison										
Suivi des ventes										
Suivi des réclamations										
Réparations SAV										
Facturation										
Encaissement										
Total										
Nombre d'inducteurs		7 000	195	12	95 000	15 000	1 150	1 015	420	300
Coût des inducteurs										

Annexe 10 Inducteurs consommés par chaque radiateur

Les trois radiateurs ne présentent pas tous la même complexité : le modèle Zéphyr nécessite 1 500 pièces (références), le modèle Foehn 2 100 pièces et le modèle Sirocco 2 400 pièces.

Cette année, 45 commandes fournisseurs ont été passées pour le radiateur Zéphyr, comme pour le radiateur Foehn. Par contre, la complexité du radiateur Sirocco a nécessité 60 commandes fournisseurs pour l'ensemble des approvisionnements de l'année.

Les radiateurs Zéphyr et Foehn ont fait l'objet de deux brevets chacun. Le radiateur Sirocco est protégé, quant à lui, par cinq brevets.

L'assemblage des pièces pour chaque modèle est différent. On compte 2 manipulations par radiateur Zéphyr, 7 par radiateur Foehn et 15 par radiateur Sirocco.

Annexe 10 (suite)

De même, les volumes de production et de commandes sont différents pour chaque radiateur :

Modèles	Production	Nombre de commandes
Zéphyr	5 571	350
Foehn	4 407	290
Sirocco	1 607	240

Enfin, les nombres de clients, de réclamations et de réparations varient également selon les modèles :

Modèles	Nombre de clients	Nombre de réclamations	Nombre de réparations SAV
Zéphyr	200	45	29
Foehn	250	134	55
Sirocco*	210	190	140

* Ce produit est très prisé, mais encore assez fragile.

Annexe 11 Calcul des coûts des radiateurs

	Zéphyr			Foehn			Sirocco		
Quantité vendue									
Prix unitaire									
Chiffre d'affaires									
Total Charges directes									
Nombre de références									
Nombre de commandes fournisseurs									
Nombre de brevets									
Nombre de manipulations									
Nombre de produits									
Nombre de commandes									
Nombre de clients									
Nombre de réclamations									
Nombre de réparations									
Total Charges indirectes									
Total Coût de revient									
Résultat analytique									
Résultat unitaire									

Fiche ressource 1

Les limites de la méthode des centres d'analyse

La méthode des centres d'analyse est issue de l'entreprise industrielle d'après-guerre. En proposant une évaluation des coûts des produits au fur et à mesure de leur fabrication, cette méthode est basée sur le processus de production et le coût de revient des produits.

Dans les années 1980, un programme de recherche américain a mis en évidence les limites de cette méthode traditionnelle face aux nouvelles organisations des entreprises.

I Le développement des fabrications en petite série

Avec la méthode des centres d'analyse, les clés de répartition choisies sont assez souvent « volumiques » : répartition du coût des centres sur les quantités de matières achetées (en kg, en m…), sur les quantités de produits fabriqués, le nombre d'heures de travail-machine ou les quantités de produits vendus. Ce choix était cohérent à une époque où les entreprises industrielles cherchaient à produire en grande quantité, pour réaliser des économies d'échelle. Aujourd'hui, la segmentation du marché et la volatilité de la demande nécessitent de produire en petite série ou sur mesure. Ainsi, les coûts de production s'expliquent désormais moins par la quantité de produits fabriqués que par la complexité des moyens de production mis en œuvre pour répondre à la demande changeante des clients et à la forte concurrence. La méthode apparaît donc parfois inadaptée par rapport aux besoins.

II Les coûts hors production de plus en plus importants

Avec la méthode des centres d'analyse, les coûts des activités hors production (services Recherche et Développement, Qualité, Réclamations, après-vente…) sont traités globalement et répartis à l'aide de clés parfois arbitraires. Ce qui s'explique par le fait que ces activités étaient peu développées jusque dans les années 1980.

Les activités hors production sont incontournables aujourd'hui et source de coûts importants. La vente du produit fini n'est plus la fin du processus. Les services après-vente, par exemple, se multiplient, l'objectif de satisfaction du client imposé par un environnement concurrentiel a remplacé l'objectif de fabrication des produits cohérent dans un marché où la demande était supérieure à l'offre.

Ces activités périphériques sont source de charges indirectes mais aussi de création de valeur pour l'entreprise. Leur coût doit être étudié avec soin.

III La répartition entre charges directes et indirectes

Avec la méthode des centres d'analyse, les charges directes sont réparties de façon juste et précise entre les différents produits. Par contre, les charges indirectes font l'objet d'une répartition plus approximative, les clés de répartition étant parfois choisies de façon arbitraire.

Cette distorsion restait supportable dans la mesure où les charges indirectes représentaient une part réduite du coût du produit (moins de 30 % en général). De nos jours, avec le développement des services hors production, les charges indirectes représentent souvent plus de 50 % du total des charges. La répartition aléatoire des charges indirectes n'est plus acceptable…

Fiche ressource 2

Les objectifs de la méthode à base d'activités (ou méthode ABC, *Activity Based Costing*)

I L'objectif final : maîtriser les coûts

L'objectif est de comprendre l'origine des coûts afin de les maîtriser.

Pour cela, il faut observer la façon dont l'entreprise fonctionne, avec le plus de détail possible.

II Calculer le coût des activités

Pour maîtriser les coûts, il faut repérer leur origine. Le découpage de l'entreprise en centres d'analyse n'est pas assez précis pour cela car un centre peut regrouper des activités variées.

> Exemple
>
> Le centre Distribution peut regrouper une activité « Vente », une activité « Livraison », une activité « Service après-vente »…

La méthode ABC préconise de mettre en évidence les différentes activités de l'entreprise pour calculer leurs coûts respectifs.

III Repérer le facteur explicatif de la variation des coûts des activités

Il s'agit, pour chaque activité, de rechercher l'élément responsable de la variation de ses coûts. Cet élément est appelé « inducteur de coût ».

> Exemples
>
> Pour l'activité « Livraison », l'inducteur de coût est le nombre de livraisons effectuées.
>
> Pour l'activité « Facturation », l'inducteur de coût est le nombre de factures.

Il doit impérativement y avoir un lien de causalité entre l'inducteur et l'activité.

IV Calculer le coût de revient à partir des activités

Le calcul du coût de revient des produits est structuré de la manière suivante :

Les charges → *sont consommées par* → Les activités → *qui sont consommées par* → Les produits

Le traitement des charges directes est identique à celui de la méthode des coûts complets.

Les charges indirectes au produit deviennent des charges directes des activités et sont traitées en tant que telles. Elles sont considérées comme des « ressources » qui permettent de faire fonctionner les activités.

Le coût des activités est ensuite réparti sur les produits en fonction des inducteurs de coût.

V Prendre des décisions

Il ne faut pas penser que la méthode ABC se contente de changer de vocabulaire. Les activités ne sont pas les centres d'analyse, les inducteurs ne sont pas choisis avec les mêmes contraintes que les clés de répartition.

Cette organisation des calculs permet d'expliquer très concrètement la variation des coûts et donc de donner aux responsables des moyens d'action qu'ils n'auraient pas eus avec la méthode des centres d'analyse.

Fiche ressource 3

Le découpage de l'entreprise en activités

I La remise en cause du découpage préconisé par la méthode des centres d'analyse

La méthode des centres d'analyse propose un découpage de l'entreprise en centres de responsabilité. Ces centres suivent le processus de fabrication du produit car l'objectif est d'expliquer la formation du coût de revient complet d'un produit.

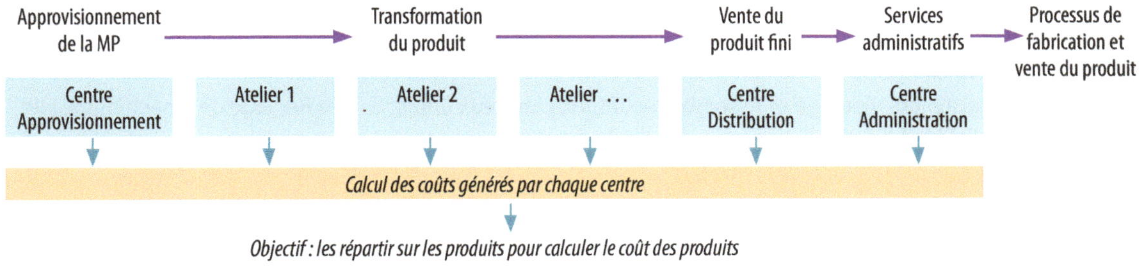

Aujourd'hui, et pour de nombreuses entreprises, ce découpage de l'entreprise en centres d'analyse n'est pas assez précis pour bien comprendre l'origine des coûts.
Le coût d'un centre de responsabilité est ventilé sur les produits dans sa globalité, à l'aide d'une seule clé de répartition. Ce calcul n'est pas assez précis et source d'erreurs d'analyse.

II L'intérêt du découpage en activités préconisé par la méthode ABC

1. La notion d'activité

La notion d'activité est assez large. On peut dire qu'une activité est un ensemble de tâches de même nature, accomplies par plusieurs personnes et contribuant à ajouter de la valeur au produit. On observe qu'il s'agit souvent d'activités élémentaires : passation de commande, gestion des fournisseurs, réglages de machine, livraison des produits, facturation…

2. Le calcul de coût à partir des activités

La méthode ABC consiste à distinguer les différentes activités mises en œuvre dans un même centre d'analyse afin d'en évaluer le coût et, éventuellement, de les répartir sur les produits avec des clés différentes.
Ce découpage plus fin de l'entreprise permet de mieux repérer les coûts, de les comprendre et de prendre des décisions.

Exemple

Répartition du coût d'un atelier Moulage

Méthode des centres d'analyse	Méthode ABC
Le coût de l'atelier Moulage est de 100 000 par mois. Il est réparti sur le nombre de pièces moulées. Au cours du mois, 2 séries de pièces ont été moulées : 15 000 pièces A et 45 000 pièces B.	L'atelier Moulage est découpé en deux activités distinctes : – activité « Réglage des machines » avant chaque série à fabriquer : 25 000 € ; – activité « Moulage des pièces » : 75 000 €.
La totalité du coût du centre Moulage (100 000) est répartie sur le nombre de pièces moulées (60 000).	On procède à deux répartitions distinctes : l'activité « Réglage des machines » pourra être répartie sur le nombre de séries fabriquées et l'activité « Moulage des pièces » sur le nombre de pièces moulées.
Coût de moulage : – **Pièces A : 25 000 €** (100 000 / 60 000 × 15 000) – **Pièces B : 75 000 €** (100 000 / 60 000 × 45 000)	Coût de moulage : – **Pièces A : 31 250 €** (75 000 / 60 000 × 15 000) + 12 500 – **Pièces B : 68 750 €** (75 000 / 60 000 × 45 000) + 12 500

La prise en compte du temps de réglage des machines nécessaire entre chaque changement de série modifie sensiblement le calcul du coût de chaque série moulée. Ainsi, avant d'accepter ou non une nouvelle commande, avant d'en proposer un prix, la connaissance du coût du réglage des machines peut être déterminante.

III La détermination des activités

1. Les règles à suivre pour analyser l'entreprise en termes d'activité

- L'analyse de l'entreprise en termes d'activité doit s'appliquer à l'ensemble de l'entreprise et non seulement à la fonction Production, qui n'est plus la fonction principale de l'entreprise d'aujourd'hui.
- L'entreprise doit être analysée sans distinction hiérarchique. On considère qu'une activité de réparation au SAV est tout autant créatrice de valeur que la fonction Approvisionnement, par exemple.
- Le recensement des activités doit être réalisé de façon décloisonnée, c'est-à-dire que plusieurs centres de responsabilité peuvent réaliser la même activité.

> Exemple (suite)
>
> Les ateliers Moulage et Assemblage ont tous les deux une activité « Réglage des machines ». Elle sera regroupée.

- Le recensement des activités ne doit pas aboutir à une description trop détaillée de l'entreprise, qui rendrait les calculs trop lourds. Lorsque plusieurs activités s'enchaînent vers un objectif commun, elles constituent un processus pour lequel on pourra calculer un coût.

> Exemple
>
> La facturation d'une vente peut entraîner des activités liées entre elles dans les services Comptabilité, Commercial et Livraison de l'entreprise. Il est conseillé de regrouper ces activités dans un processus « Facturation client ».

2. La carte des activités

On peut représenter l'ensemble des activités présentes dans l'entreprise dans une carte des activités.

> Exemple

Carte des activités de l'entreprise Azor

Processus	Approv.	Production	Logistique	Distribution	SAV
Activités	• Préparation des commandes • Réception des commandes • Gestion des stocks de MP	• Fabrication des moules • Réglages des machines • Moulage • Assemblage • Finition	• Gestion des stocks de PF • Distribution des commandes	• Promotion • Communication • Vente • Fidélisation	• Gestion des retours • Réparations • Gestion de la non-qualité

IV L'allocation des ressources aux activités

1. Une répartition primaire des charges indirectes sur les activités

Tout comme les centres d'analyse, les activités consomment les charges indirectes aux produits. On parle d'allocation de ressources.

Mais dans la méthode ABC, il n'y a qu'une répartition primaire car toutes les activités génèrent des coûts imputables aux produits (il n'y a pas de distinction hiérarchique).

Ainsi, la répartition secondaire de la méthode traditionnelle (répartition du coût des centres auxiliaires sur les centres principaux, voir chapitre 2) n'est pas nécessaire dans cette méthode.

2. Les charges indirectes aux produits sont affectées directement aux activités

Si le découpage de l'entreprise en activités est correctement réalisé, la plupart des charges indirectes aux produits ont un caractère direct aux activités (sans clé de répartition, voir chapitre 2). On considère que le découpage est satisfaisant si 80 à 90 % des charges sont affectées directement aux activités, les 10 à 20 % qui restent étant répartis entre les activités au moyen d'inducteur (voir fiche ressource 4). Si ce n'est pas le cas, le découpage de l'entreprise en activités doit être revu.

Fiche ressource 4

Les inducteurs de coûts

I Le rôle des inducteurs

1. Le rôle de l'inducteur dans la méthode ABC

Une fois l'entreprise décomposée en activités et les différentes charges indirectes réparties, il s'agit de rechercher un moyen de mesure de chaque activité, appelé « inducteur de coût ».

L'inducteur doit être la **cause la plus immédiate de consommation des ressources** au sein de l'activité considérée, c'est-à-dire l'élément en fonction duquel les coûts consommés par l'activité augmentent ou baissent. L'inducteur de coût permettra :
– d'expliquer la variation des ressources consommées (ou variation des coûts) par l'activité ;
– de rattacher les activités aux produits.

2. La différence entre inducteur et unité d'œuvre

L'inducteur joue le rôle que tient l'unité d'œuvre dans la méthode des centres d'analyse, mais il se distingue de cette dernière par le lien causal qu'il peut jouer sur le comportement des coûts de l'activité : **un inducteur doit expliquer le coût** alors qu'une unité d'œuvre n'est qu'un instrument de répartition d'un coût.

II Les différentes catégories d'inducteurs

Catégorie	Principe	Exemple
Les inducteurs volumiques	Ils sont utilisés lorsque l'activité consomme des ressources en fonction du nombre de produits de matières ou de services consommés.	– Heure de main-d'œuvre – Heure-machine
Les inducteurs liés aux séries	Ils sont retenus lorsque l'activité consomme des ressources en fonction du nombre de lots lancés en fabrication.	– Ordres de fabrication – Séries fabriquées
Les inducteurs liés au produit	Ils sont utilisés quand le coût de l'activité est généré par l'existence du produit et son degré de complexité.	– Nombre de composants du produit – Nombre de modifications techniques
Les inducteurs arbitraires	Ils sont utilisés quand le coût de l'activité n'est lié à aucun des critères cités précédemment.	– Valeur ajoutée – Chiffre d'affaires

III Les centres de regroupement

1. Principe

Une fois les inducteurs choisis pour chaque activité, on peut simplifier les calculs de coût en regroupant les activités qui sont représentées par un même inducteur.

Les ensembles d'activités expliquées par un même inducteur sont nommés « centres de regroupement ». Les activités regroupées dans un centre de regroupement n'ont parfois aucun lien direct entre elles. Si, au contraire, elles sont liées entre elles, le centre de regroupement est appelé « processus ».

> Exemple
>
> Reprenons l'exemple de la fiche ressource 3 (partie II). L'activité « Réglage des machines » de l'atelier Moulage et l'activité « Réglage des machines » de l'atelier Finition ont le même inducteur : le nombre de séries fabriquées.
>
> L'activité « Livraison des commandes » et l'activité « Facturation » ont un même inducteur : le nombre de produits facturés. Elles ont aussi un lien direct entre elles : à chaque livraison est déclenchée une facturation. On peut parler de processus.

Dans tous les cas, ces regroupements permettent de limiter le nombre d'activités en augmentant leur taille, sans altérer la qualité des calculs de coûts.

2. Représentation schématique

Exemple

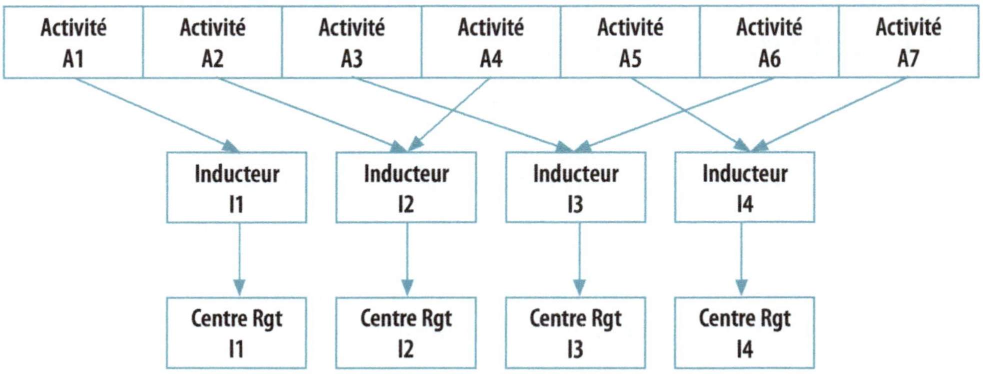

Dans cet exemple, on dénombre 7 activités, mais 4 inducteurs.

1 activité est seule concernée par l'inducteur 1. Les 6 autres peuvent être regroupées. On dénombre donc 4 centres de regroupement. Les calculs seront simplifiés.

IV Le coût unitaire des inducteurs

Pour chaque centre de regroupement, on calcule le coût unitaire de l'inducteur du centre.

Il permet de rattacher le coût des activités aux produits en fonction des inducteurs consommés par chaque produit.

$$\text{Coût unitaire de l'inducteur} = \frac{\text{Ressources consommées}}{\text{Volume de l'inducteur}}$$

Ressources consommées : Total du coût de l'activité ou du centre de regroupement

Volume de l'inducteur : Quantité d'inducteur pour l'activité ou le centre

Exemple

Activité : passation de commande
Coût total de l'activité : 40 000 €
Inducteur : nombre de commandes passées
Nombre d'inducteurs : 125 commandes

Coût unitaire de l'inducteur : 40 000 / 125 = 320 €
La passation d'une commande coûte 320 € à l'entreprise.

Fiche ressource 5

La méthode ABC, schéma de synthèse

I Une répartition des charges indirectes en 6 étapes

Étape 1 – Diviser l'entreprise en centres de travail ou en centres d'analyse.

↓

Étape 2 – Décomposer chaque centre d'analyse en **activités**.
Affecter les charges indirectes aux activités.

↓

Étape 3 – Pour chaque activité, rechercher l'**inducteur** = cause de fluctuation du coût.

↓

Étape 4 – Réunir dans des **centres de regroupement** les activités ayant le même inducteur.

↓

Étape 5 – Calculer, pour chaque centre, le **coût unitaire de l'inducteur**.

↓

Étape 6 – Imputer à chaque produit ou objet de coût le coût des inducteurs qu'il consomme.

II Calcul du coût de revient des produits selon la méthode ABC

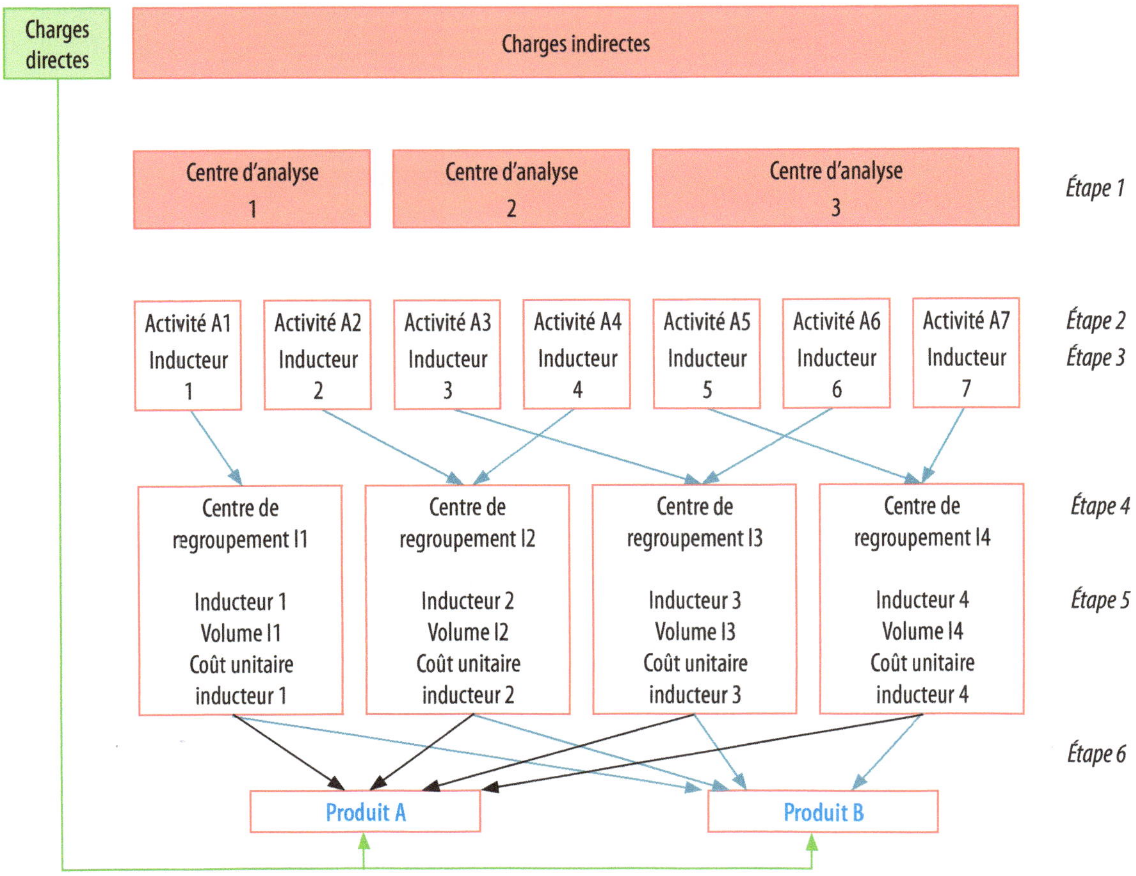

Fiche ressource 6

La méthode ABC, analyse du calcul de coût des inducteurs

Étape 1 : division en centres de travail ou centres d'analyse

Étape 2 : les centres de travail sont décomposés en 10 activités.

Centres de travail	Approvisionnement		Production			Distribution				Administ.
Activités	Gestion fournisseurs	Passation commandes	Réglage machines	Fabrication	Contrôle qualité	Condition-nement	Livraison	Facturation	SAV	Administ.
Charges indirectes	49 000	120 000	50 000	357 000	29 000	41 000	70 000	45 000	34 000	245 000
Inducteurs	Nb de fournisseurs	Nb de références	Nb de commandes	Nb de produits	Nb de produits	Nb de commandes	Nb de commandes	Nb de commandes	Nb de retours	Coût ajouté
Nombre d'inducteurs	12	15	15	1 200	1 200	15	15	15	24	Total coût avant admin.

Étape 3 : un inducteur de coût a été choisi pour chaque activité.

Étape 4 : les coûts des activités ayant un même inducteur sont réunis dans 6 centres de regroupement.

Centres de regroupement

Centre de regroupement	Nb fournisseurs	Nb références	Nb commandes	Nb produits	Nb retours	Coût ajouté
Gestion fournisseurs	49 000					
Passation commandes		120 000				
Réglage machines			50 000			
Fabrication				357 000		
Contrôle qualité				29 000		
Conditionnement			41 000			
Livraison			70 000			
Facturation			45 000			
SAV					34 000	
Administration						245 000
Total Charges indirectes	**49 000**	**120 000**	**206 000**	**386 000**	**34 000**	**245 000**
Volume d'inducteurs	12	15	15	1 200	24	795 000
Coût des inducteurs	**4 083,33**	**8 000,00**	**13 733,33**	**321,67**	**1 416,67**	**0,31**

Étape 5 : calcul du coût unitaire des inducteurs
Total Charges indirectes / Volume d'inducteurs

Une nouvelle commande engendre 13 733,33 € de coût qui correspondent aux réglages machine pour cette commande, au conditionnement, à la livraison et à la facturation de la commande, ceci quel que soit le nombre de produits commandés…

Étape 6 : répartition des charges indirectes sur les objets de cout

Charges directes à l'objet de coût
\+
Charges indirectes en fonction du nombre d'inducteurs

Applications

Analyse de la profitabilité d'une commande

La SARL MIXPI réalise l'installation, l'entretien et le dépannage de matériels informatiques pour des particuliers, des PME et des administrations. Elle propose ses services exclusivement sous forme d'abonnements. Son dirigeant est très satisfait de sa clientèle de PME mais également de particuliers. Le marché des administrations lui semble moins profitable. Il souhaite donc vérifier la rentabilité de chacun d'entre eux.

P7 **1 À l'aide d'un tableur, évaluez le résultat par catégorie de clientèles en utilisant la méthode des centres d'analyse.**

2 Présentez le processus de production de la société.

3 Évaluez le résultat par catégorie de clientèles en utilisant la méthode ABC.

4 Comparez et expliquez les différences de résultat obtenues.

Document 1 Grille tarifaire

	Particuliers	PME	Administrations
Abonnement mensuel	10 €	120 €	100 €

Document 2 Charges directes

Charges directes			
	Particuliers	**PME**	**Administrations**
Pièces détachées utilisées	600	10 000	2 400

Le prix d'une pièce détachée s'élève en moyenne à 20 €.

Document 3 Charges indirectes suivant la méthode des centres d'analyse

Méthode des centres d'analyse			
	Particuliers	**PME**	**Administrations**
Charges INDIRECTES	3 000 €	377 300 €	99 700 €

Document 4 Charges indirectes suivant la méthode ABC

Carte des activités et inducteurs		
Activités	**Inducteurs**	**Montants**
Réceptionner les appels	Nombre d'appels	45 000 €
Évaluer la demande (installation ou dépannage) par téléphone	Durée de l'appel	7 000 €
Estimer la gravité et l'urgence de la panne	Durée de l'appel	12 000 €
Organiser le planning (commerciaux et techniciens)	Nombre d'appels	19 000 €
Démarcher les prospects et les clients	Nombre d'appels	64 000 €
Commander les pièces détachées	Nombre de commandes	6 000 €
Établir les factures d'abonnement	Nombre de clients	24 000 €
Suivre la relation client	Nombre d'appels	15 000 €
Établir les rapports d'intervention	Nombre d'interventions	26 000 €
Dépanner les clients	Durée de l'intervention	85 000 €
Entretenir un réseau	Durée de l'intervention	177 000 €
	Totaux	**480 000 €**

Volume annuel des inducteurs	
Inducteurs	**Quantités**
Nombre d'appels	25 000
Durée des appels (en heures)	600
Nombre de commandes	400
Nombre de clients	900
Nombre d'interventions	3 000
Durée des interventions (en heures)	3 900

Volume des inducteurs par type de marché			
	Particuliers	**PME**	**Administrations**
Nombre d'appels	6 000	16 000	3 000
Durée des appels (en heures)	150	350	100
Nombre de commandes	50	200	150
Nombre de clients	280	490	130
Nombre d'interventions	120	2 300	580
Durée des interventions (en heures)	100	3 500	300

Chapitre 5

Le calcul des coûts partiels

Activité
5.2. Calcul, contrôle et analyse des coûts de revient des activités, produits et services de l'organisation

Composante d'activité
5.2.4. Évaluation des coûts et des marges et leur suivi

Compétence
Calculer les coûts par une méthode répondant aux besoins des gestionnaires, expliquer les résultats en soulignant l'intérêt et les limites de la méthode retenue.

P7
Une utilisation du tableur adaptée aux besoins de l'utilisateur pour effectuer et automatiser les calculs

Situation professionnelle

Luxury est une société de transports de personnes VTC (véhicules de tourisme avec chauffeur). Cette PME de 12 personnes est dirigée par son créateur, M. Lescure. Sa clientèle est essentiellement constituée d'hommes d'affaires et de touristes aisés.

La situation économique de Luxury est florissante depuis sa création, il y a cinq ans, l'entreprise réalisant régulièrement des bénéfices. Toutefois, la concurrence directe avec les sociétés de taxis ainsi que l'incertitude de la conjoncture, tant juridique qu'économique, font craindre une réduction de l'activité.

M. Lescure redoute une baisse de son résultat comptable, voire même qu'il devienne négatif. Il s'interroge notamment sur la structure de ses coûts et leur évolution dans le cas d'une modification importante de son activité.

Mission

Stagiaire dans le cabinet comptable qui tient la comptabilité de l'entreprise Luxury, vous êtes chargé(e) d'étudier les coûts en fonction de l'activité afin de fournir à M. Lescure des éléments de réflexion et des outils qui lui permettront d'évaluer ses coûts avec pertinence.

Travail à faire

I Mettre en œuvre une méthode de calcul de coût répondant aux besoins du gestionnaire

M. Lescure raisonne habituellement en « coûts complets » car il apprécie de pouvoir faire un lien direct avec le résultat global de l'entreprise. Vous avez donc, dans un premier temps, calculé le coût complet pour chaque type de véhicule.

1. À partir des coûts complets par véhicule, calculez le coût complet horaire, le résultat horaire et le résultat global de l'entreprise. Commentez.

Annexe 1
Annexe 2

Au vu de ces résultats, M. Lescure est tenté d'abandonner l'activité liée au van Mercedes Classe V. N'étant pas convaincu(e) par cette décision, vous lui proposez de procéder à une simulation du résultat dans le cas d'une suppression de cette activité.

2. Estimez le résultat de l'entreprise dans l'hypothèse d'une cessation de l'activité « Mercedes Classe V ». Comparez avec la situation précédente. Commentez.

Annexe 1
Annexe 2
Annexe 3

3. Pourquoi la méthode des coûts complets utilisée n'est-elle pas la plus pertinente pour ce type d'estimation ?

Fiche ressource 1

II Apprécier la pertinence d'une méthode de calcul

Vous proposez à M. Lescure de compléter votre analyse avant qu'il ne prenne une décision définitive. Il vous semble que la méthode des coûts partiels serait plus adaptée à ses besoins. Vous reprenez vos calculs en distinguant les charges fixes et les charges variables.

4. En complétant l'annexe 5, établissez une ventilation, par type de véhicule, des charges de l'année N en séparant les charges variables, fixes spécifiques et fixes communes.

Annexe 4
Annexe 5
Fiche ressource 2

5. Présentez un compte de résultat différentiel par type de véhicule. Mettez en évidence la marge sur coût spécifique pour chaque type de véhicule puis le résultat global de l'entreprise.

Fiche ressource 3

6. Analysez vos résultats :

Fiche ressource 5

a) Le résultat global est-il différent de celui obtenu à la question 2 ?

b) Observez la marge sur coût spécifique de chaque activité. Selon vous, l'activité « Mercedes Classe V » est-elle rentable ?

c) Expliquez à M. Lescure la raison pour laquelle il ne faut pas abandonner l'activité « Mercedes Classe V ».

d) Selon vous, pourquoi cette méthode de calcul n'aboutit-elle pas aux mêmes conclusions que la méthode des coûts complets ?

e) En quoi est-elle plus adaptée à la demande de M. Lescure ?

Convaincu que la solution à son problème n'est plus de cesser l'activité « Mercedes Classe V », M. Lescure souhaite réaliser quelques simulations sur les résultats de cette activité en fonction de nouveaux paramètres.

P7 **7.** **À l'aide de votre tableau différentiel et sur la base des chiffres de l'année N, calculez manuellement ou à l'aide d'un tableur, les résultats de l'activité « Mercedes Classe V » selon les deux hypothèses.**

Annexe 6

8. **Analysez vos résultats. Expliquez à M. Lescure pourquoi l'impact sur le résultat diffère d'une hypothèse à l'autre.**

9. **En négligeant l'aspect commercial, vaut-il mieux augmenter de 10 % le prix unitaire ou les quantités vendues ? Pourquoi ?**

III Mettre en œuvre le raisonnement marginal

M. Lescure a l'occasion d'étoffer encore son activité. Il a l'opportunité de créer une filiale en Belgique et a reçu deux propositions de voyagistes. Il souhaite estimer le résultat de ces nouvelles activités avant de prendre une décision.

10. **Sans faire de calcul et en vous référant aux méthodes de calcul de coût que vous connaissez, quelle est, selon vous, la méthode la plus pertinente pour fixer le prix dans chacun des trois cas proposés ? Justifiez votre point de vue.**

Annexe 7
Fiche ressource 1
Fiche ressource 5

11. **En mobilisant le raisonnement marginal, calculez le résultat marginal horaire pour les propositions des voyagistes Kool Voyages et Murmuru. Déduisez-en si M. Lescure peut les accepter.**

Annexe 8
Fiche ressource 4

P7 **12.** **Utilisez le tableur (outil Valeur cible) pour déterminer le tarif horaire minimum que M. Lescure peut accepter du voyagiste Murmuru compte tenu du nombre d'heures proposé. Calculez ensuite le nombre d'heures minimum qu'il faudrait assurer pour que l'activité soit rentable si le prix proposé par Murmuru est maintenu.**

Annexe 8
Fiche ressource 6

Données de la situation

Annexe 1 Extrait d'une plaquette publicitaire

LA SOCIÉTÉ LUXURY VOUS PROPOSE SON OFFRE DE SERVICES...

Visite touristique avec chauffeur – Excursions à la carte en Provence

Découvrez la région de Cassis à Nice en passant par le Luberon à bord de notre confortable Mercedes Classe V. Seul, en couple ou en groupe, tout est possible !

Notre véhicule, intérieur cuir et équipé du Wi-Fi on board, est disponible en version « salon » pour plus de convivialité.

Nos chauffeurs sont bilingues (français, anglais), courtois et discrets.

Laissez-vous transporter en toute sérénité...

Navette au départ des gares ou des aéroports de la région du Sud-Est de la France

Navette sur réservation au départ de l'aéroport de Marseille Provence vers :

- ✓ les hôtels de Marseille, Aix-en-Provence et Avignon ;
- ✓ les lieux de séminaire d'Arles, de Cannes et de Bonnieux ;
- ✓ ou tout simplement à votre domicile.

Notre centrale de réservation vous permet de réserver votre trajet quand vous le souhaitez, 24 h/24 et 7 j/7.

Nos engagements sont vos exigences.

NOS VÉHICULES ET NOS TARIFS

Type de véhicule*	Nombre de véhicules	Places disponibles (hors chauffeur)	Tarif horaire HT
Audi A4	4	3	60 €
BMW Série 7	2	2	90 €
Mercedes Classe V (mini-van)	1	7	60 €

* Tous les véhicules sont totalement amortis.

Annexe 2 Calcul du coût complet et données économiques (année N)

	Charges directes			Charges indirectes
	Audi A4	BMW Série 7	Mercedes Classe V	
Frais de personnel	170 400,00	126 096,00	42 600,00	228 336,00
Impôts et taxes				12 000,00
Loyers				33 000,00
Autres charges courantes				14 400,00
Entretien	16 000,00	10 000,00	5 000,00	
Carburants et huiles	135 000,00	120 000,00	38 000,00	
Assurances	3 200,00	2 400,00	1 300,00	800,00
Honoraires				4 000,00
Frais divers				8 680,00
Total	**324 600,00**	**258 496,00**	**86 900,00**	**301 216,00**
Nb d'heures facturées aux clients	*9 000*	*4 800*	*1 900*	
Charges indirectes réparties*	172 671,59	92 091,52	36 452,89	0,00
Coût total complet	**497 271,59**	**350 587,52**	**123 352,89**	

* Les charges indirectes sont réparties entre les véhicules sur la base du nombre d'heures facturées.

• • •

Vous avez collecté quelques renseignements auprès du collaborateur chargé du dossier au sein du cabinet.

Pour assurer une exploitation continue sur douze mois, l'entreprise Luxury dispose du personnel suivant :
– le dirigeant ;
– 2 chefs conducteurs (affectés exclusivement à la conduite des deux véhicules BMW Série 7) ;
– 5 chauffeurs (affectés aux autres véhicules) ;
– 2 mécaniciens ;
– 2 employés administratifs.

Par ailleurs, il vous a extrait les données suivantes :

Charges	Période considérée	Montant en euros	Remarques
Frais de personnel (salaires bruts d'un individu) Hors charges patronales évaluées à 42 % du salaire brut			Charges directes pour les chauffeurs, charges indirectes pour les autres (employés administratifs, mécaniciens, dirigeant).
Dirigeant	Mois	6 000	
Chefs conducteurs	Mois	3 700	
Chauffeurs	Mois	2 500	
Mécaniciens	Mois	2 000	
Employés administratifs	Mois	1 700	
Assurances			
4 Audi A4	Année	3 200	Charges directes
2 BMW Série 7	Année	2 400	
Mercedes Classe V	Année	1 300	
Bâtiments	Année	800	Charges indirectes

Coût unitaire de carburant et d'huile par heure facturée pour chaque type de véhicule			
Audi A4	Heure facturée	15 €	Il s'agit d'un montant unitaire par heure facturée.
BMW Série 7	Heure facturée	25 €	
Mercedes Classe V	Heure facturée	20 €	

Annexe 3 Entretien avec le dirigeant (1)

Vous : Vous vouliez me voir pour faire une simulation ?

M. Lescure : Oui. Notre mini-van est utilisé exclusivement pour le transport de touristes. Cette activité est contraignante et je m'interroge sur sa rentabilité car le calcul de coûts complets montre une perte sur chaque heure facturée. Je me demande donc ce qu'il adviendrait des coûts si cette activité disparaissait. Je pense qu'ils baisseraient, donc mon résultat pourrait progresser.

Vous : Vous licencieriez un chauffeur ?

M. L. : Oui, hélas, je n'aurai plus besoin de l'un des cinq chauffeurs. De plus, je n'aurai plus de frais d'entretien ni d'assurance. Cependant, je ne compte pas déménager pour prendre un local plus petit et je conserverai la même équipe technique dans un premier temps. Pouvez-vous simuler l'abandon de cette activité et de ce véhicule ?

(Par souci de simplification, on considère que le véhicule sera mis au rebut sans générer de charges supplémentaires.)

Annexe 4 Renseignements sur l'entreprise

Vous vous entretenez de nouveau avec M. Lescure…

Vous : J'ai besoin de renseignements sur vos charges et votre activité. Pour commencer, quel est, selon vous, l'élément qui traduit le mieux votre activité, ce avec quoi vous la mesurez en fait ?

M. Lescure : L'élément qui caractérise le mieux l'activité de mon entreprise est l'heure facturée. En effet, bien que le kilométrage soit un élément important, l'entreprise ne facture pas au kilomètre car les distances sont parfois réduites pour cause d'embouteillage. En plus, chez nous, toute heure commencée est due. C'est donc une information facile à obtenir, à suivre et à comparer d'une période à l'autre. C'est pour moi un indicateur fondamental.

Vous : Concernant la main-d'œuvre, y a-t-il des choses que je dois savoir ?

M. Lescure : Les deux chefs conducteurs sont les seuls habilités à conduire les deux BMW Série 7 et un chauffeur est affecté exclusivement à la conduite du Mercedes Classe V. Les autres chauffeurs se partagent les autres véhicules. Ni moi ni les employés administratifs et les mécaniciens ne conduisent nos véhicules. De plus, tous nos salariés sont payés mensuellement sans heures supplémentaires.

Vous : Et concernant les autres charges ?

M. Lescure : Les charges variables, je veux dire celles qui varient en fonction du nombre d'heures facturées, sont constituées des seules consommations de carburant et d'huile. Les charges fixes se composent d'une partie spécifique à chaque type de véhicule et d'une autre commune à l'ensemble de l'exploitation.

Vous : Comment puis-je savoir celles qui sont spécifiques et celles qui sont communes ?

M. Lescure : Fiez-vous à votre bon sens et aux données comptables que je vous ai communiquées, notamment le tableau récapitulant l'évolution des charges au cours des trois dernières années…

Tableau comparatif des charges selon le nombre d'heures facturées

	N	N-1	N-2
Nombre d'heures facturées	**15 700**	**14 400**	**15 000**
Frais de personnel	567 432	567 432	567 432
Impôts et taxes	12 000	12 000	12 000
Loyers	33 000	33 000	33 000
Autres charges courantes	14 400	14 400	14 400
Entretien	31 000	31 000	31 000
Carburant et huile	293 000	266 500	279 000
Assurances	7 700	7 700	7 700
Honoraires	4 000	4 000	4 000
Frais divers	8 680	8 680	8 680

Annexe 5 Tableau d'analyse des charges fixes et variables

Charges	Audi A4		BMW Série 7		Mercedes Classe V		Pour le reste de l'entreprise
	Charges variables	Charges fixes spécifiques	Charges variables	Charges fixes spécifiques	Charges variables	Charges fixes spécifiques	Charges fixes communes
Frais de personnel		170 400		126 696		42600	228 338
Impôts et taxes							1200
Loyers							3300
Autres charges courantes							14 400
Entretien		16 000		10000		5000	
Carburant et huile	13 500		120000		38 000		
Assurances		3200		2400		1300	800
Honoraires							4000
Frais divers							8680
Total des charges	13500	189600	120000	138496	38000	48900	30126

Annexe 6 Entretien avec le dirigeant (2)

M. Lescure : J'ai été convaincu par votre analyse sur la rentabilité de l'activité « Mercedes Classe V ». Je vais chercher à la développer plutôt que la supprimer. J'ai participé à un séminaire organisé par le syndicat de notre profession, qui m'a démontré que le marché était porteur. Il semble que deux hypothèses se dessinent pour l'année N+1 :

– la première : augmentation du prix de vente de 10 % avec maintien de l'activité, donc des quantités facturées identiques à l'année N ;

– la seconde : maintien du prix de vente identique à l'année N, ce qui générerait une augmentation de 10 % de l'activité, donc du nombre d'heures facturées.

J'ai discuté avec votre expert-comptable de ces deux hypothèses. Je suis convaincu que, dans les deux situations, j'arriverai à la même augmentation du chiffre d'affaires et donc à la même augmentation du résultat comptable. Votre responsable n'est pas d'accord et je ne comprends pas pourquoi…

Vous : Effectivement, il a raison. Vous aurez bien la même augmentation du chiffre d'affaires mais l'impact sur le résultat sera différent…

M. Lescure : Mais enfin, si j'ai le même chiffre d'affaires !…

Vous : Je vais vous expliquer…

Annexe 7 **Note laissée par M. Lescure**

Trois nouvelles opérations sont à envisager pour le développement de la société.

1. Implantation à l'international

Créer une filiale en Belgique, où la concurrence me semble moins rude. J'ai fait faire une étude des charges et dépenses, mais avec toutes les méthodes de calcul que vous m'avez présentées, j'ignore celle qui serait la plus pertinente pour fixer mon tarif horaire de vente. Ce que je souhaite, c'est que cette méthode m'amène à savoir quel prix de vente me permettra de couvrir l'ensemble des coûts. Je pourrai ensuite comparer ce prix avec le prix du marché belge.

2. Proposition du voyagiste Kool Voyages

Assurer le transport de certains de ses passagers importants. Nous utiliserions nos Audi A4 et nous pourrions effectuer ce surplus d'activité sans que cela désorganise notre activité quotidienne, ni ne nous oblige à modifier quoi que ce soit dans notre structure actuelle. Ce marché pourrait nous faire connaître auprès de la clientèle VIP de ce voyagiste.

3. Proposition du voyagiste Murmuru

Assurer des circuits nocturnes pour découvrir la région provençale différemment. Nous utiliserions le mini-van Mercedes Classe V, mais il faudrait embaucher un nouveau chauffeur qui ne ferait que les nuits.

Annexe 8 **Offres des voyagistes**

Offre du voyagiste Kool Voyages
Le voyagiste Kool Voyages nous propose un tarif maximum de 30 € de l'heure pour voiturer ses clients VIP. Ce tarif ne représente que la moitié du tarif normal pratiqué habituellement.

Offre du voyagiste Murmuru
Le voyagiste Murmuru propose 50 € de l'heure pour la prestation touristique nocturne. Il nous assurerait par contrat un volume d'activité mensuel de 100 heures.
De mon côté, j'ai négocié l'embauche d'un nouveau chauffeur qui serait chargé de ces circuits. Il serait rémunéré 2 800 € brut mensuel (plus 42 % de charges patronales).
Par ailleurs, le fait d'assurer des ravitaillements nocturnes ferait passer le coût du carburant et de l'huile à 22 € l'heure.

Dans les deux cas (proposition de Kool Voyages ou de Murmuru), le surcoût d'entretien des véhicules a été jugé négligeable par nos mécaniciens.

Fiche ressource 1

La pertinence et les limites d'un coût complet

La pertinence d'un coût est son adaptation à l'utilisation qui en est faite.

I Rappel de la notion de coût pertinent

Pour un même objet de coûts, on peut calculer plusieurs coûts, tous aussi exacts les uns que les autres :

– coût complet avec la méthode des centres d'analyse ;

– coût complet avec la méthode ABC ;

– coûts d'achat, de production, de revient ;

– etc.

Le comptable ou le contrôleur de gestion qui doit donner une information utile à la prise de décision doit donc être capable de déterminer quel coût calculer avant de commencer ses calculs.

Le coût doit alors être exact mais aussi pertinent, c'est-à-dire adapté au problème posé.

II Critique de la méthode des coûts complets

1. La pertinence de la méthode

La pertinence d'un calcul de coût, quel qu'il soit, repose, en tout premier lieu, sur la pertinence des charges qui sont liées à ce coût.
La méthode des coûts complets est basée sur la distinction charges directes / charges indirectes. Rappelons que cette distinction n'a d'intérêt que lorsqu'il existe plusieurs objets de coûts différents à calculer.

> Exemple
>
> Quatre amis se rendent à un concert dans la voiture de l'un d'entre eux. Ils décident de partager les frais, notamment le carburant.
> Cette dépense est directe par rapport à l'objet de coûts « transport vers le concert » ; si c'est cela l'objet de coûts, il n'y a aucun problème particulier.
> C'est une charge indirecte par rapport à l'objet de coûts « personne transportée ». Dès lors se pose la question de la répartition de cette charge : faut-il diviser ces frais par 4 en considérant une parfaite équité entre les objets de coûts ou bien faut-il trouver une autre répartition, par exemple basée sur le poids de chaque passager ? Paul pesant plus lourd que les autres, il recevrait alors une part plus importante de carburant à payer ; ceci est cohérent étant donné que son poids oblige la voiture à consommer relativement plus de carburant…

2. Les limites de la méthode

Bien que la méthode des coûts complets reste la seule méthode qui permet d'appréhender la totalité des charges qui serviront à fixer un prix de vente assurant une certaine rentabilité, la pertinence de la répartition des charges indirectes est toujours sujette à question. En effet, les charges indirectes sont réparties artificiellement (même si on trouve dans cette répartition une certaine logique) et, de fait, le coût final complet qui en ressort peut être entaché d'une certaine subjectivité.

Fiche ressource 2

Le comportement des charges dans le temps

Tout gestionnaire d'entreprise se pose régulièrement la question : « Mon activité va-t-elle baisser ou, au contraire, augmenter ? » De l'activité dépendra le chiffre d'affaires et donc le bénéfice éventuel.
Comme cette activité n'est jamais la même d'une période à l'autre, il peut être intéressant de la mettre en relation avec les charges afin de prévoir les bénéfices futurs.
Dès lors, on distingue trois grands types de charges qui vont se comporter différemment selon l'évolution de l'activité : les charges fixes (ou de structure), les charges variables (ou opérationnelles) et les charges mixtes (ou semi-variables). Toutefois, cette approche suppose de définir une donnée qui sera représentative de l'activité.

I La mesure de l'activité de l'entreprise

Avant de parler de comportement de charges dans le temps, il est nécessaire de trouver l'information qui traduira au mieux la mesure de l'activité de l'entreprise dans le temps.
L'activité peut être exprimée de façon monétaire (le montant des ventes) ou physique (la quantité d'objets fabriqués et vendus). Peu importe sa nature, l'essentiel est que cette unité de mesure soit facile à obtenir et bien représentative de l'activité.
Ensuite, on distingue les charges en fonction de leur comportement face à une évolution de cette donnée.
Attention : l'activité est mesurée pour une unité de temps donnée (par exemple, une année) ; la charge étudiée doit correspondre à cette unité de temps.

> Exemple
>
> Un chef d'entreprise paie 1 000 € d'assurance par an pour son véhicule quel que soit le nombre de kilomètres parcourus. L'activité est représentée par les kilomètres parcourus et la charge est l'assurance. Si le chef d'entreprise effectue 1 500 km en janvier, il ne peut pas calculer le coût de l'assurance pour ce nombre de kilomètres car il ne peut pas mettre en relation ces deux données, l'unité de temps n'étant pas la même. En revanche, s'il sait que, sur l'année, il effectuera 20 000 km, il peut mettre en relation les deux données : 1 000 € (charge annuelle) pour 20 000 km (activité annuelle), soit : 1 000 / 20 000 = 0,05 € par km.

II Les charges variables (ou opérationnelles)

1. Le modèle théorique

Une charge est dite « variable » si son montant varie dans le même sens (à la hausse ou à la baisse) et proportionnellement à l'activité.

> Exemple
>
> Si, pour parcourir 100 km en voiture, on a besoin de 10 litres de carburant, pour 50 km, on aura besoin de 5 litres et pour 200 km, 20 litres.
>
> Dans cet exemple, l'activité est représentée par le nombre de kilomètres parcourus et la charge est le carburant.

2. En pratique

De nombreuses charges se comportent de façon variable : les matières premières consommées, la main-d'œuvre de fabrication lorsqu'elle est rémunérée en fonction de la production (et non pas mensualisée), certaines fournitures (le carburant pour les transporteurs, l'électricité pour une activité de soudure…).
Dans l'exemple précédent, on voit que les charges varient proportionnellement à l'activité. Or, dans la réalité, la proportionnalité n'est pas toujours parfaite.
On considérera alors qu'une charge est variable si sa corrélation avec l'activité est satisfaisante

(on pourra se livrer à une analyse statistique et calculer un **coefficient de corrélation** qui devra être supérieur à 0,75 et le plus proche possible de 1).
Si ce n'est pas le cas, il faudra décomposer la charge en parts variable et fixe.

3. L'aspect global, l'aspect unitaire

Les charges variables sont globalement variables ; si on raisonne à l'unité, elles sont fixes.

> Exemple
> Si, pour parcourir 100 km en voiture, on a besoin de 10 litres de carburant, pour faire 1 km, on aura besoin de 0,1 litre même si on effectue 300 km !

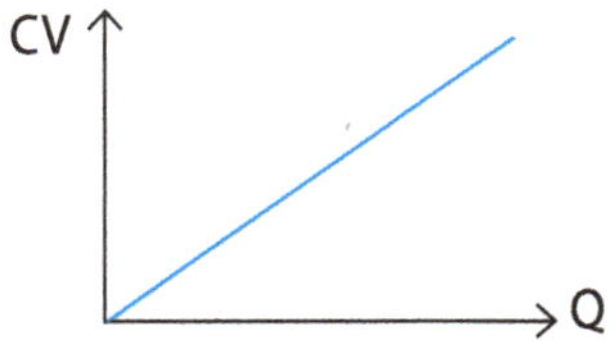

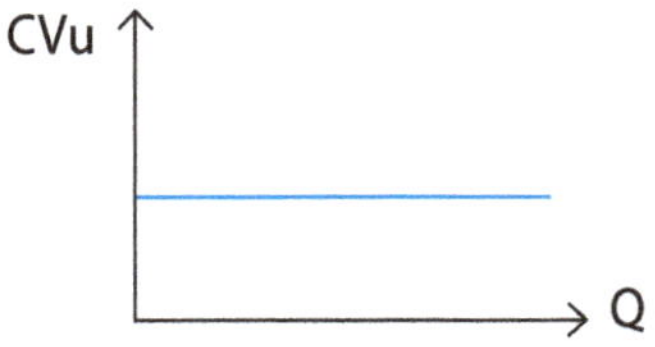

Avec CV = charges variables, CVu = charges variables unitaires, Q = quantité.

III Les charges mixtes (ou semi-variables)

Ces charges sont composées d'une part fixe et d'une part variable.

> Exemple
> Dans une facture d'électricité, on peut séparer l'abonnement (part fixe) de la consommation (part variable si on sait que cette consommation est liée à l'activité).

Le problème est que, dans le système d'information comptable, la répartition entre part fixe et part variable n'apparaît pas. C'est au responsable du calcul de coût de déterminer ces parts. On utilisera alors des outils mathématiques et statistiques pour évaluer la corrélation (coefficient de corrélation) puis, si celle-ci est correcte (> 0,75), on calcule la part fixe et la part variable par une méthode quelconque (notamment la méthode des moindres carrés). On utilisera avantageusement le tableur et la fonction DROITEREG (droite de régression qui permet d'obtenir les coefficients a et b de l'équation de la droite d'ajustement linéaire $y = ax + b$, où a représente la part variable et b la part fixe).

IV Les charges fixes (ou de structure)

1. Le modèle théorique

Une charge est dite « fixe » si son montant est indépendant d'une variation de l'activité.

> Exemple
> Un chef d'entreprise paie 1 000 € d'assurance par an pour son véhicule quel que soit le nombre de kilomètres parcourus. Qu'il roule 20 000 km une année et 30 000 km l'année suivante, la charge d'assurance de 1 000 € n'est pas modifiée par la variation de l'activité.

En théorie, les charges fixes sont fixes quel que soit le niveau d'activité.

2. En pratique

L'entreprise repose sur une structure : des bâtiments, du personnel, des matériels… Cette structure, qui est à l'origine des charges fixes, conditionne une certaine activité maximale. Pour dépasser cette capacité, de nouveaux investissements doivent être réalisés, ce qui va immédiatement augmenter les charges fixes. On appelle « palier » chaque niveau de charges fixes correspondant à une structure donnée.

> Exemple
> Dans un réfrigérateur (qui coûte 100 € par an en électricité et amortissement), on peut stocker au maximum 500 yaourts.

L'activité est le stockage des yaourts et la charge l'électricité et l'amortissement du réfrigérateur. Si on veut stocker 501 yaourts, il faut un second réfrigérateur, qui va coûter lui aussi 100 € par an. On voit donc bien qu'une modification de la structure fait passer d'un palier de charges fixes de 100 € à un palier de 200 € alors même que l'augmentation de l'activité à l'origine de ce changement est négligeable. En revanche, ce nouveau palier ouvre une possibilité d'activité qui va jusqu'à une capacité de stockage de 1 000 yaourts avant de devoir monter encore à un palier supérieur.

3. L'aspect global, l'aspect unitaire

Les charges fixes sont globalement fixes ; si on raisonne à l'unité, elles sont variables.

Exemple

Un chef d'entreprise paie 1 000 € d'assurance par an pour son véhicule quel que soit le nombre de kilomètres parcourus. L'activité est représentée par le nombre de kilomètres parcourus et la charge est l'assurance.

Si le chef d'entreprise effectue 1 000 km par an, chaque kilomètre coûtera 1 € (1 000 €/1 000 km). S'il n'effectue que 500 km, alors chaque kilomètre coûtera 2 € (1 000 €/500 km) ; au contraire, s'il effectue 4 000 km, chaque kilomètre coûtera 0,25 € (1 000 €/4 000 km).

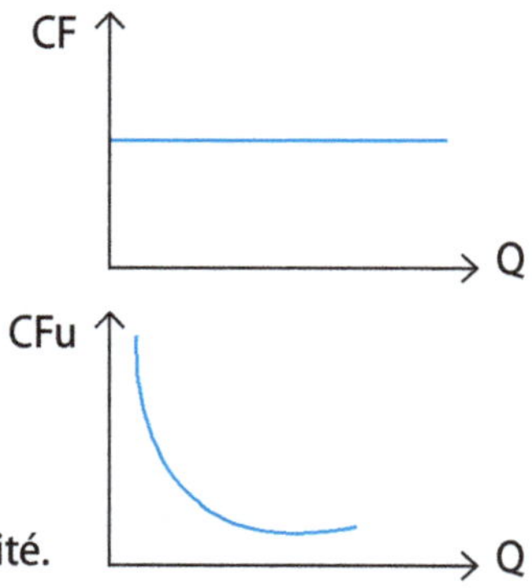

Avec CF = charges fixes, CFu = charges fixes unitaires, Q = quantité.

4. Les charges fixes spécifiques et communes

Dans le cas où l'activité d'une entreprise est composée de la vente de produits différents, les charges fixes peuvent être distinguées en :

– **charges fixes spécifiques**, qui sont uniquement générées par l'activité liée à la réalisation ou la vente d'un produit (on pourrait parler de charges fixes directes au produit) ;

– **charges fixes communes**, qui concernent l'ensemble de la production et ne peuvent être affectées à un produit en particulier (on pourrait parler de charges fixes indirectes).

Exemple

Une entreprise fabrique et vend deux produits nécessitant deux machines différentes pour les réaliser. Les charges d'amortissement de chacune des machines sont spécifiques à la production de chacun des produits. En revanche, le salaire de la secrétaire de direction, celui du comptable et le loyer des bureaux sont des charges fixes communes.

V Le comportement du coût total

En additionnant charges fixes et variables, on obtient un coût total. On peut représenter l'évolution du coût total (CT) global et du CT unitaire de la façon suivante :

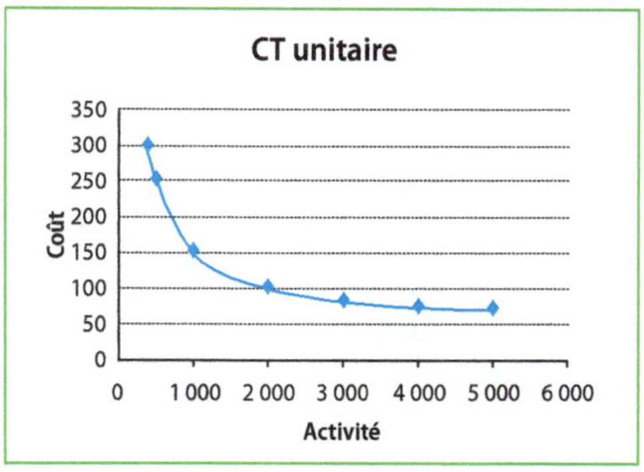

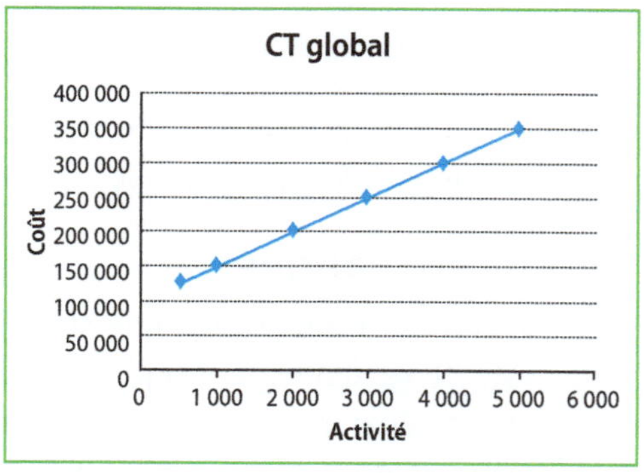

Tandis que le CT global augmente régulièrement, le CT unitaire diminue en fonction de l'activité : cela s'explique par la répartition progressive des charges de structure sur une activité de plus en plus importante jusqu'au point où l'on atteint la capacité maximale de production de la structure en question. C'est l'illustration de la notion d'économies d'échelle.

Fiche ressource 3

Le compte de résultat par variabilité (ou compte de résultat différentiel)

Il permet une analyse de la rentabilité de l'entreprise en fonction de son activité.

I Présentation du compte de résultat différentiel

Dans le cas d'une seule activité (un seul produit)

Éléments	Qté	Montant unitaire	Total
Chiffre d'affaires (a)	100	10	1 000
– Charges variables (b)	100	3	300
= Marge sur coût variable (c) = (a) – (b)	100	7	700
– Charges fixes (d)			500
= Résultat différentiel (e) = (c) – (d)			**200**

Dans le cas de plusieurs activités (plusieurs produits)

Éléments	Global	P1			P2		
		Qté	Montant unitaire	Total	Qté	Montant unitaire	Total
Chiffre d'affaires (a)	4 000	100	10	1 000	150	20	3 000
– Charges variables (b)	2 100	100	3	300	150	12	1 800
= Marge sur coût variable (c) = (a) – (b)	1 900	100	7	700	150	8	1 200
– Charges fixes spécifiques (d)	1 300			500			800
= Marge sur coût spécifique (e) = (c) – (d)	600			200			400
– Charges fixes communes (f)	250						
= Résultat différentiel global (g) = (e) – (f)	**350**						

II Les éléments constitutifs du résultat différentiel

1. Le chiffre d'affaires (CA)

Il s'agit du montant des ventes réalisées sur la période pour laquelle le tableau est effectué. On ne retient que les produits variables, c'est-à-dire ceux liés à l'activité (produits d'exploitation). Dans les cas exceptionnels où des produits indépendants de l'activité existeraient (revenus issus de placement immobilier ou bancaire), on n'en tiendrait pas compte dans ce tableau (mais il faudrait en tenir compte pour calculer le résultat comptable de l'entreprise).

2. Les charges variables (CV)

Il s'agit des charges variables identifiées dans une étape préalable (voir fiche ressource 2).

3. La marge sur coût variable (M/CV)

Une marge est une différence entre un chiffre d'affaires et un coût qui n'est pas complet. La marge sur coût variable est donc la différence entre le chiffre d'affaires et le coût variable.

M/CV = CA – CV

Remarque : la M/CV peut être exprimée unitairement. Soit Q les quantités vendues :
CA = CA unitaire × Q (Le CA unitaire correspond au prix de vente à l'unité.)
CV = CV unitaire × Q
M/CV = (CA unitaire × Q) – (CV unitaire × Q)
M/CV = (CA unitaire – CV unitaire) × Q
M/CV / Q = CA unitaire – CV unitaire
M/CV / Q = M/CV unitaire

4. Les charges fixes (CF)

Il s'agit des charges fixes identifiées dans une étape préalable (voir fiche ressource 2).
Selon que l'entreprise n'a qu'un seul type de produit à vendre ou plusieurs, on distinguera les charges fixes spécifiques (CFs) à un produit ou une activité des charges fixes communes (CF).

5. La marge sur coût spécifique (M/CS)

Le coût spécifique est constitué des charges variables et des charges fixes spécifiques pour un type de produit ou d'activité.
La marge sur coût spécifique est donc la différence entre le chiffre d'affaires et le coût spécifique.

M/CS = CA – CS

Sachant que ce coût concerne spécifiquement un produit en particulier, on en déduit que tant que cette marge est positive, l'activité liée à ce produit est rentable. La marge contribue alors à couvrir les charges fixes communes ou à accroître d'autant les résultats.
En revanche, si la marge sur coût spécifique est négative, ce produit n'est pas rentable ; sur le plan purement économique, il est alors conseillé d'en abandonner l'exploitation.

6. Le résultat différentiel (ou résultat d'exploitation, RE)

Il s'agit d'un résultat car il est la différence entre un chiffre d'affaires et un coût qui est complet.

RE = M/CV – CF (dans le cas d'une activité monoproduit)
RE = M/CS (pour chacun des produits) – CF communes

Fiche ressource 4

Le raisonnement marginal

Le raisonnement marginal vient en complément des autres techniques de calcul de coûts. Sa finalité principale est de répondre à la question : « Peut-on accepter une commande supplémentaire ? » Par abus de langage, on appelle « coût marginal » la mise en pratique du raisonnement marginal. C'est pourquoi il est important de comprendre que le coût marginal n'est pas un coût de plus avec sa propre classification des charges. Il s'agit simplement d'une méthode de raisonnement qui mobilise les concepts de charges fixes et variables évoqués précédemment (voir fiche ressource 2).

I Le coût marginal et le résultat marginal

Le **coût marginal** d'une unité est le coût supplémentaire engendré par la production d'une unité supplémentaire. Cette unité supplémentaire peut être un objet unique ou un lot ou une série d'objets identiques.

La réalisation de cette unité supplémentaire donne lieu à deux situations possibles :

– s'il n'y a pas de changement de la structure, la nouvelle unité peut être réalisée dans la capacité actuelle de production : le coût marginal est égal au coût variable ;

– s'il y a un accroissement des charges de structure, l'unité supplémentaire oblige à investir dans une structure nouvelle : le coût marginal est égal au coût variable auquel s'ajoute l'augmentation des charges fixes liées à cette nouvelle structure.

On appellera « **résultat marginal** » la différence entre le chiffre d'affaires et le coût marginal. Tant que ce résultat marginal est positif, l'entreprise a intérêt à accepter ce supplément de production.

II Le coût moyen

Il ne faut pas se laisser piéger par le coût moyen, qui peut amener à une analyse erronée.

Le coût moyen (qui est toujours un coût unitaire) s'obtient en divisant le coût total par le nombre d'unités.

Il intègre, outre les charges variables, la totalité des charges fixes, qui sont alors réparties dans la totalité de la production.

Plus la production augmente à structure équivalente, plus les charges fixes sont réparties sur un grand nombre d'unités. Leur poids respectif dans le coût unitaire baisse. C'est le principe des économies d'échelle.

Lorsqu'un changement de structure se produit, les nouvelles charges fixes générées par ce changement sont noyées elles aussi dans l'ensemble de la production.

Exemple 1

L'entreprise Alfa fabrique un produit complexe vendu 4 500 € l'unité. Avec sa structure actuelle, elle est capable de fabriquer jusqu'à 5 unités. Au-delà, il faut investir dans une nouvelle ligne de production entraînant un surcoût de charges fixes de 6 000 €.

Les données sont synthétisées dans le tableau suivant :

Niveau d'activité (mesuré en nombre d'unités produites) (a)	3 unités	4 unités	5 unités	6 unités
CV (b)	3 000	4 000	5 000	6 000
CF (c)	9 000	9 000	9 000	**15 000**
CT (d) = (b)+(c)	**12 000**	**13 000**	**14 000**	**21 000**
CVu (b)/(a)	1 000	1 000	1 000	1 000
CFu (c)/(a)	3 000	2 250	1 800	2 500
Coût moyen (d)/(a)	4 000	3 350	2 800	3 500
Coût marginal		↘ 1 000 ↗ (13 000 – 12 000)	↘ 1 000 ↗ (14 000 – 13 000)	↘ 7 000 ↗ (21 000 – 14 000)

On voit que le coût marginal de la 6e unité est de 7 000 € (1 000 € de CV + 6 000 € d'augmentation de CF liées à ce changement de structure). Cette unité doit donc être vendue au minimum 7 000 € pour être rentable. Autrement dit, si l'entreprise se situe au niveau 5 de production (5 unités), cela ne vaut pas la peine qu'elle accepte la commande d'une unité supplémentaire si cette unité n'est pas vendue au moins 7 000 €.

Pourtant, si on regarde le coût moyen des 6 unités, on pourrait croire que la 6e unité ne coûte que 3 500 € et qu'elle pourrait donc être vendue au minimum 3 500 €. Ceci est inexact car le coût moyen répartit toutes les charges fixes anciennes et nouvelles sur toutes les unités. Cela veut dire que chaque unité se voit affecter une part égale des 15 000 €. Or, dans ces 15 000 €, seuls 9 000 € concernent réellement les unités précédentes. Il n'est pas vraiment logique de leur faire supporter une part des 6 000 € de charges fixes supplémentaires. C'est pourtant ce que fait le coût moyen !

Exemple 2

Cinq amis se rendent à un concert dans une voiture louée 100 €. Ils décident de partager les frais sur la base du coût moyen : 100 / 5 = 20 €.
Un ami supplémentaire s'introduit dans le groupe au dernier moment, obligeant la location d'un second véhicule. Sur la base du coût moyen, dire que chaque ami a coûté : (100 + 100) / 6 = 33,33 € est une certitude.
Mais dire que le dernier ami a coûté lui aussi 33,33 € serait une erreur. Le dernier ami a coûté 100 € (le coût marginal). Le fait qu'il ne coûte que 33,33 € suppose que les amis déjà présents acceptent de supporter une part plus forte de charges fixes de location dont ils ne sont pour rien à l'origine.

Une unité produite ne pouvant pas « accepter » délibérément un surcoût, seule l'approche marginale permet de savoir ce que coûte réellement l'unité supplémentaire.

III Le raisonnement marginal et le raisonnement global

Pour savoir si une commande peut être acceptée, on raisonnera de deux façons complémentaires :
— marginalement : on calcule le coût de l'unité supplémentaire que l'on compare au prix de vente de cette unité (on met en évidence le résultat marginal) ;
— globalement : on compare le résultat global avant et après acceptation.

Exemple 1 (suite)

L'entreprise Alfa produit régulièrement 4 unités. Un nouveau client exceptionnel propose d'acheter une unité à 3 000 €. Doit-elle accepter ?
• Selon le raisonnement marginal : le coût de la 5e unité est de 1 000 €. Le résultat marginal engendré par cette vente est de : 3 000 – 1 000 = 2 000 €. L'entreprise a intérêt à accepter la commande.
• Selon le raisonnement global :
– Elle n'accepte pas la commande :
CA = 4 × 4 500 = 18 000 €
CT = 13 000 € (pour 4 unités)
R = 18 000 – 13 000 = 5 000 €
– Elle accepte la commande :
CA = (4 × 4 500) + 3 000 = 21 000 €
CT = 14 000 € (pour 5 unités)
R = 21 000 – 14 000 = 7 000 €
Le résultat augmente de 2 000 € : l'entreprise a intérêt à accepter la commande.

Fiche ressource 5

La pertinence des coûts partiels

I Les différents coûts partiels

Comme son nom l'indique, un coût partiel est un coût qui n'est pas complet, c'est-à-dire qu'il n'intègre pas la totalité des charges.
Comme les charges peuvent être à la fois fixes ou variables et directes ou indirectes, il est possible de représenter trois coûts pouvant être calculés pour un objet de coûts :

— un coût complet :

Coût complet	Charges directes	Charges indirectes
Charges variables		
Charges fixes		

Remarque : les charges fixes directes sont aussi appelées « charges fixes spécifiques » (voir fiche ressource 2).

— deux coûts partiels :

Coût variable	Charges directes	Charges indirectes
Charges variables		
Charges fixes		

Coût spécifique	Charges directes	Charges indirectes
Charges variables		
Charges fixes		

II La pertinence de la méthode des coûts partiels

La pertinence d'un coût partiel commence par son choix. Autrement dit, il faut savoir quel coût partiel utiliser en fonction de la décision à prendre. Par exemple, savoir jusqu'à quel seuil baisser un tarif pour accepter une commande exceptionnelle qui n'engendre pas de frais de structure mobilise le coût variable.

> Exemple
>
> Une entreprise qui goudronne une route est sollicitée par un riverain pour combler un petit trou dans sa cour. À combien facturer cette intervention ? Ce travail ne nécessitant aucun frais de structure supplémentaire, le chef d'entreprise pourra s'appuyer sur le coût variable de l'intervention, constitué essentiellement du goudron.

L'abandon d'une activité pose plus de problème. En effet, si les charges variables vont quasiment disparaître dès l'arrêt de la fabrication, il en va autrement des charges fixes spécifiques, qui demandent parfois un délai plus ou moins long avant leur disparition (restructuration, déplacement de l'activité, plan social…).

> Exemple
>
> Une entreprise a évalué son coût horaire de nettoyage par son personnel à 17 € de coût variable et 3 € de coût fixe spécifique, soit un total de 20 €. Un prestataire lui propose une prestation à 19 € de l'heure. Doit-elle accepter l'abandon de son activité interne au profit du prestataire ?
>
> Si ses coûts fixes spécifiques sont immédiatement supprimés, l'entreprise a alors intérêt à payer le prestataire 19 € au lieu des 20 € de coût spécifique en interne. Le coût spécifique est ici la référence.
>
> En revanche, s'il faut du temps pour réduire les frais fixes spécifiques, l'entreprise n'a pas intérêt, pour l'instant, à payer 19 € au prestataire + 3 € (frais fixes spécifiques non supprimés) = 22 € au lieu des 20 € de coût en interne. Pour être intéressante, la proposition du prestataire devrait se situer en dessous du coût variable de 17 €, qui devient la référence.

Fiche ressource 6

L'utilisation des outils statistiques et du tableur dans le calcul des coûts partiels

Le tableur est un outil très utile dans le cadre des calculs de coûts. Les exemples suivants sont issus du tableur Excel de Microsoft.

I Rappel des notions de corrélation et d'ajustement

La corrélation exprime l'intensité de la liaison entre deux variables X et Y. Par exemple, l'évolution du chiffre d'affaires (Y ou **variable expliquée**) en fonction des frais de publicité dépensés (X ou **variable explicative**).

La corrélation peut être positive (les deux variables varient dans le même sens) ou négative (elles varient dans un sens opposé) et s'exprime par un coefficient compris entre – 1 (corrélation négative) et + 1 (corrélation positive).

Il est convenu que la corrélation soit forte (bonne corrélation) lorsque la corrélation positive est > 0,75 et la corrélation négative est < – 0,75.

Dès que les deux variables présentent une bonne corrélation, il est utile d'ajuster les données par une fonction **y = f(x)** qui, selon l'allure des données d'origine (linéaire ou courbe), peut être de type fonction linéaire ou fonction exponentielle (il y a d'autres types d'ajustement mais ils dépassent le cadre de cette fiche).

Ajustement linéaire

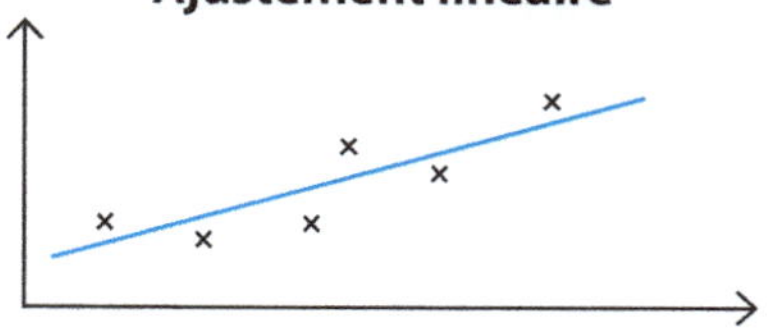

Ajustement exponentiel

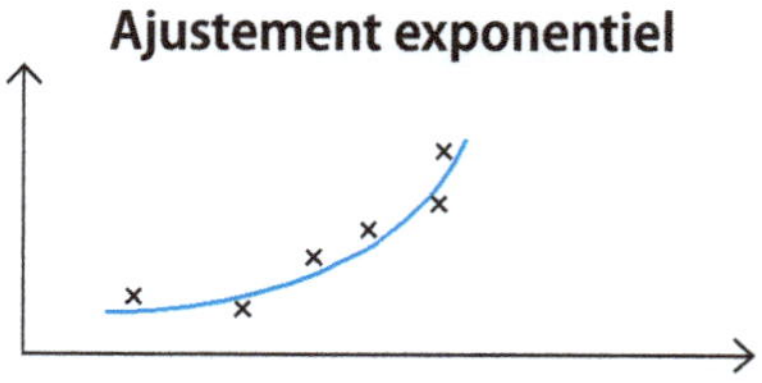

II Le calcul de la corrélation dans le tableur

On utilisera la fonction COEFFICIENT.CORRELATION(Matrice1;Matrice2).

« Matrice1 » et « Matrice2 » représentent deux plages différentes de cellules de valeurs.

Attention : les deux matrices doivent être de même dimension (avoir le même nombre de valeurs).

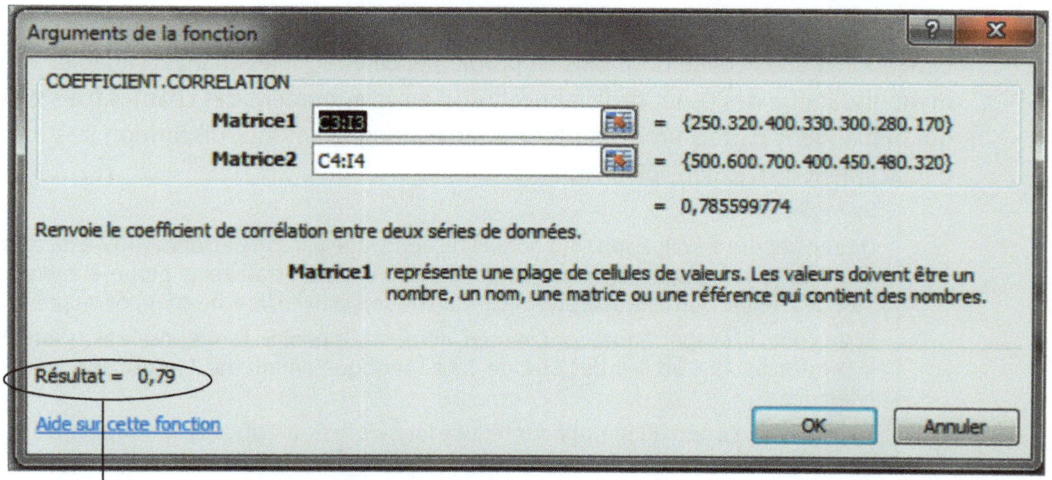

Le résultat est > 0,75 : la corrélation est bonne.

III L'ajustement linéaire

On pratique un ajustement linéaire en modélisant les données par une fonction du type **Y = aX + b, où le coefficient a représente la pente et b l'ordonnée à l'origine.**
On calcule ces coefficients à l'aide des fonctions suivantes.

1. La fonction PENTE

PENTE(Y_connus;X_connus)
Y_connus : variable expliquée ; X_connus : variable explicative.

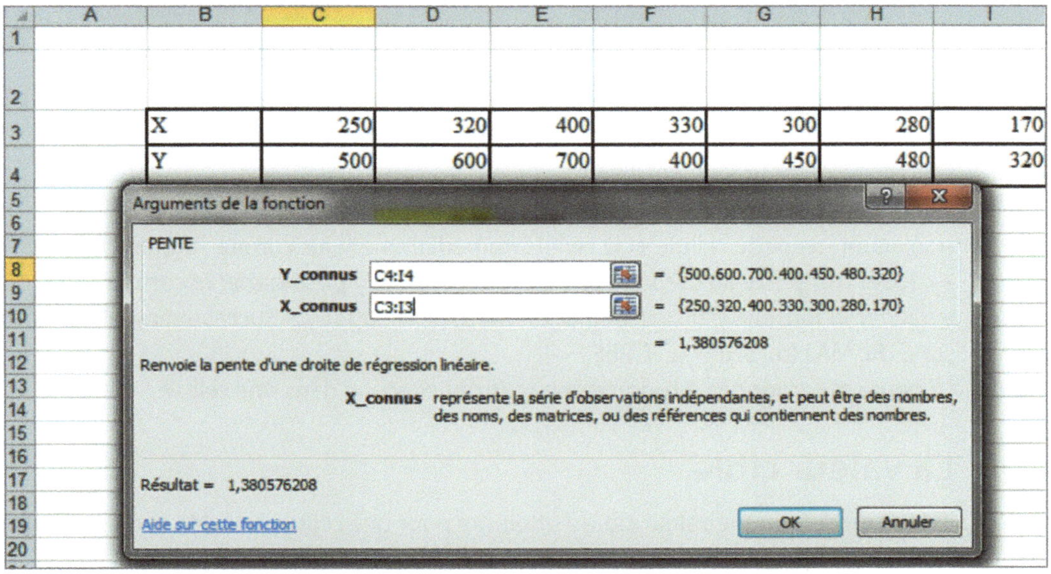

2. La fonction ORDONNEE.ORIGINE

ORDONNEE.ORIGINE(Y_connus;X_connus)
Y_connus : variable expliquée ; X_connus : variable explicative

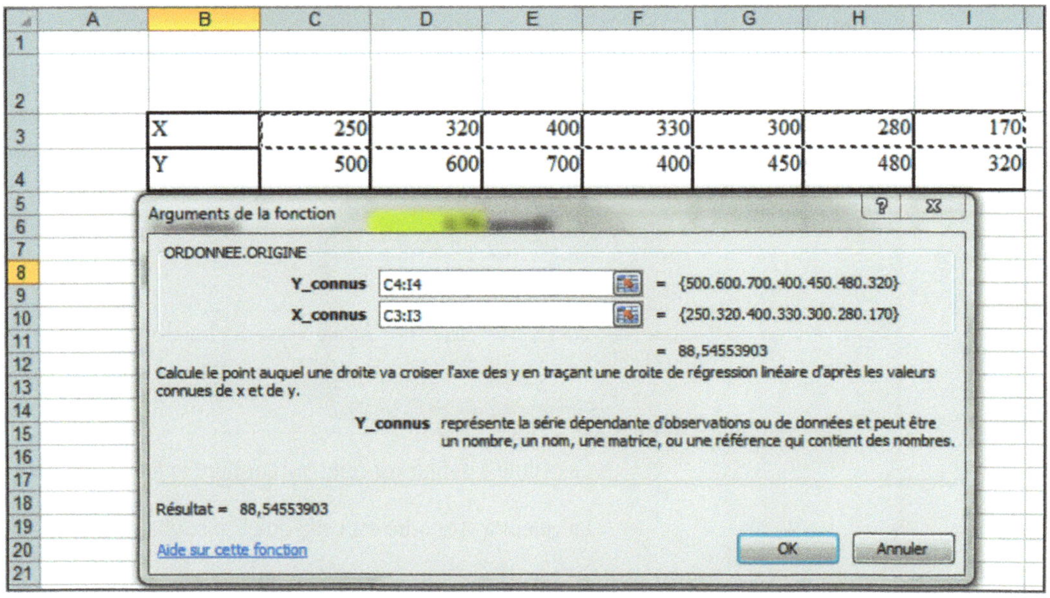

3. La fonction DROITEREG

Cette fonction permet de calculer simultanément les deux coefficients a et b.
DROITEREG(Y_connus;X_connus)
Y_connus : variable expliquée ; X_connus : variable explicative.
Les autres paramètres ne sont pas indispensables.
Attention : DROITEREG donne simultanément les coefficients a et b de la droite de type Y = aX + b. Elle renvoie donc deux résultats en même temps.
Ces résultats sont stockés dans la mémoire de l'ordinateur sous forme d'une matrice à une ligne et deux colonnes.

a (pente)	b (ordonnée à l'origine)

Par défaut, la fonction ne renverra que la valeur de la colonne de gauche, c'est-à-dire le coefficient a de la droite aX + b (pente). On ne verra s'afficher qu'une valeur !
C'est la raison pour laquelle il faut :
– saisir la formule dans une cellule de son choix et valider ;
– sélectionner cette cellule et la cellule immédiatement à sa droite (cliquer-glisser) ;
– cliquer n'importe où dans la barre de formule pour y positionner le curseur ;
– valider la formule par une validation matricielle : appuyer successivement et sans relâcher sur CTRL MAJ (ou SHIFT) ENTREE.
La pente et l'ordonnée à l'origine apparaîtront chacune dans une cellule.

IV La valeur cible

Il s'agit de définir une valeur cible à atteindre pour une cellule calculée et d'observer les modifications sur la variable source.

Exemple

Un étudiant s'est fait confisquer son téléphone portable par son professeur de mathématiques. Ce dernier lui indique qu'il lui rendra son appareil s'il lui donne le code magique tel que le résultat d'une formule qu'il a saisie dans un tableur soit égal à 1 000. Il lui communique le fichier Excel mais la formule est tellement compliquée que l'étudiant ne peut en déduire le code. Il ne lui reste donc plus qu'à essayer tous les codes possibles par tâtonnement… ou utiliser la fonctionnalité de valeur cible (données → analyse scénarios) :

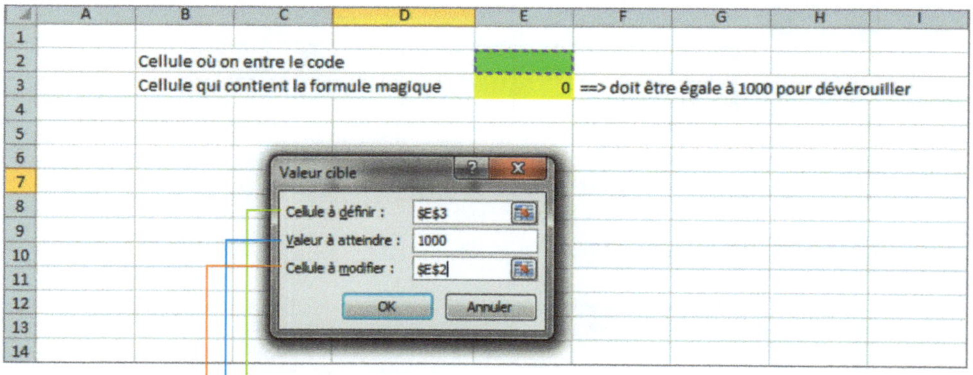

→ La cellule à définir est celle qui contient la formule de calcul.

→ La valeur à atteindre est celle que l'on souhaite obtenir (1 000).

→ La cellule à modifier est la cellule de saisie (qui intervient obligatoirement dans la formule de calcul) et que l'ordinateur va faire varier tant qu'il ne trouve pas la valeur à atteindre.

Applications

P7
1 Les charges mixtes

L'entreprise Bonbeur fabrique des produits pour lesquels elle utilise une grande quantité d'eau. Elle s'interroge sur l'éventuelle corrélation entre les quantités de produits fabriqués et le volume d'eau consommé (document).

1. **À l'aide d'un tableur, déterminez le coefficient de corrélation entre ces deux séries de données. Concluez sur la variabilité de ces charges.**
2. **Utilisez le tableur pour obtenir les coefficients de l'équation de la droite de régression (on souhaite connaître les coefficients a et b de l'équation de type y = ax + b, où y représente l'eau consommée et x les quantités de produits fabriqués. Déduisez-en la part fixe et la part variable de la charge d'eau.**
3. **Estimez le montant de la charge d'eau si la production est de 280 unités.**

Document **Consommation d'eau pour le 1er semestre N**

Quantité de produits fabriqués	Consommation d'eau en €
273	5 250
279	5 360
266	5 128
131	2 588
274	5 265
260	5 134

P7
2 L'analyse des charges par variabilité

L'entreprise Rosette fabrique un produit unique. La production s'effectue par lot de 2 000 unités. L'entreprise produit actuellement jusqu'à 10 000 unités par mois mais elle est techniquement capable d'en produire jusqu'à 12 000.
Les charges mensuelles sont résumées dans le tableau ci-après (document p. suivante).

1. **Calculez les charges unitaires dans un tableau. À partir de l'analyse des charges de l'énoncé (document) puis du tableau construit, indiquez quelles sont les charges fixes, variables et mixtes.**
2. **À l'aide d'un tableur, analysez la corrélation des charges mixtes par rapport au nombre d'unités produites. Que peut-on en conclure en matière d'ajustement ?**
3. **Utilisez la fonction DROITEREG pour déterminer l'équation de la droite d'ajustement des charges mixtes (Y = aX + b) permettant d'obtenir la part variable (a) et la part fixe (b).**
4. **Déduisez-en le coût total mensuel (Y) en fonction du nombre d'unités produites (X) par une équation de type Y = aX + b, où a représente le montant total des charges variables unitaires et b le montant global des charges fixes.**
5. **Calculez le coût unitaire complet dans le cas d'une production de 10 000 unités puis d'une production de 12 000 unités. Expliquez la variation constatée.**

Document Composition mensuelle du coût du produit

Éléments de charges	Nombre d'unités produites				
	2 000	4 000	6 000	8 000	10 000
Matières premières	1 200 000	2 400 000	3 600 000	4 800 000	6 000 000
Frais de personnel	400 000	800 000	1 200 000	1 600 000	2 000 000
Autres charges de production	520 000	540 000	560 000	580 000	600 000
Charges de distribution	144 000	288 000	432 000	576 000	720 000
Autres charges	1 600 000	1 600 000	1 600 000	1 600 000	1 600 000

3 Les charges par variabilité et les coûts partiels

La menuiserie FabyBois exerce une double activité :
– la fabrication et la pose de placards et charpentes ;
– la pose de fenêtres et portes achetées à une autre entreprise.
Pour l'exercice N, la comptabilité fournit des données (document).

1. **Présentez le compte de résultat permettant de faire apparaître le résultat comptable.**
2. **Présentez le compte de résultat différentiel pour chaque activité et retrouvez le solde du compte de résultat.**
3. **Commentez les résultats obtenus.**

Document Composition du coût du produit

Achats de bois et de fournitures[1]	204 760
Achats sur commande de fenêtres et portes	180 720
Achats de fournitures non stockées *(indépendantes de l'activité)*	31 400
Autres achats et charges externes *(indépendants de l'activité)*	77 120
Impôts, taxes et versements assimilés	26 500
Salaires et charges sociales *(les salariés sont mensualisés)*	828 300
Dotations aux amortissements	183 100
Intérêts des emprunts	31 160
Ventes de portes et fenêtres posées	663 900
Ventes de placards et charpentes	1 026 700
Produits financiers[2]	2 150

1. Ne concernent que la fabrication des placards et charpentes.
2. Il s'agit des intérêts produits par la trésorerie excédentaire.

L'analyse des charges a permis de reclasser les éléments suivants :	Fenêtres et portes	Placards et charpentes	Administration de l'entreprise
Autres achats et charges externes et achats de fournitures non stockées	30 280	49 900	28 340
Salaires et charges sociales	180 800	510 100	137 400
Dotations aux amortissements	37 700	110 140	35 260

4 Les coûts partiels

L'entreprise Magret réalise et vend trois produits différents : Tic, Tac et Toc.
Pour l'exercice N, la comptabilité fournit des données (document).

1. **Présentez le compte de résultat différentiel pour chaque produit. Faites apparaître la marge sur coût spécifique unitaire et le résultat global.**
2. **Calculez le résultat par produit (total et unitaire) en tenant compte de la répartition des charges fixes communes proposée.**
3. **Rédigez un compte rendu contenant toutes les remarques nécessaires.**

Document **Renseignements économiques de l'année N**

Produits	CV	CF spécifiques	CF communes
Tic	50 000	2 000	38 000
Tac	120 000	2 700	
Toc	150 000	4 100	

Produits	Prix de vente	Quantité vendue
Tic	6,5	10 000
Tac	23	6 000
Toc	34	5 000

Afin de calculer un résultat par produit, il a été décidé de répartir les charges fixes communes en proportion des frais de personnel suivant :
– pour Tic : 30 000 € ;
– pour Tac : 70 000 € ;
– pour Toc : 90 000 €.

5 Le coût marginal

Pour le mois d'octobre N, l'entreprise Rosette (voir application 2) enregistre les commandes suivantes :
– 10 000 unités vendues au prix habituel de 1 800 € ;
– une commande supplémentaire de 2 000 unités qui permettrait de pénétrer un nouveau marché et qui serait livrée au prix préférentiel de 1 000 € l'unité.

Démontrez, par un raisonnement global puis marginal, que cette commande supplémentaire doit être acceptée.

6 Le coût marginal

L'entreprise Moncanard fabrique un produit vendu 125 €. Ce produit est fabriqué par série de 40 unités (il n'est pas possible de faire moins de 40 unités chaque fois qu'une fabrication est lancée).
La structure actuelle permet une production de 5 séries par mois.
Les charges variables unitaires s'élèvent à 96 € et les charges fixes mensuelles à 2 500 €.
Pour dépasser la production de 200 unités par mois, il faudrait investir dans de nouvelles machines, ce qui aurait pour conséquence le doublement des charges fixes mensuelles.

Un nouveau client propose d'acheter chaque mois, au prix habituel (125 €), une ou plusieurs séries. La fabrication de ces nouvelles séries s'ajouterait aux 5 séries habituellement fabriquées.

- **Démontrez si l'entreprise Moncanard a intérêt à accepter cette commande supplémentaire selon qu'elle porterait sur 40, 80 ou 120 unités par mois.**

7 Le coût marginal

L'entreprise Confidoi fabrique des paquets de deux cuisses d'oie en confit emballées sous vide.
La fabrication ne peut être lancée que par série de 100 paquets.
Chaque paquet de deux cuisses présente un coût variable de 1,5 €.
Les charges fixes globales s'élèvent à 1 000 € par mois.
La production actuelle est limitée à 4 séries par mois.
L'entreprise peut augmenter sa production par la location (obligatoirement pour une durée minimale d'un mois) d'une seconde machine à vide d'air. Cette machine permettrait d'étendre la capacité de production jusqu'à 8 séries par mois.
Les charges fixes globales s'élèveraient alors à 1 800 € par mois.

1. **Complétez le tableau ci-dessous.**

Niveau d'activité (Nombre de paquets)	100	200	300	400	500	600
Charges variables						
Charges fixes						
Coût total						
Coût moyen unitaire d'une série						
Coût moyen unitaire d'un paquet						

2. **En supposant qu'au mois de janvier, la fabrication prévisionnelle soit de 3 séries et qu'un client nous propose d'acheter une série supplémentaire au prix de 2 € le paquet, indiquez si l'entreprise a intérêt à accepter cette commande.**
3. **En supposant qu'au mois de janvier, la fabrication prévisionnelle soit de 4 séries et qu'un client nous propose d'acheter une série au prix de 6 € le paquet, indiquez si l'entreprise a intérêt à accepter cette commande.**
4. **En supposant qu'au mois de janvier, la fabrication prévisionnelle soit de 5 séries et qu'un client nous propose d'acheter 50 paquets à 5 € pièce, indiquez si l'entreprise a intérêt à accepter cette commande.**

Chapitre 6

L'analyse de la variabilité des coûts et des résultats

Activité
5.2. Calcul, contrôle et analyse des coûts de revient des activités, produits et services de l'organisation

Composante d'activité
5.2.4. Évaluation des coûts et des marges et leur suivi
5.2.5. Analyse de la variabilité des coûts et des résultats obtenus

Compétences
– Calculer les coûts par une méthode répondant aux besoins des gestionnaires, expliquer les résultats en soulignant l'intérêt et les limites de la méthode (méthode de l'imputation rationnelle des charges fixes)
– Mesurer l'impact des décisions de gestion sur les coûts et évaluer le risque

P7
Une utilisation du tableur adaptée aux besoins de l'utilisateur pour effectuer et automatiser les calculs et effectuer les simulations d'activité prévisibles (gestionnaire de scénarios, valeur cible, graphiques)

Situation professionnelle

Vous poursuivez votre stage dans le cabinet comptable qui tient la comptabilité de la société de transports de personnes VTC (véhicules de tourisme avec chauffeur) Luxury.

Depuis quelque temps, le climat économique s'est véritablement dégradé et la société risque de subir de graves pertes. Son dirigeant, M. Lescure, doit réagir.

Mission

Compte tenu de votre analyse (chapitre 5), M. Lescure s'apprête désormais à prendre des décisions pour retrouver une performance financière satisfaisante. Il vous demande d'évaluer le risque d'exploitation et de mettre en place des outils de simulation qui lui permettront de mesurer l'impact de ses décisions sur les résultats de l'entreprise.

Travail à faire

I Évaluer le risque d'exploitation

M. Lescure souhaite avoir une vision synthétique de son risque d'exploitation. À partir des travaux déjà réalisés, vous procédez à une analyse de ce risque.

1. **Complétez le compte de résultat différentiel de l'année N avec les pourcentages nécessaires.** Annexe 1 · Fiche ressource 1

2. **Calculez le seuil de rentabilité, le point mort, la marge de sécurité et l'indice de sécurité pour les véhicules BMW et Mercedes Classe V en complétant l'annexe 2.** Annexe 2 · Fiche ressource 2 · Fiche ressource 3

3. **Procédez à une évaluation du risque d'exploitation en commentant les résultats obtenus.** Annexe 3 · Fiche ressource 4

II Mesurer l'impact des décisions sur les coûts

M. Lescure a collecté auprès de son syndicat des informations sur l'évolution du marché en N+1. Compte tenu du risque d'exploitation désormais connu, il vous demande d'effectuer quelques simulations pour l'année à venir, en France et en Belgique.

4. **Pour l'activité française et le véhicule Mercedes Classe V, procédez aux simulations envisagées pour l'année N+1 dans les trois hypothèses présentées. Réalisez un compte rendu de ces résultats.** Annexe 4

5. **Concernant le projet d'implantation en Belgique, complétez le tableau qui a été ébauché par le dirigeant pour les structures proposées. Que constatez-vous ? Quelle en est la cause ?** Annexe 5 · Annexe 6 · Fiche ressource 5

P7 **6.** **À l'aide d'un tableur, vérifiez les résultats de la question précédente par un graphique comparant les CF et la MsCV totale.**

III Cibler un seuil de rentabilité en quantité

M. Lescure est confiant au sujet du marché belge et désire vraiment s'y implanter.

P7 **7.** **Pour chaque structure, calculez le SR en valeur puis, de deux façons différentes, le SR en quantité (nombre d'heures à facturer). À l'aide de la valeur cible, vérifiez le calcul du SR en valeur et en quantité pour chaque structure. Déduisez-en le nombre minimal de véhicules qu'il faut implanter en Belgique dans chacune des structures envisagées.** Annexe 5 · Fiche ressource 2

IV Utiliser la méthode de l'imputation rationnelle des charges fixes

M. Lescure s'est finalement implanté en Belgique avec 4 véhicules. L'activité a commencé en novembre N. Le responsable de la filiale communique les données relatives au premier trimestre N+1.

8. **Complétez le tableau de l'annexe 7 et déduisez-en que les salariés ne sont pas responsables de la variation du coût unitaire de l'heure facturée.**

Annexe 7
Fiche ressource 6

9. **Indiquez le seul élément responsable de cette variation.**

10. **À partir du mois de mars N+1, M. Lescure aurait-il raison d'augmenter son prix de vente à 60 € alors que le prix moyen du marché est de 55 € ? Pourquoi l'information de mars N+1, qui sert de base à cette décision, n'est-elle pas pertinente ?**

M. Lescure prend conscience que l'utilisation du coût total complet, qui lui semblait pourtant la meilleure méthode pour fixer son prix de vente, n'est pas adaptée. Il vous sollicite pour résoudre son problème.

11. **Calculez le coût unitaire en mettant en œuvre la méthode de l'imputation rationnelle des charges fixes pour chaque mois du 1er trimestre N+1.**

Annexe 7
Annexe 8
Fiche ressource 7

12. **Analysez les résultats obtenus en les comparant aux données de l'annexe 7.**

13. **Calculez et interprétez la différence d'imputation rationnelle pour chaque mois.**

Données de la situation

Annexe 1 Le compte de résultat différentiel

	Total	Audi A4				BMW Série 7				Mercedes Classe V			
		Qté heures	Montant unitaire	Montant global	%	Qté heures	Montant unitaire	Montant global	%	Qté heures	Montant unitaire	Montant global	%
Chiffre d'affaires	1 086 000	9 000	60	540 000		4 800	90	432 000		1 900	60	114 000	
Charges variables	293 000	9 000	15	135 000		4 800	25	120 000		1 900	20	38 000	
Marge sur coût variable	793 000	9 000	45	405 000		4 800	65	312 000		1 900	40	76 000	
Charges fixes spécifiques	376 996			189 600				138 496				48 900	
Marge sur coût spécifique	416 004			215 400				173 504				27 100	
Charges fixes communes	301 216												
Résultat	114 788												

Annexe 2 Tableau d'analyse du risque d'exploitation

		Audi A4	BMW Série 7	Mercedes Classe V
Charges fixes	(a)	189 600	138 496	48 900
Tx MsCV	(b)	75 %		
SR	(a) / (b)	252 800		
Point mort en jours		168,53		
Date du PM		19/06/N		
Marge de sécurité		287 200		
Indice de sécurité		53,19 %		

Annexe 3 Données statistiques sur l'activité VTC (ensemble de la branche)

Taux de marge sur coût variable moyen : 55 %

Indice de sécurité moyen : 40 %

Point mort habituellement constaté : juillet-août

Annexe 4 Prévisions pour l'exercice N+1

Vous : Vous vouliez me voir pour faire des simulations ?

M. Lescure : Oui, en effet. Je rentre d'une réunion avec notre syndicat professionnel. Les prévisions pour l'année N+1 sont difficiles à envisager compte tenu du contexte économique aléatoire. Le syndicat de notre profession envisage trois hypothèses :

– la première est neutre : maintien de l'activité et des prix de vente au même niveau que l'année N. On ne devrait pas constater de modification dans les charges ;

– la deuxième est optimiste : augmentation de l'activité de 10 %. Les prix de vente seront augmentés de 5 % et l'ensemble des charges ne subiront qu'une hausse liée à l'inflation de l'ordre de 0,5 % ;

– la troisième est pessimiste : réduction de 30 % de l'activité (du fait du conflit avec les taxis). Les prix de vente seraient toutefois maintenus au même niveau qu'en année N. Le risque d'augmentation du prix du pétrole brut associée à celle de l'inflation générerait une augmentation de l'ensemble des charges de 10 %.

Vous : Qu'envisagez-vous ?

M. L. : Eh bien, j'aimerais que vous synthétisiez les résultats prévisionnels de mon activité dans ces trois hypothèses pour le véhicule Mercedes Classe V uniquement. J'aimerais connaître l'impact sur les coûts, les marges, les indicateurs liés au risque d'exploitation…, mais ce qui m'importe, c'est d'avoir une présentation synthétique de tout cela. Voici une présentation type fournie par mon syndicat que j'ai complétée avec les valeurs de l'année N…

• • •

•••

	Mercedes Classe V		
	H1 (neutre)	H2 (optimiste)	H3 (pessimiste)
CA	114 000		
CV	38 000		
MsCV	76 000		
Taux de MsCV			
Charges fixes spécifiques	48 900		
Marge sur coût spécifique	27 100		
SR	73 350		
Date du PM	22/08/N		
Marge de sécurité	40 650		
Indice de sécurité	35,66 %		

Annexe 5 Prévisions pour l'implantation en Belgique

M. Lescure projette toujours d'ouvrir une filiale en Belgique, où la concurrence est moins rude. Il vous soumet l'étude des charges et produits concernant cette implantation éventuelle.

Dans un premier temps, seule une activité constituée de **berlines type Audi A4** serait implantée. **Chaque véhicule** pourrait fonctionner **2 000 heures par an**.

Le comptable belge a évalué les charges et les produits liés à cette activité :

– **tarif horaire envisageable : 55 €** (prix moyen du marché) ;
– **charges variables unitaires : 13 € l'heure** ;
– deux possibilités de structures de démarrage sont à envisager dans un premier temps. Pour chaque structure, il est possible d'envisager l'implantation d'un certain nombre de véhicules (l'évolution du montant des charges fixes entre chaque structure est surtout liée aux charges de personnel et au coût de l'immobilier) :

	Nombre d'Audi A4	Nombre d'heures qu'il semble possible de facturer annuellement	Montant des charges fixes annuelles
Structure 1	4	8 000 h	300 000 €
Structure 2	5	10 000 h	500 000 €

Annexe 6 Tableau à compléter

Prix de vente de l'heure : 55 €		
Coût variable de l'heure : 13 €		
	Activité	
	Structure 1	Structure 2
Heures	8 000	10 000
MsCV unitaire		
MsCV totale		
CF		
Résultat		

Annexe 7 Données réelles de la filiale belge pour le 1er trimestre N+1

L'implantation en Belgique a été réalisée sur la base des prévisions, soit quatre Audi A4 dans la structure 1. Le prix de vente de l'heure a été fixé à 55 € (prix moyen du marché).
Le montant des charges fixes réelles annuelles a été calculé à 312 000 € pour N+1, soit 26 000 € par mois.
Les charges variables unitaires sont finalement de 13,50 € par heure (essentiellement constituées de carburant).

	Janvier	Février	Mars
Activité (nombre d'heures réellement facturées)	720	730	560
Charges variables totales	9 720,00	9 855,00	7 560,00
Charges fixes totales	26 000,00	26 000,00	26 000,00
Coût total	**35 720,00**	**35 855,00**	**33 560,00**
Coût unitaire de l'heure facturée	**49,61**	**49,12**	**59,93**
Dont charges variables	?	?	?
Dont charges fixes	?	?	?

Au vu des coûts pour les mois de janvier et février, M. Lescure pensait pouvoir proposer un prix de vente de 50 €, ce qui aurait rendu son entreprise très concurrentielle.
Il est toutefois déçu pour mars N+1. Il est persuadé que ses employés ont gaspillé ou volé du carburant et que c'est la raison pour laquelle le coût unitaire de l'heure facturée est aussi élevé.
Il pense relever ses prix et facturer l'heure à 60 € pour couvrir ses charges, même s'il est conscient du risque de perte de clientèle que cela engendrerait.

Annexe 8 Entretien avec M. Lescure

Vous : Vous vouliez me voir au sujet du coût complet ?
M. Lescure : Effectivement, je suis désemparé ! Je comprends bien que le coût complet, qui réunit charges variables et fixes, est utile mais hélas, je ne peux pas l'utiliser. Du fait des variations de mon activité, le coût unitaire varie lui aussi et il m'est difficile de différencier qui, du coût fixe ou du coût variable, est à l'origine de cette variation.
Vous : C'est parfois les deux !
M. L. : Mais alors, que faire ?
Vous : L'imputation rationnelle des charges fixes devrait résoudre votre problème. Mais pour mettre en place cette méthode, vous devez m'indiquer le niveau d'activité que vous jugez normal, habituel.
M. L. : Si je me base sur mes prévisions et les données passées, je peux sans problème vous dire qu'une activité normale pour une Audi A4 est d'environ 2 000 heures facturées par an.
Vous : 2 000 heures par véhicule, ce n'est pas un chiffre irréalisable, ni totalement sous-évalué ?
M. L. : Non, non, je vous assure ! Vous pouvez utiliser 2 000 heures comme une référence normale.
Vous : Merci, je m'occupe de recalculer les coûts selon cette méthode…

Fiche ressource 1

Le taux de marge sur coût variable

Une marge est la différence entre le chiffre d'affaires et un élément de coût. La marge sur coût variable est donc la différence entre le chiffre d'affaires et le coût variable.
Sachant que le coût variable varie proportionnellement à l'activité, la marge sur coût variable reste, elle aussi, proportionnelle à l'activité. Ainsi, exprimée en pourcentage du chiffre d'affaires, le taux de marge sur coût variable est fixe. C'est pourquoi ce pourcentage est très utilisé dans les prévisions d'activité.

I Calcul et utilisation du taux de marge sur coût variable

Le taux de marge sur coût variable (Tx MsCV) est le montant de la marge sur coût variable (MsCV) pour 1 € de chiffre d'affaires. Il est possible de l'exprimer en valeur décimale (pour 1 € de CA) ou en pourcentage (pour 100 € de CA).

Exemple

Le CA d'une entreprise est de 150 €, le coût variable de 90 €.

MsCV = 150 – 90 = 60 €

Taux exprimé en valeur décimale	Taux exprimé en pourcentage
Tx MsCV = 60 / 150 = 0,40 Pour 1 € de CA, la MsCV est de 0,40 €.	Tx MsCV = (60 / 150) × 100 = 40 % Pour 100 € de CA, la MsCV est de 40 €.

1. La relation avec le coût variable

Le taux de coût variable (Tx CV) est le complément à 1 ou à 100 du Tx MsCV.

Exemple (suite)

Tx CV = 90 / 150 = 0,60 ou 60 %

Complément à 1 : 1 – 0,40 = 0,60	Complément à 100 : 100 % – 40 % = 60 %

2. La relation avec le chiffre d'affaires

Le taux de marge sur coût variable est très utile dans les prévisions car il permet d'obtenir directement un montant de la marge sur coût variable en connaissant un nouveau montant de chiffre d'affaires.

Exemple (suite)

L'entreprise a habituellement un Tx MsCV de 0,40 (ou 40 %). Son chiffre d'affaires a augmenté. Il est désormais de 300 €. En connaissant le Tx MsCV, il est possible d'obtenir directement la MsCV :
MsCV = CA × Tx MsCV = 300 × 0,40 = 120 €

II Les autres taux pouvant être calculés dans le compte de résultat différentiel

En plus des pourcentages liés au coût variable et à la marge sur coût variable, il est possible de calculer des pourcentages pour les charges fixes spécifiques et la marge sur coût spécifique.

Exemple (suite)

Élément	Montant	%
Chiffre d'affaires	150	100
– Charges variables	90	60
= Marge sur coût variable	60	40
– Charges fixes spécifiques	45	30
= Marge sur coût spécifique	15	10

On peut utiliser le Tx CV ou le Tx MsCV pour calculer directement de nouveaux montants.

On ne DOIT JAMAIS utiliser les taux liés à des éléments prenant en compte des charges fixes.

Attention ! Ces autres taux ne devront jamais être réutilisés pour effectuer des prévisions.

Fiche ressource 2

Le seuil de rentabilité

Le risque d'exploitation est le risque directement lié à l'activité de l'entreprise (c'est-à-dire à la réalisation de son chiffre d'affaires) ; c'est le risque que cette activité fluctue et soit plus faible que ce qui était prévu (si elle est plus élevée, ce n'est plus un risque !). Il est lié à l'évolution de la concurrence et d'un environnement socioéconomique et juridique en mouvement.
Les gestionnaires utilisent divers indicateurs pour évaluer ce risque, notamment le seuil de rentabilité.

I Définition du seuil de rentabilité

Le seuil de rentabilité (SR) est le montant du chiffre d'affaires à partir duquel l'entreprise commence à réaliser des bénéfices. Évalué pour une période (en général, l'année), ce montant s'appelle aussi « chiffre d'affaires critique ».
Ainsi, le seuil de rentabilité est le chiffre d'affaires minimum que doit réaliser une entreprise pour n'enregistrer ni perte ni bénéfice.
Ce chiffre d'affaires peut être exprimé en euros ou en quantité produite (ou les deux).

II Calcul du seuil de rentabilité

1. Le SR en valeur

La marge sur coût variable (MsCV) pouvant être exprimée en pourcentage du chiffre d'affaires, on peut calculer le seuil de rentabilité de la façon suivante :

$$SR = \frac{CF}{Tx\ MsCV}$$

Démonstration :

$$\underbrace{CA - CV}_{MsCV} - CF = 0^*$$

$$MsCV - CF = 0$$

$$CA \times Tx\ MsCV = CF$$

$$CA = CF / Tx\ MsCV$$

* Au niveau de chiffre d'affaires que l'on nomme « seuil de rentabilité », le résultat est nul.

Exemple

Une entreprise a vendu 46 000 unités à 0,50 € l'unité. Son compte de résultat par variabilité est le suivant :

	Montant	%
Chiffre d'affaires	23 000,00	100 % (ou 1)
Charges variables	15 333,33	66,66 % (ou 0,6666667 ou 2/3)
Marge sur coût variable	7 667,67	33,33 % (ou 0,333333 ou 1/3)
Charges fixes	5 000,00	
Résultat différentiel	2 667,00	

SR = 5 000 / 0,33333 = 15 000 €

Mise en garde : ne jamais calculer le SR en additionnant les charges variables et les charges fixes (15 333,33 + 5 000) car les charges variables ne sont jamais les mêmes.
Les 15 333,33 € de charges variables ont été engagées pour réaliser un chiffre d'affaires de 23 000 € et non pour réaliser un CA égal au SR dont on ne connaît pas encore le montant.

2. Le SR en quantité

À partir de la marge sur coût variable unitaire	À partir du seuil de rentabilité en valeur
SR_Q = CF / MsCV unitaire	SR_Q = SR / CA unitaire (ou prix de vente)
Exemple MsCV unitaire = 0,5 × 1/3 = 0,1666667 SR = 5 000 / 0,1666667 = 30 000 unités	**Exemple** SR_Q = 15 000 / 0,5 = 30 000 unités

III La représentation graphique du seuil de rentabilité

Afin de visualiser au mieux ce qu'est un SR, il est courant d'en donner une représentation graphique. Trois représentations couvrent les différentes définitions du SR.

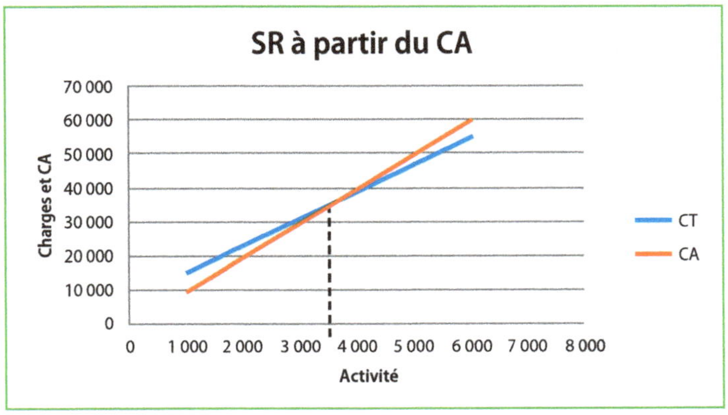

Le SR est atteint lorsque le CA dépasse le coût total.

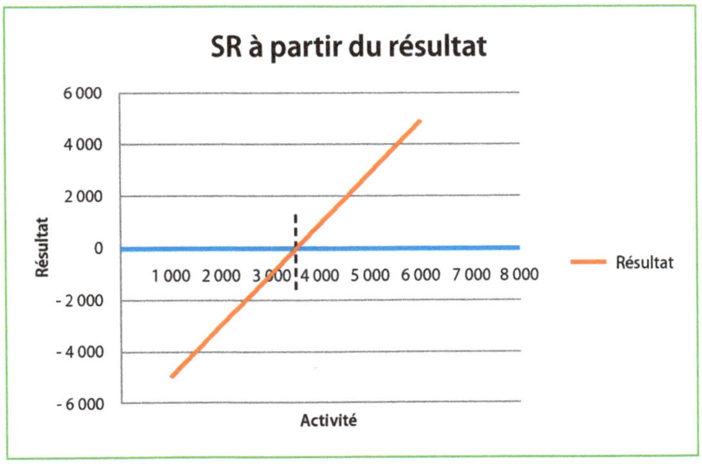

Le SR est atteint lorsque le résultat devient positif.

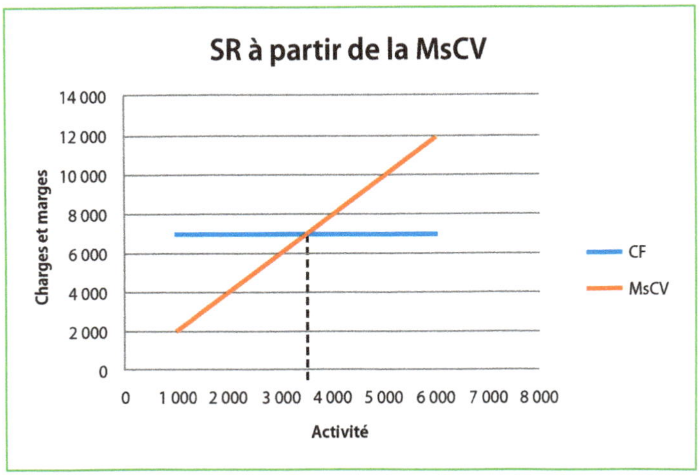

Le SR est atteint lorsque la MsCV dépasse les charges fixes.

Fiche ressource 3

Le point mort, la marge de sécurité, l'indice de sécurité

I Le point mort

Il est courant d'appeler « point mort » la **date à laquelle le SR est atteint.**
Deux situations sont à distinguer :

– l'activité est régulièrement répartie dans le temps (l'entreprise vend la même quantité chaque jour, ce qui est un cas d'école !) ;
– l'activité est irrégulièrement répartie (activité saisonnière).

1. L'activité est régulièrement répartie sur l'année

Pour les calculs avec *prorata temporis*, il est possible de retenir une année de 360 ou de 365 jours. Par simplification, nous retiendrons une année de 360 jours, soit 12 mois de 30 jours.

Étape 1 : calculer le CA moyen par jour (CA / 360).
Étape 2 : diviser le SR par ce CA journalier moyen.
Ce qui revient à utiliser la formule suivante :

$$\text{Point mort} = \frac{\text{SR}}{\text{CA} / 360}$$

Le résultat est exprimé en nombre de jours. Il faut alors le traduire en date.
(Le même raisonnement peut se faire au mois.)

Exemple

Soit une entreprise dont le CA annuel est de 23 000 €. Son SR est évalué à 15 000 €. On suppose que l'activité de l'entreprise se répartit régulièrement sur 12 mois du 1er janvier au 31 décembre.

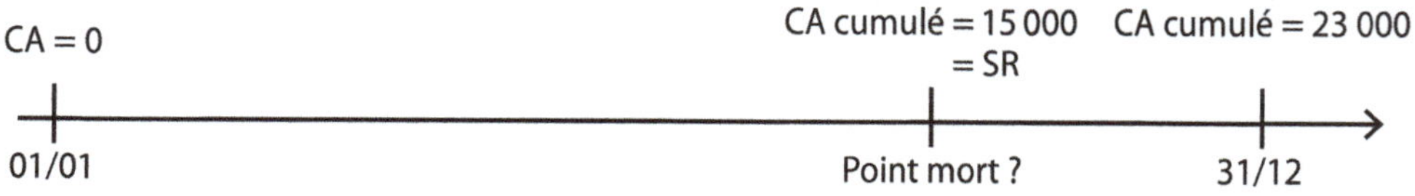

L'entreprise travaille tous les jours de l'année	L'entreprise ferme un mois en août
$\text{PM} = \frac{15\,000}{23\,000 / 12} = 7{,}83$ mois Soit 7 mois entiers et 0,83 mois $0{,}83 \times 30 = 24{,}9$ **Le point mort est atteint le 25 août.**	$\text{PM} = \frac{15\,000}{23\,000 / \mathbf{11}} = 7{,}17$ mois Soit 7 mois entiers et 0,17 mois $0{,}17 \times 30 = 5{,}1$ **Le point mort est atteint le 6 septembre (ne pas compter août).**

2. L'activité est irrégulièrement répartie sur l'année (activité saisonnière)

Étape 1 : découper l'année en périodes (mois, trimestres...).
Étape 2 : répartir le CA sur l'année, en cumulé.
Étape 3 : observer et repérer une date approchée.

Exemple (suite)

La répartition du CA s'effectue comme suit :

	J	F	M	A	M	J	J	A	S	O	N	D	Total
CA mensuel	2 000	2 500	2 200	1 500	1 300	1 600	1 100	800	1 200	3 200	3 000	2 600	**23 000**
CA cumulé	2 000	4 500	6 700	8 200	9 500	11 100	12 200	13 000	14 200	17 400	20 400	23 000	

On observe que le point mort (15 000 €) est réalisé **au cours du mois d'octobre** car fin septembre, le CA cumulé de 14 200 € n'atteint pas encore 15 000 €.

Pour affiner l'estimation, il faut réaliser une interpolation linéaire :

Fin septembre, le point mort n'est pas encore atteint	Fin octobre, le point mort est dépassé
Il manque : 15 000 – 14 200 = 800 € de CA pour atteindre 15 000 €. Au cours du mois d'octobre, on réalise un CA de 3 200 €. Soit, en une journée : 3 200 / 30 = 106,67 € 800 / 106,67 = 7,5 jours à ajouter **Le point mort est atteint le 8 octobre.**	On a dépassé le point mort de : 17 400 – 15 000 = 2 400 € de CA. Au cours du mois d'octobre, on réalise un CA de 3 200 €. Soit, en une journée : 3 200 / 30 = 106,67 € 2 400 / 106,67 = 22,5 jours à déduire 30 – 22,5 = 7,5 **Le point mort est atteint le 8 octobre.**

II La marge de sécurité

La marge de sécurité (MDS) représente la **diminution de chiffre d'affaires** que l'entreprise peut supporter **sans occasionner de perte** au niveau du résultat (être déficitaire).

MDS = CA (réalisé ou prévisionnel) – SR

Exemple (suite)

MDS = 23 000 – 15 000 = 8 000

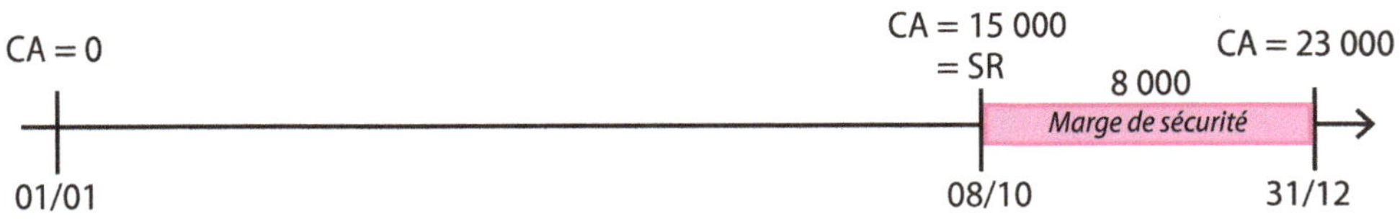

III L'indice de sécurité

L'indice de sécurité (IDS) représente le pourcentage de perte du chiffre d'affaires que l'entreprise peut supporter avant d'être déficitaire. C'est en fait la MDS exprimée en pourcentage du CA.

Exemple (suite)

IDS = 8 000 / 23 000 = 0,3478 soit 34,78 %

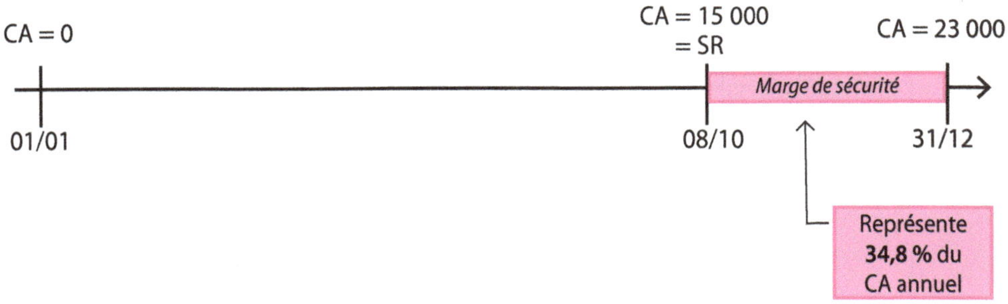

Fiche ressource 4

Synthèse de l'évaluation du risque d'exploitation

Il est important de savoir interpréter les différents indicateurs afin de pouvoir donner un avis éclairé sur le risque d'exploitation.

Éléments	Commentaires
Le seuil de rentabilité	**Plus il est faible, plus l'entreprise présentera un risque d'exploitation faible.** Si le SR (en euros ou en quantité) est faible, cela signifie que l'entreprise doit réaliser peu de ventes pour devenir bénéficiaire et donc couvrir ses charges fixes. Il existe donc une probabilité assez forte de parvenir à réaliser ces ventes. **Dans tous les cas, le montant du SR doit être comparé avec ce qu'il est techniquement, humainement ou commercialement possible de réaliser.** Exemple Une entreprise souhaite se lancer dans une nouvelle activité ; si elle évalue son SR à 10 ventes par jour (ce qui peut paraître relativement peu) alors qu'il n'y a que 3 clients potentiels, le risque d'exploitation est vraiment élevé et amène à conclure que l'activité ne doit pas être tentée, même si le SR paraît relativement faible.
Le point mort	**Plus il se situe tôt dans l'année, plus le risque d'exploitation est faible.** En effet, si un point mort se situe tôt, cela laisse à l'entreprise un délai important : – soit pour réaliser des bénéfices une fois que le point mort est dépassé ; – soit pour corriger la situation si, à la date prévue initialement pour le point mort, l'entreprise n'a finalement pas encore atteint son seuil de rentabilité.
La marge de sécurité	**Plus cet indicateur est faible (proche de 0), plus le risque d'exploitation est élevé.** Comme il s'agit de la marge de réduction possible du CA sans arriver à un résultat négatif, on comprend qu'une entreprise exposée à de forts aléas économiques souhaite disposer d'une marge la plus importante possible et qu'elle considérera que son activité est risquée si cette marge est faible.
L'indice de sécurité	Il convient de faire la même analyse que pour la marge de sécurité. **Plus cet indicateur est proche de zéro, plus le risque est élevé.** Mais il est intéressant de l'exprimer non plus en valeur absolue (comme la marge de sécurité exprimée en euros) mais en valeur relative (en pourcentage du CA). Dans les médias, les entrepreneurs parlent souvent de leurs activités en utilisant des pourcentages. En effet, il est généralement plus facile d'évaluer une réduction d'activité en pourcentage qu'en euros. En outre, les valeurs relatives sont tout de suite plus représentatives pour celui qui les analyse (une réduction de 50 € peut paraître faible, mais si la valeur de départ est de 100 €, cette réduction représente 50 %, ce qui est énorme !). De fait, si on prévoit, pour N+1, une baisse d'activité de 20 % et que l'indice de sécurité n'est que de 10 %, alors il y a un risque que l'activité génère un résultat négatif en N+1.

Fiche ressource 5

Les seuils multiples et les paliers de charges fixes

Nous avons expliqué précédemment que les charges fixes correspondaient à une structure bien particulière, donc à une possibilité d'activité forcément limitée. Une fois cette capacité maximale atteinte, l'entreprise n'a plus d'autres choix que d'investir dans une nouvelle structure qui va alourdir le coût, donc la rentabilité.
Cette situation a pour conséquence l'existence, non pas d'un SR, mais de plusieurs SR qui dépendent bien évidemment de la structure envisagée.

Exemple

Soit les données suivantes correspondant à trois possibilités de structure :

L'entreprise a mis en place une structure dont les charges fixes sont de 7 000 €.
La capacité maximale de production est de 4 000 produits.

	Palier 1			
Activité (qté)	1 000	2 000	3 000	(1) 4 000
CA (€)	10 000	20 000	30 000	40 000
CV	8 000	16 000	24 000	32 000
MsCV	2 000	4 000	6 000	8 000
CF	7 000	7 000	7 000	7 000
CT	15 000	23 000	31 000	39 000
Résultat	- 5 000	- 3 000	- 1 000	(1) 1 000

L'entreprise a mis en place une structure dont les charges fixes sont de 13 000 €.
La capacité maximale de production est de 8 000 produits.

	Palier 2			
Activité (qté)	(2) 5 000	6 000	(3) 7 000	8 000
CA (€)	50 000	60 000	70 000	80 000
CV	40 000	48 000	56 000	64 000
MsCV	10 000	12 000	14 000	16 000
CF	13 000	13 000	13 000	13 000
CT	53 000	61 000	69 000	77 000
Résultat	(2) - 3 000	- 1 000	(3) 1 000	3 000

L'entreprise a mis en place une structure dont les charges fixes sont de 23 000 €.
La capacité maximale de production est de 12 000 produits.

	Palier 3			
Activité (qté)	(4) 9 000	10 000	11 000	12 000
CA (€)	90 000	100 000	110 000	120 000
CV	72 000	80 000	88 000	96 000
MsCV	18 000	20 000	22 000	24 000
CF	23 000	23 000	23 000	23 000
CT	95 000	103 000	111 000	119 000
Résultat	(4) - 5 000	- 3 000	- 1 000	1 000

On constate que le SR se situe à un niveau d'activité différent selon la structure.

Il y a alternance de perte et de profit chaque fois que le SR de la structure étudiée est atteint.

(1) Avec 4 000 produits, l'entreprise présente un résultat positif, ce qui signifie que le SR est dépassé à ce niveau de structure. L'entreprise rentabilise sa structure.

(2) Pour 5 000 produits, l'entreprise réalise des pertes car l'investissement dans la nouvelle structure (pour atteindre cette capacité de production) pèse sur les coûts.

(3) Avec 7 000 produits, l'entreprise redevient bénéficiaire, ce qui signifie que le SR correspondant au deuxième palier est dépassé. L'entreprise rentabilise à nouveau sa structure.

(4) Pour 9 000 produits, l'entreprise réalise à nouveau des pertes car l'investissement dans la nouvelle structure (pour atteindre cette capacité de production) pèse à nouveau sur les coûts.

On constate, dans ces circonstances, un phénomène que l'on rencontre parfois dans certaines entreprises qui se développent : le changement de structure pour augmenter la production ne devient rentable que lorsque l'on se rapproche de la capacité maximale de production de la structure en question.

Fiche ressource 6

Le problème des charges fixes dans l'évaluation des coûts unitaires

Les coûts étant constitués de charges variables et de charges fixes, il existe une difficulté dans l'évaluation du coût unitaire. En effet, selon la quantité produite au cours d'une période, les charges fixes de cette période vont être réparties sur un plus ou moins grand nombre d'unités, ce qui va avoir un impact sur le coût unitaire, qui risque de varier d'une période à l'autre. C'est le principe des économies d'échelle.

I L'évaluation du coût unitaire pour la fixation d'un prix de vente

Le coût complet unitaire est idéal pour savoir à quel prix il faut vendre un bien ou un service mais les charges fixes posent un problème : leur poids dans le coût unitaire d'un produit est lié à l'activité de l'entreprise, c'est-à-dire à la quantité de biens ou de services réalisés.

Exemple

Un maçon évalue ses charges fixes à 200 000 € par an. Début janvier, un client lui demande la fabrication d'une maison (le coût variable de ce bien est évalué à 150 000 € en briques et matériaux divers). Quel prix le maçon doit-il demander à son client ?

S'il ne réalise que cette maison dans l'année, il paraît normal que le prix soit égal à l'ensemble des charges, soit 150 000 € de charges variables et 200 000 € de charges fixes, donc un prix de vente au minimum égal à 350 000 €.

Mais s'il réalise deux maisons (à supposer identiques), il est normal que chaque client supporte une part des charges fixes, soit 100 000 € par maison (200 000 / 2). Cela ferait passer le prix de la maison de 350 000 € à 250 000 €.

Avec quatre maisons réalisées dans l'année (à supposer identiques), le prix serait alors de 200 000 € : 150 000 € de charges variables et 50 000 € (200 000 / 4) de charges fixes.

Dans la vie réelle des entreprises, rares sont celles qui connaissent par avance leur activité. De ce fait, il est difficile pour elles de déterminer un prix de vente cohérent.

Exemple (suite)

Chaque début d'année est un dilemme pour le maçon. Comment répartir ses charges fixes sur des chantiers dont il n'a encore aucune connaissance ?

II L'analyse du coût unitaire qui incorpore des charges fixes

Lorsqu'un coût unitaire varie d'une période à l'autre, il est difficile pour un gestionnaire de savoir à quoi imputer cette variation. En effet, celle-ci peut être liée :

– à la variation de l'activité qui, mécaniquement, entraîne une variation du poids des charges fixes unitaires. La variation de l'activité peut avoir des causes macroéconomiques externes à l'entreprise ou une plus ou moins bonne performance commerciale ;

– à une variation des charges variables unitaires dont il faudra impérativement chercher les causes au sein même de l'entreprise.

Exemple

L'entreprise Alfa communique les données suivantes :

		Octobre	Novembre	Décembre
Activité	a	500	1 000	800
Charges variables	b	45 000	90 000	72 000
Charges fixes	c	60 000	60 000	60 000
Total	d = b + c	105 000	150 000	132 000
Coût unitaire	e = d / a	210	150	165

Comment savoir si l'évolution du coût unitaire est liée uniquement à la variation de l'activité (donc aux charges fixes unitaires) ou à une variation des éléments variables (gaspillage, surconsommation ou, au contraire, performance de la fabrication, productivité des salariés…) ?

Fiche ressource 7

La méthode de l'imputation rationnelle des charges fixes

Puisque les variations de coûts sont difficiles à analyser du fait de la présence de charges fixes qui, unitairement, sont impactées par l'activité de l'organisation, il est important de calculer des coûts qui effacent l'impact de la variation des charges fixes. Ceci permet au gestionnaire de se concentrer sur des variations de charges variables qui traduisent, le plus souvent, des dysfonctionnements (ou des performances) internes.

I Principe de la méthode

Cette méthode consiste à évaluer les **coûts d'une période** par référence à une **activité jugée normale sur cette période.**

Étape 1 : détermination d'une activité normale (AN)

C'est l'activité que la structure de l'entreprise doit permettre de réaliser. Bien évidemment, l'AN peut aussi tenir compte des capacités du marché et de la concurrence. Elle peut donc s'évaluer sur la base d'une activité maximale, d'une activité prévisionnelle ou encore d'une analyse de l'activité sur des périodes passées. Seul un gestionnaire connaissant bien l'entreprise peut l'évaluer.

Étape 2 : détermination du coefficient d'imputation rationnelle (CIR) de la période

CIR = Activité réelle de la période (AR) / Activité normale (AN)

Étape 3 : calcul d'un montant de charges fixes imputées

Charges fixes imputées = Charges fixes réelles de la période × CIR de la période

Étape 4 : calcul du coût total en tenant compte des charges fixes imputées

Coût total = Charges variables réelles + Charges fixes imputées

Étape 5 : mise en évidence d'une différence d'imputation rationnelle (différence d'IR)

Différence d'IR = Charges fixes réelles – Charges fixes imputées

II Mise en œuvre de la méthode

À partir d'un tableau de calcul de coût, on doit distinguer les charges fixes **réelles** des charges fixes **imputées** afin de calculer un coût qui tienne compte de l'imputation rationnelle.

Exemple

L'entreprise Alfa communique les données suivantes :

		Octobre	Novembre	Décembre
Activité	a	500	1 000	800
Charges variables	b	45 000	90 000	72 000
Charges fixes	c	60 000	60 000	60 000
Total	d = b + c	105 000	150 000	132 000
Coût unitaire	e = d / a	210	150	165

L'activité normale pour l'entreprise a été fixée à 750 unités par mois.
On établit le tableau avec imputation rationnelle :

		Octobre		Novembre		Décembre	
Activité normale	a	750		750		750	
Activité réelle	b	500		1 000		800	
CIR	c = b / a	0,666666667		1,333333333		1,066666667	
Charges variables	d		45 000		90 000		72 000
Charges fixes réelles	e	60 000		60 000		60 000	
Charges fixes imputées	f = e × c		**40 000**		**80 000**		**64 000**
Total avec IR	g = d + f		85 000		170 000		136 000
Coût unitaire avec IR	h = g / b		170		170		170
Différence d'IR	i = e – f		20 000		– 20 000		– 4 000

L'effet de la répartition des charges fixes ayant été éliminé, l'entreprise peut analyser son coût unitaire en jugeant si les éléments variables ont dérapé ou non. Dans cet exemple, le coût unitaire étant identique sur les trois mois, l'entreprise peut considérer qu'elle a bien maîtrisé ses coûts variables.

III Interprétation de la différence d'imputation rationnelle

La différence d'IR peut être positive ou négative.

	Qualification	Signification
Différence d'IR négative	Boni de suractivité	L'activité de l'entreprise est supérieure à son niveau normal. Chaque unité réellement fabriquée permet d'économiser un montant de charge fixe unitaire par rapport à celui calculé au niveau de l'activité normale.
Différence d'IR positive	Mali de sous-activité (coût de chômage)	L'activité de l'entreprise est inférieure à son niveau normal. Chaque unité réellement fabriquée supporte un montant de charge fixe unitaire plus important que celui calculé au niveau de l'activité normale.

IV Intérêts et limites de la méthode

Cette méthode est notamment adaptée aux entreprises dont l'activité est saisonnière.

Les coûts obtenus, qu'ils soient totaux ou unitaires :
– sont **comparables** d'une période à une autre car l'effet des économies d'échelle liées aux variations de l'activité a été éliminé. Les charges fixes ont été « variabilisées » ;
– permettent de **mettre en évidence des variations de coûts liés aux charges variables.**

Toutefois, il ne faut pas perdre de vue que la détermination de l'activité normale, qui est la base de tout le calcul, peut être entachée d'une certaine subjectivité ou d'imprécision.

Applications

1 Relations entre éléments du compte de résultat différentiel

Une entreprise fabrique un produit unique. Vous disposez du tableau de résultat par variabilité (ou compte de résultat différentiel) pour différentes situations (S1 à S7) qui n'engendrent aucune modification de structure ni du coût variable (document).

1. **Compléter les cases vides par les valeurs qui conviennent.**
2. **En déduire le seuil de rentabilité.**

Document **Tableau de résultat par variabilité**

Éléments	S1	S2	S3	S4	S5	S6	S7
CA	160	180	70				
CV	85				60		
MsCV	75			40			
CF	15						
Résultat	60					30	0

2 Effet prix et effet volume sur le taux de marge sur coût variable

En N, l'entreprise Janotta a réalisé le résultat suivant :

	Quantité	Prix unitaire	Montant	%
CA	1 000	100	100 000	100
CV	1 000	70	70 000	70
MsCV	1 000	30	30 000	
CF			1 500	
Résultat			28 500	

1. **Déterminer le taux de marge sur coût variable.**
2. **Calculer le seuil de rentabilité.**

Hypothèse 1 : Pour l'année N+1, l'entreprise prévoit une augmentation de ses quantités produites et vendues de 20 %. Toutes les autres données restent identiques.

3. **Réaliser le tableau de résultat différentiel en tenant compte de l'hypothèse 1.**
4. **À partir du taux de marge sur coût variable calculé précédemment, évaluer directement le montant de la marge sur coût variable si les quantités vendues avaient augmenté de 60 %.**

Hypothèse 2 : Pour l'année N+1, l'entreprise prévoit une augmentation de son prix de vente de 20 %. Toutes les autres données (dont les quantités produites et vendues) restent identiques.

5. **Réaliser le tableau de résultat différentiel en tenant compte de l'hypothèse 2.**
6. **À partir du taux de marge sur coût variable calculé précédemment, peut-on évaluer directement le montant de la marge sur coût variable si le prix avait augmenté de 60 % ?**

3 Le point mort

En N, l'entreprise Bouisson a réalisé un taux de marge sur coût variable constant et égal à 30 % du chiffre d'affaires. Le montant des charges fixes a été de 561 600 €.
On vous communique les ventes mensuelles de l'année N :

J	302 400	F	397 440	M	362 880	A	483 840	M	241 920	J	120 960
J	67 200	A	40 800	S	483 360	O	291 000	N	381 660	D	270 480

1. **Calculer le SR et déterminer le point mort à partir du cumul des ventes.**
2. **Retrouver le point mort précédent en utilisant la MsCV cumulée.**

4 Étude graphique du SR

L'entreprise Darlay-Havidson fabrique des produits par série identique de 100 000 unités vendues 1 € pièce. Son coût variable est évalué à 20 % de son CA.
À partir du graphique (document), répondez aux questions suivantes.

1. **Que peut-on dire sur la structure de l'entreprise ?**
2. **Indiquer le(s) montant(s) de charges fixes.**
3. **Trouver les SR par lecture graphique.**
4. **Vérifier par le calcul le montant des SR. Ces SR sont-ils réalistes ?**
5. **Retrouver graphiquement, puis par le calcul, le résultat réalisé pour une production de 600 000 unités.**

Document **Étude graphique du SR**

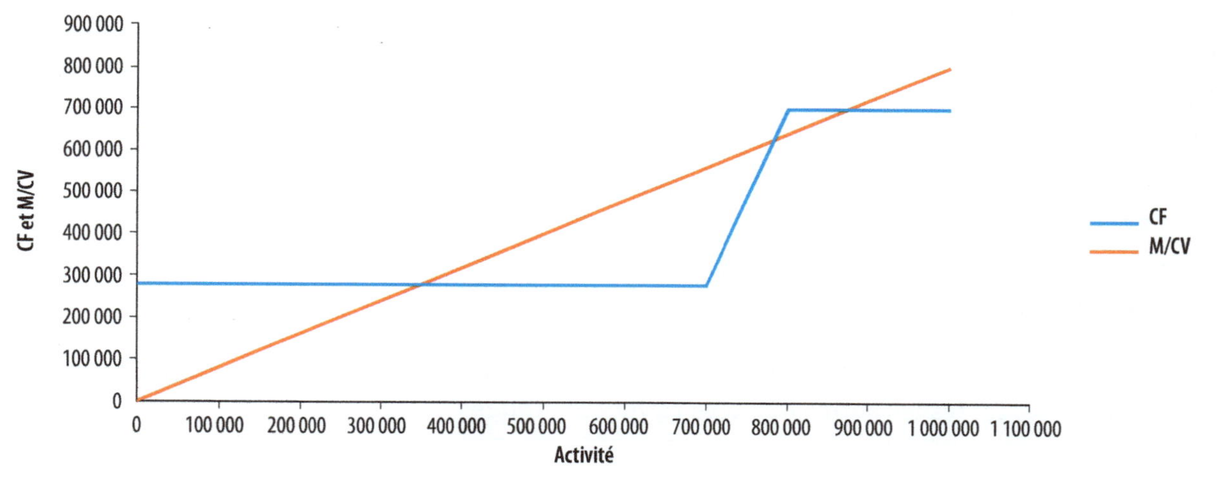

5 Mesurer et analyser le risque d'exploitation

L'entreprise Lapomme fabrique et commercialise des ordinateurs.
Une étude de rentabilité, menée dans le cadre de la gestion prévisionnelle pour l'année N, concerne un nouveau modèle : le MUC.
Vous disposez des données prévisionnelles liées à ce futur ordinateur (document 1).

1. **Réaliser le compte de résultat différentiel et calculer le résultat prévisionnel total et unitaire pour l'année N.**
2. **Proposer l'équation du résultat (y) en fonction de la quantité produite et vendue (x).**
3. **Calculer le seuil de rentabilité en euros pour N.**
4. **Calculer la marge de sécurité et analyser le risque d'exploitation par un bref commentaire.**

On vous communique de nouvelles hypothèses (document 2).

5. **Après avoir évalué les résultats unitaire et total dans ces nouvelles conditions, calculer la quantité à vendre pour limiter la perte à 20 € par unité.**

Document 1 **Données prévisionnelles pour l'ordinateur MUC**

Sur la base d'une production annuelle de 2 400 unités, l'entreprise supporterait les charges suivantes :

Charges variables proportionnelles à la quantité produite	
Achats consommés de matières premières	184 800
Achats consommés de fournitures diverses	10 240
Autres achats et charges externes	33 600
Salaires et charges sociales	110 480
Total	**339 120**

Charges de structure annuelles (relatives au modèle MUC)	
Achats et charges externes	7 000
Impôts, taxes et versements assimilés	3 600
Salaires et charges sociales	910 540
Amortissement des immobilisations	56 502
Charges financières	24 960
Total	**1 002 602**

Le prix de vente unitaire prévisionnel d'un MUC serait de 628 € HT.
Il n'y a pas de stock.

Document 2 **Nouvelles hypothèses pour N**

Le prix de vente d'un MUC chute à 450 € HT.
Les salaires et charges sociales en charges fixes diminuent de 123 330 €.
Les autres données de base restent inchangées.

6 Calcul d'un coût avec imputation rationnelle

L'entreprise Rouchon vous communique des données concernant la fabrication de son produit, le Mucothiol (document 1).

1. **Compléter le tableau de calcul du coût (document 1).**
2. **Calculer le coût unitaire avec IR pour janvier et février N.**
3. **Analyser et expliquer les résultats trouvés pour janvier et février N.**
4. **Calculer et caractériser la différence d'IR pour janvier et février.**

Document **Données du produit Mucothiol**

	Activité normale	Janvier N	Février N
Activité	17 000	18 700	13 600
Coût total	340 000	377 400	299 200
Charges variables	204 000		163 200
Charges fixes	136 000	136 000	
Coût unitaire	20		

7 Tableau de répartition des charges indirectes avec imputation rationnelle

L'entreprise Kémisi dispose de quatre centres d'analyse :
– deux centres auxiliaires : Gestion du matériel (GM), Gestion des ressources humaines (GRH) ;
– deux centres principaux : Atelier 1 (At. 1), Atelier 2 (At. 2).

1. **Compléter le tableau de répartition des charges indirectes (document 3) en suivant la méthodologie (document 2).**
2. **Calculer le coût de l'unité d'œuvre pour chaque centre principal.**

Document 1 Données de travail

	GM		GRH		At. 1		At. 2	
	Charges variables	Charges fixes	Charges variables	Charges fixes	Charges variables	Charges fixes	Charges variables	Charges fixes
Répartition primaire	140 000	80 000	70 000	40 000	160 000	160 000	130 000	120 000
Coefficient d'IR	0,6		0,8		0,8		1,2	
GM					25 %		75 %	
GRH					40 %		60 %	

Document 2 Méthodologie de travail pour le tableau de répartition des charges indirectes avec imputation rationnelle

Étape 1 : procéder à l'imputation rationnelle dans les centres auxiliaires.
Étape 2 : procéder à l'imputation rationnelle dans les centres principaux.
Étape 3 : effectuer la répartition secondaire (répartition des centres auxiliaires vers les centres principaux).
Attention ! Ne pas effectuer la répartition secondaire avant l'imputation rationnelle dans les centres principaux ; dans ce cas, les charges en provenance des centres auxiliaires seraient soumises à l'IR des centres principaux.

Document 3 Tableau de répartition des charges indirectes à compléter

	GM		GRH		At. 1		At. 2	
	Charges variables	Charges fixes	Charges variables	Charges fixes	Charges variables	Charges fixes	Charges variables	Charges fixes
Répartition primaire	140 000	80 000	70 000	40 000	160 000	160 000	130 000	120 000
Coefficient d'IR		0,6		0,8		0,8		1,2
CF imputées								
Différence d'IR								
Coût total CV + CF imputées								
Répartition secondaire								
GM								
GRH								
Total après répartition secondaire								
Nature de l'unité d'œuvre					Kg de matière traitée		Heure de main-d'œuvre	
Nombre d'unités d'œuvre					5 500		14 200	
Coût de l'unité d'œuvre								

Chapitre 7

L'analyse des écarts entre coûts prévisionnels et réels

Activité
5.3. Prévision et suivi de l'activité

Composante d'activité
5.3.1. Mise en évidence des écarts entre coûts prévisionnels et coûts réels
5.3.2. Analyse des écarts et formulation de conseils

Compétences
– Calculer les écarts de coûts entre l'activité réelle et l'activité prévisionnelle
– Analyser les écarts entre les réalisations et les prévisions et identifier leurs causes

P7
Une utilisation du tableur adaptée aux besoins de l'utilisateur pour effectuer et automatiser les calculs

Situation professionnelle

La SA Moteurs de France (MDF) a été créée dans les années 1990 par Mohamed Adouchi, ingénieur en électromécanique. Elle est spécialisée dans la conception, la fabrication et la vente de moteurs électriques de toutes puissances à destination des fabricants d'outillages électroportatifs (perceuses, ponceuses...) et de machines industrielles (fraiseuses...) et agricoles (trayeuses...). Elle fournit également certains sous-traitants dans l'aéronautique. Bien que fabriqués exclusivement en France, ses produits sont très concurrentiels en termes de prix de vente et dotés d'un excellent niveau de qualité de fabrication que M. Adouchi a réussi à atteindre avec ses équipes.
La société a grandi rapidement. Elle répond de plus en plus aux appels d'offres et éprouve des difficultés à chiffrer facilement ses réponses.
Bernard Hugonnet, directeur financier de la société, souhaite adopter une démarche plus professionnelle. Il pense que la méthode des coûts prévisionnels serait appropriée.

Mission

Vous travaillez auprès de Bernard Hugonnet. Il vous charge de tester cette méthode sur un cas concret de l'entreprise et de lui en rendre compte.

Travail à faire

P7 L'ensemble des travaux demandés peut être réalisé à l'aide d'un tableur.

I Proposer une méthode de calcul des coûts par anticipation

Nous sommes le 1er janvier N. Bernard Hugonnet vous invite à réfléchir à la méthode qu'il souhaite mettre en place.

1. **Quels intérêts la méthode des coûts prévisionnels peut-elle présenter pour la SA Moteurs de France compte tenu du contexte récent ?** — Fiche ressource 1

2. **La SA Moteurs de France peut s'appuyer sur un service technique performant. Comment pourrait-elle prévoir de calculer ces coûts préétablis ? Justifiez.** — Fiche ressource 2

II Préparer la collecte d'informations

Pour vérifier qu'il vous sera possible de collecter des informations relatives à l'évolution des éléments de coûts, vous rencontrez le responsable de la fabrication et les responsables administratifs.

Annexe 1 — Fiches ressources 1 et 3

3. **Quels éléments de coûts vous faudra-t-il mettre en évidence dans vos fiches de calcul de coûts ?**

4. **La SA Moteurs de France utilisait jusqu'à présent la méthode des coûts complets pour ses calculs *a posteriori*. Adopter la méthode des coûts prévisionnels sera-t-il facile ? Pourquoi ?**

5. **Pour vous permettre de réaliser vos calculs, le responsable de la fabrication vous transmettra des gammes et des nomenclatures. De quoi s'agit-il ?**

6. **Quelles autres informations pourrez-vous obtenir auprès des responsables administratifs ?**

III Finaliser le coût prévisionnel

Bernard Hugonnet vous propose de tester la méthode en calculant le coût préétabli d'un produit de l'entreprise : le carburateur CRB01. Vous disposez de son coût réel pour l'année N-1. Vous avez interrogé le responsable technique pour prendre en compte les éléments attendus pour l'année N.

Annexes 2 et 3 — Fiche ressource 3

7. **Quel était le coût réel d'un carburateur en N-1 ?**

8. **À partir des éléments des annexes 2 et 3, présentez la fiche de coût prévisionnel pour l'année N.**

9. **Quel est le coût prévisionnel attendu pour N ?**

10. **L'entreprise pense produire 3 000 carburateurs. Quel est le coût prévisionnel pour l'ensemble de la production N ?**

IV Calculer les écarts entre coût prévisionnel et coût réel

Nous sommes le 31 décembre N. Bernard Hugonnet vous demande de comparer les coûts réels de l'année N avec les coûts préétablis que vous aviez calculés au 1er janvier. Vous procédez aux calculs des écarts à partir des éléments fournis par les différents services de l'entreprise.

11. **Calculez les coûts réels de la production du carburateur CRB01 pour l'année N.**

12. **Calculez l'écart global par rapport aux coûts prévisionnels. Vous présenterez ce travail sous forme de tableau en distinguant charges directes et indirectes.**

13. **Précisez ce qui, au niveau de cet écart global, revient aux matières et à la main-d'œuvre, en termes de quantités et de prix.**

▶| Annexe 4
▶| Fiche ressource 4

V Analyser les sous-écarts sur charges directes

Bernard Hugonnet vous demande de l'aider à préparer sa présentation devant le comité de direction.

14. **Présentez, dans une note synthétique, le résultat de vos calculs ainsi qu'une analyse des causes possibles des écarts calculés.**

▶| Fiche ressource 5

VI Automatiser le calcul des écarts

Convaincu, Bernard Hugonnet souhaite, pour faciliter les calculs, automatiser cette démarche sur tableur.

P7 **15.** **Préparez sur tableur un fichier permettant d'automatiser le calcul des écarts, sur le modèle de l'annexe 6.**

▶| Annexes 5 et 6

Données de la situation

Annexe 1 Entretien avec le responsable de la fabrication et les responsables administratifs

Alain Lierguar, responsable de la fabrication ▶

Vous : Lorsque vous lancez une fabrication, comment procédez-vous pour estimer les quantités de matières à utiliser ?

A. Lierguar : C'est assez simple, j'utilise la nomenclature du produit concerné.

Vous : Et pour la quantité de main-d'œuvre ?

A. L. : J'utilise la gamme correspondante.

Vous : Je comprends pour les quantités, mais pour les prix ?

A. L. : Là, ce n'est pas de mon ressort, mais celui de M. Suzan, le responsable des achats, et de Mme Cipé, la responsable comptable, qui renseignent tous les deux les éléments de coût dans notre logiciel de gestion de production assistée par ordinateur, GPAO.

...

•••

Jean-Marc Suzan, responsable des achats ▶

Vous : Comment déterminez-vous le prix des matières consommées en fabrication ?

J.-M. Suzan : Je négocie en début d'année avec chacun de nos fournisseurs. Les prix sont valables sur une période que nous fixons ensemble. J'y incorpore ensuite une part de frais d'approvisionnement que me fournit Pierrette Cipé.

◀ **Pierrette Cipé, responsable comptable**

Vous : Si j'ai bien compris, non seulement vous avez en charge la comptabilité, mais également la paie et le contrôle de gestion.

Pierrette Cipé : Tout à fait !

Vous : C'est donc vous qui calculez les taux horaires ?

P. C. : Comme je suis notamment en charge de la gestion de la paie, j'ai l'ensemble des éléments (salaires de base, charges sociales, arrêts…) à ma disposition.

Annexe 2 Fiche de coût réel d'un carburateur au 31/12/N-1

Cette fiche doit servir de point de départ au calcul du coût prévisionnel N.

Éléments de coûts	Unité	Quantité unitaire	Prix unitaire	Montant
Charges directes				
Matières premières (aluminium)	kg	0,5	20,00 €	10,00 €
Matières premières (inox)	kg	0,2	40,00 €	8,00 €
Main-d'œuvre directe	heure	0,8	50,00 €	40,00 €
Charges indirectes				
Atelier Fabrication	heure	0,4	25,00 €	10,00 €
(Unité d'œuvre : 50 % heure de main-d'œuvre directe)				
			Coût de production unitaire réel	**68,00 €**

Annexe 3 Éléments à prendre en compte pour élaborer la fiche de coût unitaire préétablie pour l'année N

Vous : La consommation d'aluminium va-t-elle changer ?

Alain Lierguar : Oui, nous attendons une baisse de qualité de l'aluminium disponible sur le marché. De ce fait, la nomenclature du produit doit être modifiée pour tenir compte désormais d'un pourcentage de déchets égal à 12 %. En revanche, l'usinage de la partie inox du carburateur est maintenant maîtrisé. On ne constatera plus de déchets. Par prudence, gardons malgré tout les mêmes quantités prévisionnelles pour l'inox.

Vous : Prévoyez-vous des changements de prix d'achat ?

A. L. : Oui, effectivement. Le service Achats compte négocier le prix de l'aluminium. Il prévoit une baisse de 2 %. Par contre, il prévoit que le prix de l'inox augmentera de 8 %.

•••

• • •

Vous : Le temps de main-d'œuvre directe va-t-il varier ?

A. L. : Oui. Compte tenu de la baisse de qualité de l'aluminium, les opérateurs passeront plus de temps à le travailler. La gamme doit intégrer à présent une augmentation du temps de main-d'œuvre de 5 %.

Vous : Je pense avoir fait le tour de la question…

A. L. : Non, pas tout à fait. Le service Comptabilité m'a indiqué qu'une nouvelle taxe sur les salaires sera mise en place en N+1. Il prévoit par ailleurs une augmentation des frais de l'atelier Fabrication, due aux consommations d'énergie, électricité et gaz. Par conséquent, il faut prévoir que le coût de l'unité d'œuvre augmentera de 2 %.

Annexe 4 Données réelles de production du carburateur CRB01 collectées au 31/12/N

- Production réelle : 3 000 unités
- Quantité réelle consommée d'aluminium : 1 590 kg
- Quantité réelle consommée d'inox : 630 kg
- Prix unitaire réel de l'aluminium consommé : 20,50 €
- Prix unitaire réel de l'inox consommé : 35,50 €
- Nombre réel d'heures de main-d'œuvre directe utilisée : 2 700 heures
- Coût horaire réel de la main-d'œuvre directe utilisée : identique au prévisionnel
- Montant total des frais de l'atelier Fabrication : 34 155 €

Annexe 5 Entretien avec Bernard Hugonnet

Bernard Hugonnet : Je suis maintenant convaincu de l'utilité de cette méthode. Je souhaite que nous l'utilisions désormais. Je vais confier sa mise en œuvre à Mme Cipé, la responsable comptable. Elle est déjà très occupée par ses différentes tâches, aussi je souhaiterais que les tableaux successifs de cette méthode soient automatisés afin de lui faciliter le travail. Mais notre logiciel de GPAO n'offre pas encore cette possibilité.

Vous : C'est effectivement ce que j'ai constaté lorsque je l'ai utilisé.

B. H. : Pourriez-vous produire ces différents tableaux à l'aide d'un logiciel simple, un tableur par exemple, en veillant à automatiser les calculs au maximum et en protégeant le plus possible les différentes cellules car tout le monde devrait pouvoir l'utiliser ? Je vous propose un modèle de base que vous trouverez sur notre réseau et qui correspond assez bien à ce que je souhaiterais que vous mettiez en place (*voir annexe 6*). Vous pourrez le tester à partir des données de votre travail précédent.

Vous : Volontiers ! C'est une manière intéressante de finaliser mon travail et cela me permettra de réviser les fonctions principales d'un tableur.

Annexe 6 Tableau automatisé d'analyse des écarts

COÛTS PRÉVISIONNELS – TRAITEMENT DES ÉCARTS

Données prévisionnelles			
Quantité unitaire préétablie de matière utilisée	kg, mètre...	QuP	*0,5*
Prix unitaire préétabli de la matière utilisée	€	PuP	*20,00*
Temps unitaire préétabli de main-d'œuvre directe	heure	TuP	*0,8*
Coût horaire unitaire préétabli de main-d'œuvre directe utilisée	€	CuP	*50,00*
Nombre unitaire préétabli d'unités d'œuvre	heure, kg, m...	NuoP	*0,4*
Coût unitaire préétabli de l'unité d'œuvre	€	CuoP	*25,00*

Données réelles			
Production réelle	unités	PR	
Quantité réelle de matière consommée	kg, m...	QR	
Prix unitaire réel de la matière consommée	€	PuR	
Nombre réel d'heures de main-d'œuvre directe utilisée	heure	TR	
Coût horaire unitaire réel de la main-d'œuvre directe utilisée	€	CuR	
Nombre réel d'unités d'œuvre	heure, kg, m...	NuoR	
Coût unitaire réel de l'unité d'œuvre	€	CuoR	

COÛT RÉEL				
Éléments de coûts	**Unité**	**Quantité**	**Prix unitaire**	**Montant**
Charges directes				
Matière	€			
Main-d'œuvre directe	€			
Charges indirectes	€			
Total				

COÛT PRÉVISIONNEL adapté à la production réelle				
Éléments de coûts	**Unité**	**Quantité**	**Prix unitaire**	**Montant**
Charges directes				
Matière	€			
Main-d'œuvre directe	€			
Charges indirectes	€			
Total				

ÉCART GLOBAL (réel – prévisionnel)		
Éléments de coûts	**Favorable < 0**	**Défavorable > 0**
Charges directes		
Matière		
Main-d'œuvre directe		
Charges indirectes		
Total		

ANALYSE DES ÉCARTS SUR CHARGES DIRECTES			
Éléments de coûts	**Formules de calcul**	**Favorable < 0**	**Défavorable > 0**
Matière			
Quantité	(QR – PR × QuP) × PuP		
Prix	(PuR – PuP) × QR		

Main-d'œuvre directe			
Temps	(TR – PR × TuP) × CuP		
Coût	(CuR – CuP) × TR		

Fiche ressource 1

Les limites des coûts calculés *a posteriori* et l'intérêt des coûts calculés par avance

Toutes les méthodes étudiées jusqu'à maintenant reposaient sur une analyse des coûts menée *a posteriori* sur des éléments constatés, et donc connus avec précision. Les coûts préétablis sont, au contraire, évalués *a priori*.

I Les limites des coûts calculés *a posteriori* (coûts constatés)

Une première limite est le délai important d'obtention des informations, notamment dans les entreprises industrielles, qui ont des processus de production complexes.

Ces délais tiennent aux **lenteurs administratives** (temps de traitement des factures…) et à la lourdeur des procédures de calcul (l'analyse des coûts de production nécessite, par exemple, préalablement la valorisation des sorties de stock).

Par ailleurs, ces coûts sont tournés vers le passé et **non obligatoirement reproductibles** en tant que tels car ils correspondent aux coûts supportés par l'entreprise lors de périodes écoulées et intègrent parfois des événements exceptionnels non récurrents… On ne peut donc pas s'en servir de « modèle ».

Enfin, **l'interprétation des résultats est difficile** car on ne dispose pas de normes de référence (modèles) avec lesquelles on pourrait les comparer. Seule une évolution des coûts dans le temps peut être analysée.

II L'intérêt des coûts calculés par avance

Les coûts préétablis sont calculés à l'avance, c'est-à-dire antérieurement aux faits qui les engendrent.

Ils permettent :
- d'estimer très rapidement la valeur de la production obtenue (à partir des quantités réellement produites et d'un coût de production établi à l'avance) ;
- d'évaluer des projets à venir : ils servent de base pour l'élaboration des devis, par exemple ;
- de fixer des objectifs aux différents responsables opérationnels qui, disposant d'une marche à suivre, deviennent plus autonomes ;
- de contrôler les conditions internes d'exploitation des moyens de production. Ils sont en effet souvent considérés comme des normes avec lesquelles on peut comparer les coûts réels. La confrontation entre ce qui devait se produire (norme) et ce qui s'est réellement produit permet de mettre en évidence des écarts et donc d'évaluer les performances de l'entreprise : la recherche des causes de ces écarts permet la prise de décision de gestion.

Fiche ressource 2

Les différents types de coûts préétablis

Les coûts préétablis sont donc calculés par avance. Il s'agit d'établir, pour une **activité « normale »** de l'entreprise, des coûts prévisionnels considérés comme normaux.
Ils deviennent alors des **coûts de référence** qui serviront, le moment venu, de normes, d'objectifs ou de simples prévisions.

- Une **norme** représente ce qu'il faut impérativement réaliser.
- Un **objectif** décrit le résultat que l'on veut atteindre.
- Une **prévision** anticipe ce qui pourrait se produire.

Les coûts préétablis peuvent être calculés de différentes manières. Suivant le cas, leur appellation change.
Le choix du type de coûts dépend du produit (objet du calcul de coût) et de l'organisation générale de la gestion prévisionnelle mise en place dans l'entreprise.

Activité normale : activité ordinaire de l'entreprise dans des conditions habituelles de fonctionnement. Il s'agit souvent d'une activité de référence.
Activité réelle : activité constatée une fois la production achevée. Elle peut être différente de l'activité normale.
Activité prévisionnelle : activité que l'on pense réaliser.

I Les coûts standard

On parle de coûts standard lorsque les coûts préétablis sont calculés à partir d'une étude technique du processus de production, généralement réalisée par les services techniques (le bureau des méthodes, par exemple).
Cette étude porte sur la prévision :
– des **quantités** de matière et de composant pour fabriquer le produit (**nomenclature**) ;
– du **temps de travail** nécessaire en main-d'œuvre et en heures-machine (**gamme**).
Un coût standard présente généralement un caractère de norme. C'est pourquoi on parle de « quantité standard » ou de « coûts standard ».

Exemple
Nomenclature et gamme pour la fabrication d'une brouette

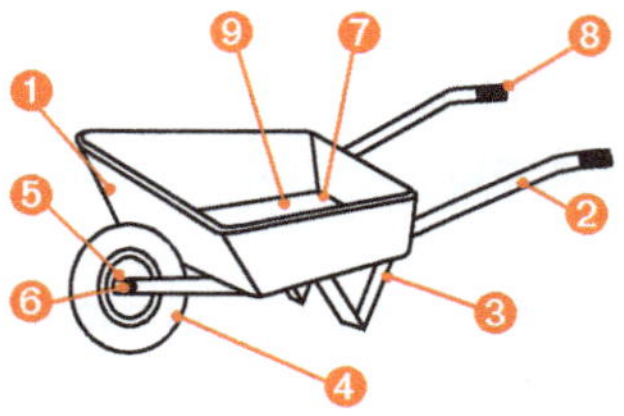

Nomenclature		N°
Repère	Désignation	Quantité
1	Panneau front	1
1	Panneau côté	1
1	Panneau arrière	1
2	Bras	2
3	Support	2
4	Roue	1
5	Boulon	1
6	Axe roue	1
7	Vis	4
8	Manchon	2
9	Plateau	1
BROUETTE		../../..

Gamme			N°
Phase		Désignation	Temps
10	DEB1	Débit des tubes	0,5
20	CIN1	Cintrage	1,5
30	SOU1	Soudage	1,3
40	PER1	Perçage structure	1
50	DEB2	Débit des barres	0,5
60	PLI1	Pliage	1,5
70	PER2	Perçage support	1
80	SOU2	Soudage structure-support	1,5
70	PER2	Perçage support	1
80	SOU2	Soudage structure-support	1,5
BROUETTE			../../..

II Les coûts budgétés

On parle de coûts budgétés lorsque les coûts préétablis sont calculés à partir de budgets d'exploitation établis par avance (voir chapitre 9). Ce sont les budgets de charges (achats, approvisionnement, salaires…) établis en fonction d'une activité prévue dans le budget des ventes.

III Les coûts prévisionnels

On parle de coûts prévisionnels lorsque les coûts préétablis sont calculés à partir des exercices comptables antérieurs. Ils résultent donc de tendances statistiques (coûts constatés lors des périodes passées), parfois corrigées des changements prévisibles dans les processus de production.

Fiche ressource 3

La détermination des coûts prévisionnels

I Principe

Les coûts préétablis sont composés des mêmes éléments de calcul que les coûts réels (voir chapitre 3).

		Coûts réels	Coûts préétablis
Charges directes	Matières premières	Quantités × Coût unitaire	Quantités préétablies × Coût unitaire préétabli
	Main-d'œuvre directe	Nombre d'heures × Coût horaire	Nombre d'heures préétabli × Coût horaire préétabli
Charges indirectes	Coûts des centres d'analyse	Nombre d'unités d'œuvre (UO) × Coût de l'UO	Nombre d'UO préétabli × Coût de l'UO préétabli

D'une manière générale, les quantités préétablies sont transmises par les services techniques (le bureau des méthodes, par exemple) et les coûts préétablis par les services administratifs (le service Contrôle de gestion, par exemple).

II Présentation d'une fiche de coût unitaire

La fiche de coût unitaire recense les charges directes et indirectes nécessaires à la fabrication du produit.

Exemple

L'entreprise Le Batelier fabrique des barques de pêche.

Coût de fabrication d'une barque de pêche

Éléments de coûts	Unité	Q	CU	Montant
Charges directes				
Coût d'acquisition du bois	mètre	3	15,32	45,96
Main-d'œuvre directe	heure	0,3	50,00	15,00
Charges indirectes				
Atelier Assemblage	heure de MOD*	0,3	20,4567	6,14
			Total coût de production	**67,10**

* Main-d'œuvre directe

Ici, la fiche de coût unitaire présente les coûts réels.

III Détermination d'un coût prévisionnel

Il s'agit, à partir d'éléments de coûts réels issus des exercices comptables passés, d'anticiper les évolutions de prix, de salaire, de quantité consommée… et de corriger les données passées.

Exemple (suite)

L'entreprise anticipe les éléments suivants :
- une augmentation du prix du bois de 8 % ;
- une augmentation des salaires de 3 % ;
- les nouvelles techniques de fabrication risquent d'entraîner 10 % de chute de bois et 5 % de temps de nettoyage pour chaque produit dans l'atelier Assemblage.

Techniques de fabrication : 3 + 10 % = 3,3

Hausse du prix du bois : 15,32 × 1,08 = 16,55

Éléments de coûts prévisionnels	Unité	Q	CU	Montant
Charges directes				
Coût d'acquisition du bois	mètre	3,3	16,55	54,60
Main-d'œuvre directe	heure	0,3	51,50	15,45
Charges indirectes				
Atelier Assemblage	heure de MOD*	0,315	20,4567	6,44
			Total coût de production prévisionnel	**76,49**

* main-d'œuvre directe

Hausse des salaires : 50 × 1,03 = 51,50

Techniques de fabrication : 0,3 + 5 % = 0,315

Coût préétabli

Fiche ressource 4

Le calcul des écarts sur charges directes et indirectes

I Principes

Le contrôle budgétaire doit permettre de vérifier si les prévisions ont été respectées et de justifier d'éventuels écarts.

Des écarts, favorables ou défavorables, seront donc calculés entre les éléments effectivement constatés (chiffres d'affaires, marges, coûts) et les éléments prévisionnels, puis analysés. Cette analyse peut conduire à la prise de décisions de gestion.

1. Le sens de l'écart

Un écart est la différence entre le réel et le prévu. Par convention, les écarts sont mesurés dans le sens : Éléments constatés – Éléments prévisionnels.

Écart sur coût = Coût réel constaté – Coût prévisionnel

2. L'unité de valorisation des écarts

Tous les écarts sont mesurés dans une même unité : l'**unité monétaire** (et non en unité de facteurs : kg, heure…). Cela permet de comparer des facteurs de production non homogènes (par exemple, l'utilisation d'une machine avait été prévue mais finalement, le travail a été réalisé manuellement).

II Calcul de l'écart global

Les calculs peuvent être présentés dans un tableau qui fera apparaître les écarts sur coût et les écarts sur quantité.

Exemple

Reprenons l'exemple de l'entreprise Le Batelier (fiche ressource 3).

	Coûts constatés (c)				Coûts prévisionnels (p)				Écart
Éléments de coûts	Unité	Qc	Cuc	Montantc	Unité	Qp	Cup	Montantp	
Charges directes									
Coût d'acquisition du bois	mètre	3,5	16,50	57,75	mètre	3,3	16,55	54,60	3,15
Main-d'œuvre directe	heure	0,32	51,50	16,48	heure	0,3	51,50	15,45	1,03
Charges indirectes									
Atelier Assemblage	heure de MOD*	0,35	21,02	7,36	heure de MOD*	0,315	20,4567	6,44	0,91
Total coût de production				81,59				76,49	5,09

Écart sur quantité
3,5 m de bois consommé au lieu des 3,3 m prévus.
Ici, l'écart est défavorable.

Écart sur coût
16,50 € le mètre de bois au lieu des 16,55 € prévus.
Ici, l'écart est favorable.

Écart global

Fiche ressource 5

L'interprétation et l'analyse des écarts

I L'interprétation des écarts

1. L'écart sur volume d'activité

Un écart sur volume d'activité correspond à la différence entre le nombre de produits effectivement fabriqués et ce qui était initialement prévu.

– Si la production est supérieure aux prévisions, l'écart est positif.

– Si la production est inférieure aux prévisions, il est négatif.

Pour chiffrer l'impact de cet écart, on valorise l'écart au coût prévisionnel du produit et non au coût réel.

> Exemple
>
> Reprenons l'exemple de l'entreprise Le Batelier (fiches ressources 3 et 4).
>
> L'entreprise avait prévu de fabriquer 1 500 barques et 1 450 ont été fabriquées.
>
> L'écart est négatif : $50 \times 76{,}49 = 3\,824{,}50$ €.

2. L'écart sur coût global

Lorsque le coût constaté est supérieur au coût prévisionnel, l'écart est positif et constitue un dépassement de coût.

Lorsque le coût constaté est inférieur au coût prévisionnel, l'écart est négatif et constitue des économies réalisées.

II L'analyse des écarts

Le traitement d'un écart sur coût revient à analyser les causes de cet écart et à mettre en œuvre les mesures correctives nécessaires.

1. La gestion des écarts par exception

La gestion par exception limite l'analyse aux écarts jugés « significatifs ».

Par exemple :

– écarts en valeur : le gestionnaire peut décider que seuls les écarts d'un montant supérieur à 1 000 € seront analysés ;

– écarts en pourcentage : le gestionnaire peut décider que seuls les écarts supérieurs à 10 % du coût prévisionnel seront retenus.

Cette méthode évite d'alourdir le processus d'analyse et d'entreprendre des actions dont le coût serait supérieur au gain espéré.

Ceci dépend des besoins de l'entreprise et des moyens alloués.

2. La cause des écarts

Charges directes de matière première	Écart sur quantités positif C > P L'écart est défavorable.	L'entreprise a consommé davantage de matière première que prévu. **Causes possibles :** – une qualité défectueuse ; – une consommation excessive ; – un matériel défectueux qui entraîne des mises au rebut ; – un personnel sous-qualifié ; – une mise au rebut excessive de produits finis à cause d'exigences de qualité excessives (sur-qualité).
	Écart sur coût positif C > P L'écart est défavorable.	**Causes possibles :** – une augmentation de prix non prévue ; – une mauvaise politique d'achat ; – des frais d'approvisionnement excessifs.

Charges de main-d'œuvre directe	Écart sur quantités positif C > P L'écart est défavorable.	L'entreprise a utilisé davantage d'heures de travail qu'il n'était prévu. **Causes possibles :** – un personnel sous-qualifié ; – des heures de travail chômées (jours fériés) ; – des arrêts de travail imprévus ; – un matériel défectueux avec des pannes ; – un encadrement inefficace.
	Écart sur coût positif C > P L'écart est défavorable.	Le coût des salaires a été plus élevé que prévu. **Causes possibles :** – une évolution des salaires non anticipée ; – une augmentation non prévue des charges sociales, liée à une évolution de la législation ; – la mise en place de nouvelles taxes ; – des heures supplémentaires non prévues.

Charges indirectes	Écart global positif C > P L'écart est défavorable.	Le coût des centres a été plus élevé que prévu (charges indirectes de production). **Causes possibles :** – le prix effectif des frais et prestations qui constituent les charges indirectes (loyer, eau, énergie, salaires du personnel administratif…) a évolué pour diverses raisons ; – les unités d'œuvre effectivement consommées ont augmenté. Par exemple, les frais de l'atelier Assemblage sont répartis sur le nombre des heures de main-d'œuvre directe, or, celles-ci ont augmenté…

Applications

1 Les coûts prévisionnels de la main-d'œuvre

Dans la SA Vuiderot, chaque ouvrier est présent 35 heures par semaine.
Les salaires et les charges sociales annuels représentent une charge annuelle de 30 000 €. Le temps improductif d'un ouvrier (pause, nettoyage de la machine…) représente 10 % de son temps de présence hebdomadaire.
Chaque ouvrier a droit à 5 semaines de congés payés.

1. **Calculez le temps de présence annuel d'un ouvrier.**
2. **Déterminez son temps de travail productif.**
3. **Quel sera le coût prévisionnel d'une heure de main-d'œuvre directe à intégrer dans la production d'un produit ?**

2 Le calcul d'approvisionnement net

Pour la fabrication d'un produit dans la SARL Duplot, la nomenclature indique que le produit fini comprend 604,8 g de métal mais que sa fabrication entraîne 20 % de chutes.

- **Sachant que la production prévue est de 5 000 produits, quel poids de métal, exprimé en kg, faudra-t-il approvisionner ?**

3 La fiche de coût unitaire prévisionnel

La SA Houguet a décidé de tester la mise en place de la méthode des coûts prévisionnels dans un de ses ateliers où elle fabrique un produit unique X1.
La nomenclature du produit X1 fournit les informations suivantes :
- matière A : 3 kg à 22,50 € le kg ;
- matière B : 2,25 kg à 42 € le kg ;
- composant C : 2 unités à 79,50 € l'unité.

La gamme de fabrication fait apparaître la donnée suivante : 3,6 h de main-d'œuvre directe à 82,50 € l'heure.
Le contrôleur de gestion a estimé les charges indirectes de l'atelier à 20 000 €.
Les charges constatées pour la production de 1 000 produits sont les suivantes :
- matière A : 2 800 kg à 23 € le kg ;
- matière B : 2 300 kg à 41,50 € le kg ;
- composant C : 2 unités à 80 € l'unité ;
- 3,8 h de main-d'œuvre directe à 83,50 € l'heure ;
- charges indirectes de l'atelier : 22 210 €.

1. **Établissez la fiche de coût unitaire prévisionnel.**
2. **Calculez l'écart global sur charges directes et charges indirectes (coûts réels – coûts prévisionnels) en rapportant les coûts prévisionnels à la production réelle.**

4 La décomposition de l'écart total

La SARL Boisbouvier est spécialisée dans la fabrication de couteaux en inox.
Les produits sont entièrement fabriqués dans un seul atelier.
La fiche du coût unitaire prévisionnel a été établie sur la base d'une production de 10 000 unités.

Éléments de coûts	Unité	Quantité unitaire	Coût unitaire	Montant
Inox	kg	0,08	40,00	3,20
Main-d'œuvre directe (heures)	heure	0,05	50,00	2,50
Charges indirectes (unités d'œuvre) (Unité d'œuvre : heure de main-d'œuvre directe)	heure	0,05	20,00	1,00
			Coût de production unitaire prévisionnel	**6,70**

Le comptable a fourni les informations suivantes concernant la production réelle constatée :
- production : 12 000 unités ;
- inox : 1 080 kg pour 44 280 € ;
- main-d'œuvre directe : 720 h pour 36 720 € ;
- charges indirectes de l'atelier : 10 800 €.

1. **Calculez l'écart total sur charges directes et charges indirectes.**
2. **Décomposez l'écart total sur charges directes dans ses trois sous-écarts (quantité, prix et volume).**

5 Exercice de synthèse 1

Isabelle Biret, gérante de l'entreprise TERIB, spécialisée dans les matériels d'élévation (escabeaux, échafaudages...), a décidé de profiter du lancement de son nouveau produit, l'escabeau « Le Terrible », pour tester la méthode des coûts prévisionnels.

À partir des documents 1 à 3, réalisez les travaux suivants.

1. **Établissez la fiche de coût unitaire prévisionnel.**
2. **Calculez le coût total réel et le coût prévisionnel adapté à la production réelle.**
3. **Déterminez et analysez les écarts sur charges directes et indirectes.**

Document 1 Charges directes prévisionnelles

Chaque échafaudage consomme :
- 3 m d'inox à 3,50 € le mètre ;
- 2 m d'aluminium à 1,50 € le mètre ;
- 0,3 h de main-d'œuvre directe à un taux horaire de 50 €.

Document 2 Charges indirectes prévisionnelles

Pour déterminer le montant des unités d'œuvre, on a utilisé la méthode des centres d'analyse à partir des données de la période précédente.

Répartition des charges indirectes mensuelles de l'entreprise TERIB par la méthode des centres d'analyse

		Centre auxiliaire	Centres principaux	
Charges	**Total**	**Gérante**	**Atelier Découpe**	**Atelier Montage**
Salaires	35 140	4 200	7 140	23 800
Électricité	2 000	200	600	1 200
Autres frais de fonctionnement	2 650	1 850	300	500
Après répartition primaire	**39 790**	**6 250**	**8 040**	**25 500**
Répartition centre auxiliaire sur centres principaux		– 6 250	60 % 3 750	40 % 2 500
Après répartition secondaire		**0**	**11 790**	**28 000**
		Nature de l'unité d'œuvre	mètre coupé	heure de montage
		Nombre d'unités d'œuvre	5 000	1 400
		Coût de l'unité d'œuvre	**2,36**	**20**

NB : les matières nécessaires à la fabrication de l'escabeau « Le Terrible » sont livrées directement prédécoupées à l'atelier Montage. Ce produit ne supporte donc que les charges indirectes de cet atelier.

Document 3 Coût réel de production constaté de l'escabeau « Le Terrible »

- Production : 500 escabeaux
- 2 000 m d'inox consommés pour un montant de 7 400 €
- 1 050 m d'aluminium consommés pour un montant de 1 470 €
- 542,50 h de main-d'œuvre directe consommées pour un montant de 8 925 €
- 3 500 € de charges indirectes

6 Exercice de synthèse 2

La SA Quillet est un sous-traitant spécialisé dans la fabrication de cadres équipés pour les grands fabricants de cycles.
Elle fabrique deux types de cadres (pour VTC et VTT) à partir de deux matières (respectivement inox et aluminium).
Les tubes, après tronçonnage, passent dans un atelier de soudure.
Le responsable de la société a souhaité mettre en place un système de coûts prévisionnels.

À partir des documents 1 à 4, réalisez les travaux suivants.

1. **Calculez les coûts prévisionnels unitaires de production des cadres VTT et VTC.**
2. **Déterminez l'équivalent de la production réelle de cadres VTT et VTC, compte tenu de l'achèvement des en-cours initiaux et de l'avancement des en-cours fin de mois.**
3. **Calculez le coût total réel, le coût prévisionnel adapté à la production réelle et le coût prévisionnel de la production initialement prévue.**
4. **Déterminez et analysez les écarts sur charges directes et indirectes.**

Document 1 Données techniques

Nomenclature		
Quantité (mètre)	VTC	VTT
Aluminium	1	1,2
Inox	0,5	0,3

Gamme		
Temps (heure)	VTC	VTT
Main-d'œuvre directe	1,25	1,5

Document 2 Méthode d'évaluation des en-cours

Les quantités d'aluminium et d'inox, utilisées en intégralité en début de fabrication, sont évaluées à leur coût prévisionnel.
La main-d'œuvre et les charges de l'atelier représentent 50 % de leur coût prévisionnel.

Document 3 Données prévisionnelles fournies par le contrôle de gestion

Production du mois (unités)	Prévue
VTC	500
VTT	700

En-cours (unités)	
Début de mois	
VTC	10
VTT	20

	Données prévisionnelles
Quantité d'aluminium (mètres)	1 340
Coût de l'aluminium (par unité)	2,00 €
Quantité d'inox (mètres)	460
Coût de l'inox (par unité)	4,00 €
Nombre d'heures de main-d'œuvre directe	1 675
Coût de l'heure de main-d'œuvre directe	30,00 €
Charges indirectes de l'atelier	3 627,00 €
Nombre d'heures-machine de l'atelier	3 358,33
% d'utilisation des machines de l'atelier	90
Coût de l'heure-machine de l'atelier	1,20 €

Document 4 Données réelles fournies par le contrôle de gestion

Production du mois (unités)	Réelle
VTC	450
VTT	720

En-cours (unités)	
Fin de mois	
VTC	20
VTT	10

	Données réelles
Quantité d'aluminium (mètres)	1 320
Coût de l'aluminium (par unité)	2,10 €
Quantité d'inox (mètres)	440
Coût de l'inox (par unité)	3,80 €
Nombre d'heures de main-d'œuvre directe	1 750
Coût de l'heure de main-d'œuvre directe	30,30 €
Charges indirectes de l'atelier	3 614,00 €
Nombre d'heures-machines de l'atelier	3 500
% d'utilisation des machines de l'atelier	92
Coût de l'heure-machine de l'atelier	1,12 €

Chapitre 8

La prévision des composantes de l'activité

Activité	Composante d'activité	Compétence	P7
5.4. Mise en place d'une gestion budgétaire	5.4.1. Prévision des composantes de l'activité	Effectuer des prévisions grâce à la mise en œuvre de méthodes justifiées et adaptées	Une utilisation du tableur adaptée aux besoins de l'utilisateur pour effectuer des prévisions et des simulations et automatiser les calculs

Situation professionnelle

Il y a trois ans, la SA Moteurs de France (*cf.* chapitre 7) a développé une nouvelle activité : la production de moteurs à destination du secteur médical et des laboratoires. La spécificité de ces moteurs et de leur distribution auprès des fabricants d'appareils médicaux a amené M. Adouchi à créer une filiale spécifique : la SAS Moteurs médicaux (MM). Pour l'instant, celle-ci ne fabrique qu'un seul type de moteur innovant pouvant servir à de nombreux usages (machines dentaires, de laboratoires, appareil de dialyse...). Bien qu'étant juridiquement autonome, cette SAS n'a pas de service financier et de gestion proprement dit ; le pilotage et la gestion sont donc assurés par M. Adouchi et son directeur financier/contrôleur de gestion, Bernard Hugonnet. Elle ne dispose pas non plus d'un service commercial spécifique ; c'est donc le responsable des ventes de la SA MDF qui prend en charge le pilotage commercial des ventes de cette filiale.

Mission

Vous travaillez toujours auprès de Bernard Hugonnet.
Dans un premier temps, vous êtes chargé(e) de participer à la prévision des ventes de l'exercice N+1 et d'analyser l'efficacité des dépenses de communication commerciale pour un produit phare de l'entreprise : le moteur AL2801.
Dans un second temps, Bernard Hugonnet souhaite que vous procédiez également à l'analyse et aux prévisions des ventes d'un nouveau produit : le moteur LA2003.

Travail à faire

P7 L'ensemble des travaux demandés peut être réalisé à l'aide d'un tableur.

I Analyser les ventes des années N-2 à N

Bernard Hugonnet vous demande d'analyser le volume des ventes du moteur AL2801 pour les trois dernières années. Vous réaliserez cette mission avec le logiciel tableur-grapheur dont vous disposez.

1. À l'aide d'une représentation graphique des ventes réelles des trois dernières années, repérez s'il existe ou non des ventes saisonnières dans cette entreprise. Commentez.

Annexe 1
Fiche ressource 1

2. Convertissez ces données réelles en données « tendance » :

   a) À l'aide d'un tableau préparatoire, déterminez la fonction linéaire (droite de tendance) par la méthode des moindres carrés.

   b) Calculez les valeurs tendance pour chaque trimestre avec la méthode des moindres carrés. Préparez un tableau sur le modèle de l'annexe 3 et complétez les colonnes « Donnée observée » et « Donnée tendance ».

Annexe 2
Annexe 3
Fiche ressource 2

3. Complétez votre graphique en superposant la droite de tendance sur votre courbe. Commentez.

II Réaliser la prévision des ventes pour l'année N+1

Bernard Hugonnet vous confie la réalisation de la prévision des ventes du moteur AL2801 pour l'année N+1.

4. Calculez les coefficients saisonniers en complétant le tableau réalisé précédemment (question 2. b) :

   a) Pour chaque trimestre écoulé, calculez un rapport à la tendance. Complétez la colonne « Rapport à la tendance » de votre tableau.

   b) Calculez des coefficients saisonniers par trimestre.

Annexe 2
Annexe 3
Fiche ressource 4

5. Chiffrez les ventes trimestrielles en volume prévisionnelles pour l'année N+1.
6. Précisez les conditions de validité de votre démarche.

III Mesurer l'efficacité des dépenses de communication commerciale

Bernard Hugonnet vous informe que le budget de communication alloué au produit AL2801 est conséquent depuis plusieurs années. Il souhaite mesurer l'efficacité des campagnes de communication qui ont été menées.

7. Mesurez l'efficacité des dépenses de publicité :

   a) Réalisez un graphique en nuage de points représentant les dépenses de publicité et les ventes sur la période N-3 à N. Complétez ce graphique avec la droite d'ajustement. Que constatez-vous ?

   b) Calculez le coefficient de corrélation sur la période N-3 à N par la méthode de votre choix.

8. Calculez le montant des ventes espérées pour N+1 dans l'hypothèse où la demande de Bernard Hugonnet relative au montant annuel des dépenses de communication commerciale recevrait une réponse favorable.

9. **Quel sera le montant du budget de communication commerciale si l'hypothèse des responsables des services Contrôle de gestion et Comptabilité est retenue ?**

Annexe 4
Annexe 5
Fiche ressource 5

IV Analyser et prévoir les ventes du produit LA2003

Un nouveau moteur référencé LA2003 a été commercialisé par l'entreprise depuis janvier N. Après un début difficile, les ventes de ce produit se sont fortement accrues ces derniers mois. Bernard Hugonnet souhaite obtenir une prévision des ventes de ce produit.

10. **Réalisez une représentation graphique des ventes du moteur LA2003 depuis sa commercialisation. Commentez.**

11. **Tracez la courbe de tendance sur le graphique et procédez à la lecture des prévisions pour les mois de janvier, février et mars N+1.**

12. **Vérifiez vos prévisions avec un tableau de calcul des paramètres.**

13. **Pour répondre à la demande future, de quels nouveaux moyens l'entreprise devra-t-elle disposer ?**

Annexe 6
Annexe 7
Fiche ressource 6

Données de la situation

Annexe 1 Évolution des ventes en volume des trois dernières années

Moteur AL2801 – Ventes trimestrielles en volume (en milliers d'unités)

Années	Trimestres			
	T1	T2	T3	T4
N-2	115	155	145	102
N-1	130	180	178	124
N	151	220	207	145

Annexe 2 Entretien avec Bernard Hugonnet (1)

Bernard Hugonnet : L'entreprise souhaite développer, notamment, la commercialisation de deux de ses produits phares : les moteurs AL2801 et LA2003.

Afin de préparer les budgets de l'année N+1, je souhaite disposer d'une analyse des ventes de ces produits. Je vous charge de cette mission.

Pour le moteur AL2801, nous avons arrêté, avec le contrôleur de gestion, la démarche suivante :

– effectuez l'analyse de la tendance générale des ventes à l'aide de la méthode des moindres carrés ;
– réalisez le calcul des coefficients trimestriels avec la méthode du rapport à la tendance, que l'on appelle « rapport au trend » lorsque nous conversons avec nos collègues contrôleurs de gestion anglais.

Pour réaliser ce travail, je mets à votre disposition le travail préparatoire [annexe 3].

Je vous souhaite une bonne inspiration…

Annexe 3 Tableaux préparatoires

Modèle de tableau de calculs préparatoires (extrait)

Années	Trimestre 1			Trimestre 2			Trimestre 3…
	Donnée observée (Yo)	Donnée tendance (Yt)	Rapport à la tendance (Yo / Yt)	Yo	Yt	Yo / Yt	…
N-2	115	124,564	0,923	155			
N-1	130			180			
N	151			220			
		Moyennes					
		Moyennes arrondies					

Annexe 4 Entretien avec Bernard Hugonnet (2)

Bernard Hugonnet : Le budget de communication alloué à l'opération « Développement de l'activité AL2801 » est conséquent depuis plusieurs années. Diverses campagnes de publicité se sont succédé et il est temps de mesurer leur efficacité. Des arbitrages seront effectués lors de la prise de décision d'allocation des ressources financières dont dispose l'entreprise.

J'espère une revalorisation du budget de communication pour le moteur AL2801 à 100 000 € pour l'année à venir. Les négociations relatives aux budgets N+1 seront âpres, comme d'habitude. Les responsables des services Contrôle de gestion et Comptabilité me demandent de négocier le budget de communication commerciale relatif à ce produit sur une base de ventes annuelles de 800 000 €.

Annexe 5 Efficacité des dépenses de communication commerciale

Le produit AL2801, commercialisé depuis 12 ans, a été amélioré au cours de l'année N-5 de manière importante. Depuis, il fait régulièrement l'objet de légères modifications, notamment afin de faciliter son entretien. Bernard Hugonnet a décidé de ne retenir que les données depuis N-4.

Dépenses de communication commerciale (en milliers d'euros)

(Données corrigées des effets de l'inflation)

Années	Chiffres d'affaires annuels	Dépenses annuelles
N-4	367 000	35 000
N-3	425 000	49 000
N-2	517 000	56 000
N-1	612 000	72 000
N	723 000	82 000

Bernard Hugonnet vous précise qu'il pense que l'hypothèse de continuité de la situation actuelle est crédible pour le produit AL2801.

Annexe 6 Entretien avec Bernard Hugonnet (3)

Bernard Hugonnet : Concernant le moteur LA2003, le contrôleur de gestion relève une croissance rapide ces derniers mois. Il pense qu'elle se poursuivra pour les prochains mois. En effet, les dépenses de communication commerciale relatives à ce produit vont se développer et une forte demande existe alors que la concurrence est peu présente sur cette niche.

Je vous remercie de dégager la tendance des ventes du moteur LA2003 et de procéder aux prévisions pour les trois premiers mois de l'année N+1.

Je vous précise que j'attends que vous réalisiez, lorsque cela est pertinent, des graphiques explicites. En effet, vous serez amené(e) à rendre compte de votre travail dans le cadre de la première réunion préparatoire à l'élaboration des budgets de l'année N+1.

Annexe 7 Ventes en volume du moteur LA2003 depuis sa commercialisation

Le produit LA2003 est commercialisé depuis 12 mois. Bernard Hugonnet vous précise que les ventes du moteur ne sont pas saisonnières.

Mois	Janv.	Fév.	Mars	Avril	Mai	Juin	Juil.	Août	Sept.	Oct.	Nov.	Déc.
Ventes	12	15	15	20	25	45	60	81	117	142	178	212

Fiche ressource 1

Identifier l'existence d'une saisonnalité

I Préparer la prévision des ventes

La prévision des ventes est la première étape de la réalisation des différents budgets prévisionnels. En effet, les volumes des ventes vont directement influer sur les achats, les investissements, l'état de la trésorerie.

La prévision des ventes (en volume et/ou en valeur) repose sur des méthodes statistiques. Celles-ci permettent de réduire l'incertitude liée au futur ; de ce fait, elles autorisent les prises de décision de manière plus pertinente.

Les méthodes de prévision des ventes sont fondées sur l'**hypothèse d'une continuité des événements passés et d'une reproduction de ceux-ci dans le futur dans des conditions quasi identiques.**

Il s'agit :
– de constater l'existence ou non d'une saisonnalité ;
– de dégager, à partir des données du passé, une tendance qui permettra de prévoir les ventes de l'année suivante.

II La notion de saisonnalité

La saisonnalité s'explique par le fait que l'activité de l'entreprise n'est pas répartie de manière régulière sur l'année (ou l'exercice comptable).

Exemples

– Un commerce de ventes de maillots de bain et de serviettes de plage a une activité saisonnière. Le volume des ventes sera plus important les semaines qui précèdent l'arrivée des beaux jours et au début de la période d'été.

– Une grande surface alimentaire située dans une région non touristique aura un chiffre d'affaires sensiblement identique chaque mois, sauf pour le mois de décembre en raison des fêtes de fin d'année.

III Observer la saisonnalité

1. L'observation à partir de données chiffrées

L'observation porte sur la répartition du chiffre d'affaires (CA) sur l'année. On s'appuie donc sur un découpage du CA de l'année en 12 mois et/ou en 4 trimestres, selon les données disponibles. Il suffit alors de repérer visuellement des hausses ou des baisses de CA, régulières, aux mêmes périodes de l'année.

Exemple

La SA LeBruxel a pour activité la distribution de boissons rafraîchissantes. Sa clientèle est composée essentiellement de restaurants, bars et hôtels situés en France et en Belgique.

Volume des ventes trimestrielles des trois dernières années
(En milliers d'hectolitres)

	N-2	N-1	N
1er trimestre	50	54	57
2e trimestre	99	107	113
3e trimestre	198	215	228
4e trimestre	66	72	77

La lecture du tableau révèle l'existence d'une saisonnalité : les ventes sont nettement plus importantes durant le 3e trimestre et sont réduites au cours du 1er trimestre. Ce phénomène, qui se répète chaque année, s'explique logiquement par le fait qu'il s'agit d'une boisson désaltérante.

2. L'observation à partir de graphiques

La présentation des données sous forme de graphiques peut faciliter l'observation des saisonnalités. L'utilisation d'un tableur (Excel, par exemple) permet une représentation très claire de ce phénomène.

Exemple (suite)

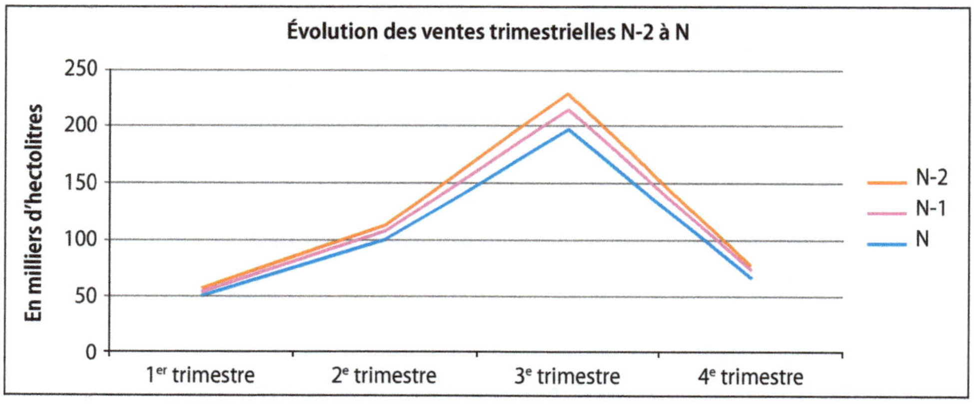

Ce graphique regroupe trois courbes correspondant aux trois périodes observées. Chaque période correspond à une année. Le phénomène périodique y est mis en évidence de manière très claire. Un pic apparaît au cours du 3e trimestre, une période creuse est affichée durant les 1er et 4e trimestres. On observe également une tendance à la hausse du volume des ventes chaque année.

Il est aussi possible de considérer que la période étudiée ne se limite pas à l'année et de présenter graphiquement toutes les données les unes à la suite des autres sur une période longue. Cette présentation présente deux avantages :

1. pouvoir superposer sur ce graphique une droite de tendance (voir fiche ressource 2) ;
2. mesurer le poids relatif de chaque période (ici, le trimestre) par les coefficients saisonniers (voir fiche ressource 3) afin de procéder aux prévisions.

Exemple (suite)

4 trimestres × 3 années = 12 trimestres consécutifs

Chaque trimestre est identifié par son rang. Le 1er trimestre de l'année N-2 est la 1re donnée, donc de rang 1. Le 1er trimestre de l'année N est la 9e donnée, donc de rang 9.

Ventes trimestrielles (en milliers d'hectolitres)

Années	N-2				N-1				N			
Rangs	1	2	3	4	5	6	7	8	9	10	11	12
Ventes	50	99	198	66	54	107	215	72	57	113	228	77

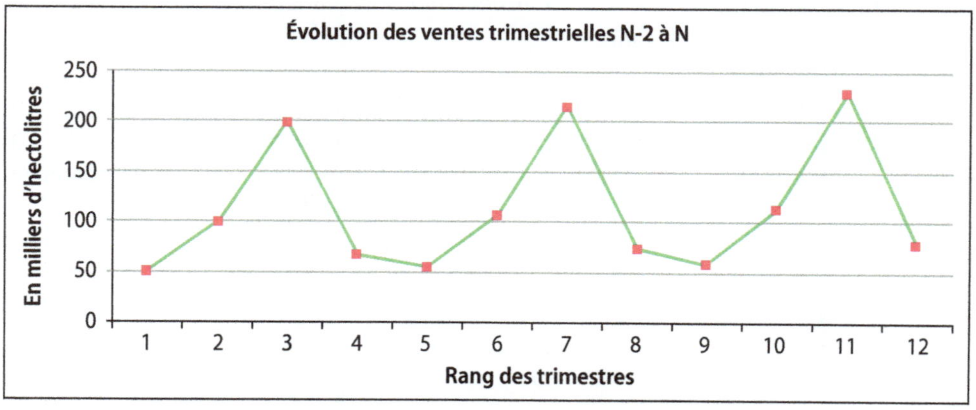

Ce graphique met en évidence les deux phénomènes constatés dans le premier graphique : existence d'une saisonnalité et progression du volume des ventes chaque année.

Fiche ressource 2

Estimer une tendance à l'aide de la méthode des moindres carrés

I Présentation de la méthode des moindres carrés

De nombreuses méthodes sont à la disposition du gestionnaire pour prévoir les ventes. Certaines s'appuient sur l'observation des valeurs du passé. Le principe consiste, à partir des données passées, à calculer la **tendance** générale des ventes réalisées les exercices précédents. Cette tendance, représentée par une droite, matérialise une évolution à long terme sur laquelle on s'appuiera pour prévoir l'avenir.

La méthode des moindres carrés permet d'exprimer les ventes des années précédentes sous la forme d'une **fonction statistique linéaire :**
$y = ax + b$

Avec : y = le montant (ou le volume) des ventes
x = le rang de la période
a = le coefficient directeur de la fonction

Si a est positif, la tendance est haussière (les ventes augmentent) ; s'il est négatif, la tendance est baissière (les ventes diminuent).

II Déterminer la fonction linéaire

1. La résolution à l'aide d'un tableau

Si on a :
- x_i = le rang de l'unité de temps i (par exemple, 1er trimestre = x_1 ; 2e trimestre = x_2) ;
- moyenne x_i = la moyenne des x_i ;
- X_i = l'écart du rang par rapport à la moyenne du rang = x_i – moyenne x_i.

Et :
- y_i = le montant des ventes (chiffre d'affaires) en i ;
- moyenne y_i = la moyenne des y_i ;
- Y_i = l'écart des ventes par rapport à la moyenne des ventes = y_i – moyenne y_i.

Alors on a :

$$a = \frac{\Sigma X_i Y_1}{\Sigma X_i^2}$$

b = moyenne y_i – (a × moyenne x_i)

On présente habituellement les données dans un tableau préparatoire aux calculs. À partir de ce tableau, on peut calculer les valeurs a et b de la fonction puis tracer la droite de tendance.

Exemple de tableau préparatoire

Année	Trimestre ou mois (ici, trimestre) N° de rang $= x_i$	Montant des ventes y_i	Écart du rang par rapport à la moyenne du rang $= X_i$	Écart des ventes par rapport à la moyenne des ventes $= Y_i$	Écart du rang × écart des ventes $= X_iY_i$	Écart du rang au carré $= X_i^2$
N-1	$1 = x_1$	y_1	$X_1 = 1$ – moyenne x_i	$Y_1 = 1$ – moyenne y_i	$X_1 \times Y_1$	$X_1 \times X_1$
	$2 = x_2$	y_2	$X_2 = 2$ – moyenne x_i	$Y_2 = 2$ – moyenne y_i	$X_2 \times Y_2$	$X_2 \times X_2$
	$3 = x_3$	y_3	…	…	…	…
N	$4 = x_4$	y_4				
	$5 = x_5$	y_5				
	…	…				
	On calcule ensuite la moyenne des rangs = moyenne des x_i.	On calcule ensuite la moyenne des ventes = moyenne des y_i.			On calcule ensuite la somme des X_iY_i.	On calcule ensuite la somme des X_i^2.

Exemple

Reprenons le cas de la SA LeBruxel (voir fiche ressource 1).

Tableau de calcul des paramètres de la tendance

Années	Rangs trimestres x_i	Ventes y_i	$X_i = x_i$ – moyenne x	$Y_i = y_i$ – moyenne y	$X_i \times Y_i$	X_i^2
N-2	1	50	– 5,5	– 61,33	337,33	30,25
	2	99	– 4,5	– 12,33	55,50	20,25
	3	198	– 3,5	86,67	– 303,33	12,25
	4	66	– 2,5	– 45,33	113,33	6,25
N-1	5	54	– 1,5	– 57,33	86,00	2,25
	6	107	– 0,5	– 4,33	2,17	0,25
	7	215	0,5	103,67	51,83	0,25
	8	72	1,5	– 39,33	– 59,00	2,25
N	9	57	2,5	– 54,33	– 135,83	6,25
	10	113	3,5	1,67	5,83	12,25
	11	228	4,5	116,67	525,00	20,25
	12	77	5,5	– 34,33	– 188,83	30,25
Moyenne	**6,5**	**111,33**		**Total**	**490,00**	**143,00**

a = 490 / 143 = 3,42657
b = 111,33 – (6,5 × 3,42657) = 89,061
Droite de tendance : y = 3,42657x + 89,061

2. La résolution à l'aide de la fonction DROITEREG

Cette fonction permet de calculer directement le coefficient directeur (a) de la droite d'ajustement.

Le calcul de b est réalisé ainsi :
b = moyenne y_i – (a × moyenne x_i)
La démarche est la suivante :
– saisir les données dans un tableau ;
– dans une cellule vierge, choisir la fonction DROITEREG.
La fenêtre ci-contre s'affiche ;
– renseigner les deux lignes Y_connus et X_connus en précisant les cellules dans lesquelles se trouvent les ventes (Y) et les rangs des périodes (X).

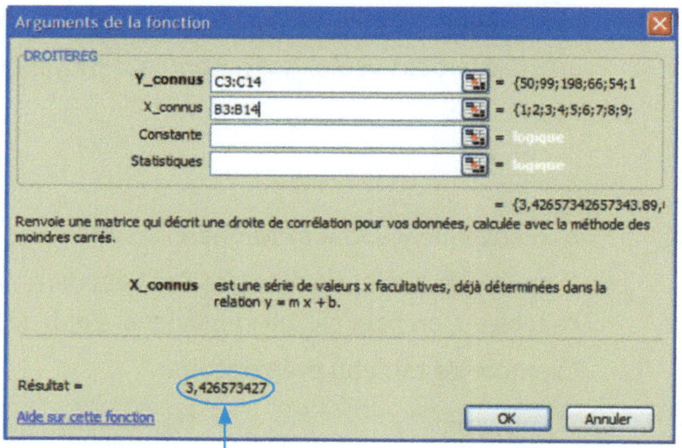

Le résultat s'affiche et confirme celui trouvé à l'aide du tableau.

III Trouver les chiffres d'affaires de tendance à partir de la fonction linéaire

Pour trouver les chiffres d'affaires de tendance (ventes tendance), il faut remplacer x par le rang du trimestre dans la fonction linéaire.

Exemple (suite)

$y = 3{,}42657x + 89{,}061$
1er trimestre N-2 : x = 1 ; ventes tendance = $(3{,}42657 \times 1) + 89{,}061 = 92{,}49$
4e trimestre N-2 : x = 4 ; ventes tendance = $(3{,}42657 \times 4) + 89{,}061 = 102{,}77$

Années	Trimestres	Rangs trimestres x_i	Ventes observées	Ventes tendance
N-2	1	1	50	92,49
	2	2	99	95,91
	3	3	198	99,34
	4	4	66	102,77
N-1	1	5	54	106,19
	2	6	107	109,62
	3	7	215	113,05
	4	8	72	116,47
N	1	9	57	119,90
	2	10	113	123,33
	3	11	228	126,75
	4	12	77	130,18

IV La représentation graphique de la tendance à l'aide d'un tableur

La droite de tendance exprimée avec les données trimestrielles précédentes permet de dégager une tendance sans tenir compte des variations saisonnières.

Avec le tableur, la démarche est la suivante :
- saisir les données dans un tableau ;
- réaliser un graphique en courbe ;
- cliquer avec le bouton droit de la souris sur la courbe affichée puis sélectionner « Ajouter une courbe de tendance » ;
- cocher « Afficher l'équation sur le graphique ».

Exemple (suite)

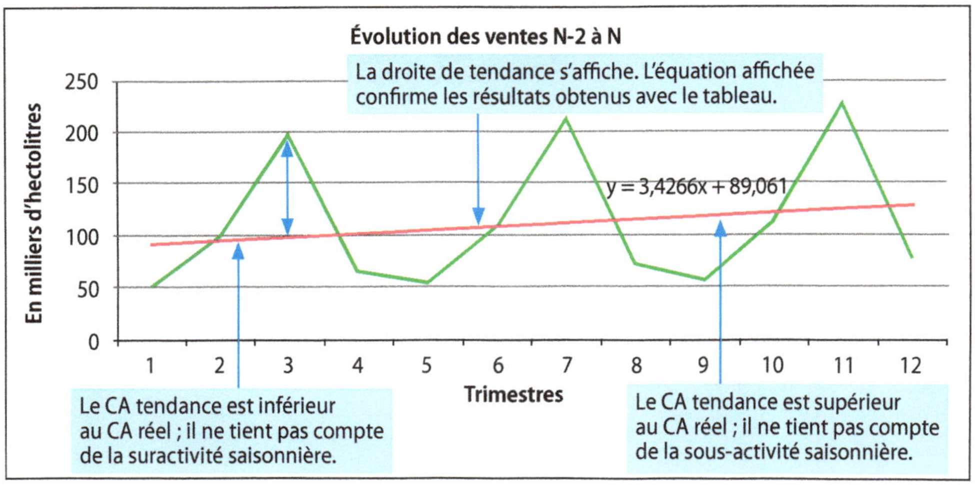

Fiche ressource 3

Estimer une tendance à l'aide de la méthode de la moyenne mobile

I Présentation de la méthode de la moyenne mobile

Cette méthode, comme celle des moindres carrés, permet d'analyser et de mesurer la tendance générale des ventes réalisées les exercices précédents.

La méthode de la moyenne mobile permet d'exprimer les ventes des années précédentes sous la forme d'une **fonction statistique linéaire** :

y = ax + b

Avec : y = le montant (ou le volume) des ventes
x = le rang de la période
a = le coefficient directeur de la fonction

Si a est positif, la tendance est haussière (les ventes augmentent) ; s'il est négatif, la tendance est baissière (les ventes diminuent).

La moyenne mobile est efficace afin de **lisser** les données observées. Elle donne une tendance générale corrigée des variations saisonnières.

II Le calcul de la tendance à l'aide de la fonction linéaire

1. Déterminer la fonction linéaire (la tendance générale) à l'aide d'un tableau

La détermination de la tendance générale par la méthode des moyennes mobiles consiste à lisser au préalable les données : on remplace chaque donnée observée dans la série par la moyenne d'un groupe de valeurs qui la précédent et qui lui succèdent, et dont elle est le centre. Lorsque le nombre est pair, la moyenne mobile est calculée ainsi :

Moyenne mobile sur 4 trimestres : $(x_1 + x_2 + x_3 + x_4) / 4$

Par convention, cette valeur remplace la valeur du 3e trimestre de la 1re année observée.

Il convient ensuite, à partir d'un tableau, de calculer a (le coefficient directeur) et b en utilisant les mêmes formules que pour la méthode des moindres carrés.

Exemple

Reprenons le cas de la SA LeBruxel (voir fiches ressources 1 et 2).

Il est logique, dans l'hypothèse de données trimestrielles, de retenir une moyenne mobile d'ordre 4 (c'est-à-dire correspondant à 4 valeurs, car il y a 4 trimestres dans une année).

Tableau de calcul des paramètres de la tendance
Moyenne mobile centrée d'ordre 4

103,25 = 413 / 4

$= x_i -$ moyenne $x_i = 3 - 6,5$

$= y_i -$ moyenne $y_i = 103,25 - 110,09$

Années	Rangs trimestres x_i	Valeurs observées	Total mobile d'ordre 4	Moyenne mobile d'ordre 4	$X_i = x_i -$ moyenne x	$Y_i = y_i -$ moyenne y	$X_i{*}Y_i$	X_i^2
N-2	1	50						
	2	99						
	3	198	413	103,25	– 3,5	– 6,84	23,95	12,25
	4	66	417	104,25	– 2,5	– 5,84	14,61	6,25
N-1	5	54	425	106,25	– 1,5	– 3,84	5,77	2,25
	6	107	442	110,50	– 0,5	0,41	– 0,20	0,25
	7	215	448	112,00	0,5	1,91	0,95	0,25
	8	72	451	112,75	1,5	2,66	3,98	2,25
N	9	57	457	114,25	2,5	4,16	10,39	6,25
	10	113	470	117,50	3,5	7,41	25,92	12,25
	11	228						
	12	77						
Moyenne	6,5			110,09		Total	85,38	42,00

413 = 50 + 99 + 198 + 66

417 = 99 + 198 + 66 + 54

Moyenne x_i : 6,5 = (3 + 4 + 5 + 6 + 7 + 8 + 9 + 10) / 8

Moyenne y_i : 110,09 = (103,25 + 104,25 + 106,25 + 110,50 + 112,00 + 112,75 + 114,25 + 117,50) / 8

104,25 = 417 / 4

23,95 = – 3,5 × – 6,84

12,25 = – $3,5^2$

On reprend la formule de la méthode des moindres carrés :

$a = \frac{\Sigma X_i Y_i}{\Sigma X_i^2}$

b = moyenne y_i – (a × moyenne x_i)

On obtient :

$a = \frac{85,38}{42} = 2,0327$

b = 110,09 – (2,0327 × 6,5) = 96,881

La droite de tendance est : y = 2,0327x + 96,881

2. Déterminer la tendance générale à l'aide d'un tableur avec un graphique

La démarche est la suivante :
- saisir les données dans un tableau ;
- réaliser un graphique en courbe ;
- cliquer avec le bouton droit de la souris sur la courbe « Moyenne mobile » d'ordre 4 puis sélectionner « Ajouter une courbe de tendance » ;
- cocher « Afficher l'équation sur le graphique ».

Exemple (suite)

Entreprise LeBruxel

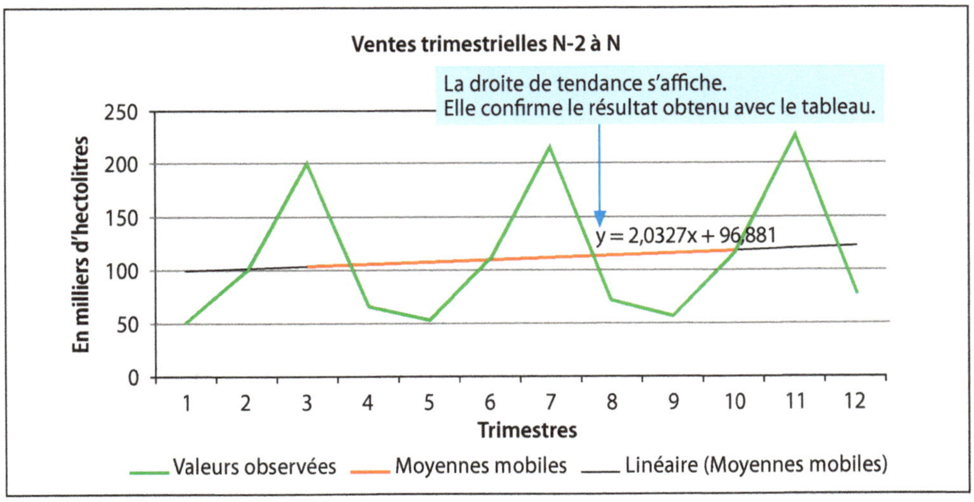

3. Déterminer la tendance générale à l'aide d'un tableur avec la fonction DROITEREG

Cette fonction permet de calculer directement le coefficient directeur (a) de la droite d'ajustement. Le calcul de b est réalisé ainsi : b = moyenne y_i – (a × moyenne x_i)

La démarche est la suivante :
- saisir les données dans un tableau ;
- dans une cellule vierge, choisir la fonction DROITEREG ;
- renseigner les deux lignes Y_connus et X_connus en précisant les cellules dans lesquelles se trouvent les ventes (y) et les rangs des périodes (x).

Attention :
- Y_connus = moyennes mobiles centrées d'ordre 4 ;
- X_connus = rangs des trimestres à partir de 3.

Le coefficient directeur de la droite de tendance (a) affiché est 2,0327. La fonction DROITEREG confirme les résultats précédents.

Fiche ressource 4

Réaliser les prévisions

Afin de procéder aux prévisions pour l'année N+1, il faut d'abord dégager la tendance générale des ventes, soit par la méthode des moindres carrés (voir fiche ressource 2), soit par la méthode de la moyenne mobile (voir fiche ressource 3). Sur la base de cette tendance, des prévisions seront réalisées en deux étapes :
– la première étape consiste à réaliser des prévisions sans tenir compte de l'existence de la saisonnalité ;
– la seconde étape permet d'affiner les prévisions réalisées en intégrant le caractère saisonnier de l'activité.

I Prévoir les tendances sans tenir compte de la saisonnalité

Ces prévisions sont réalisées à partir de la tendance générale des ventes dégagée précédemment soit par la méthode des moindres carrés, soit par la méthode de la moyenne mobile.
L'équation de type y = ax + b, qui représente l'évolution des ventes dans le temps, est prolongée sur les périodes futures.
Il suffit de remplacer dans l'équation x par son rang. On obtient ainsi des prévisions qui n'intègrent pas la saisonnalité.

Exemple

Reprenons l'exemple de l'entreprise LeBruxel (voir fiches ressources 1, 2 et 3).
La tendance suivante a été dégagée à partir de la méthode des moindres carrés :
y = 3,42657x + 89,061
Le 1er trimestre de l'année N+1 occupe le rang 13. En remplaçant x par 13 dans la fonction, on obtient la tendance pour ce trimestre : (3,42657 × 13) + 89,061 = 133,606.
Il faut procéder ainsi pour les autres trimestres.
Les calculs peuvent être contrôlés à l'aide de la fonction PREVISION du tableur (dernière colonne du tableau).

Prévisions brutes N+1 (en milliers d'hectolitres)

Année	Trimestres	Rangs trimestres x_i	Ventes désaisonnalisées (tendance)	Contrôle fonction PREVISION Excel
N+1	1	13	133,606	133,6061
	2	14	137,033	137,0326
	3	15	140,459	140,4592
	4	16	143,886	143,8858
Total ventes prévisionnelles N+1			**554,984**	**554,9837**

La reproduction de l'écran suivant permet d'expliquer la fonction PREVISION.

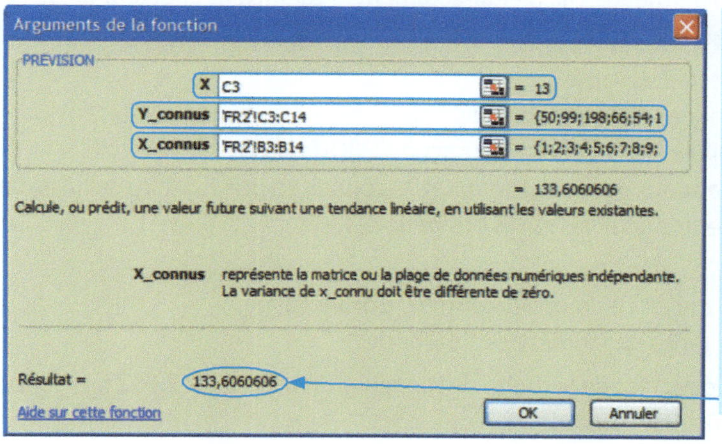

Argument X : désigner la cellule qui précise le rang de la période (ici : 13 car 1er trimestre N+1).
Argument Y_connus : préciser le bloc de cellules qui contiennent les ventes de N-2 à N (qui ont permis de donner la tendance).
Argument X_connus : préciser le bloc de cellules qui contiennent les rangs de N-2 à N (qui ont permis de donner la tendance).
Le résultat est affiché.

II Affiner les prévisions en prenant en compte de la saisonnalité

Après avoir réalisé les prévisions désaisonnalisées (étape 1), il convient d'intégrer la saisonnalité à l'aide de la méthode des rapports à la tendance, qui consiste à calculer les coefficients saisonniers (trimestriels, mensuels, par exemple).
Chaque coefficient représente le poids de la période concernée et permet de restituer la saisonnalité dans les prévisions.

1. Méthodologie

Après avoir dégagé la tendance des ventes (par la méthode des moindres carrés ou la méthode de la moyenne mobile), le rapport à la tendance est calculé ainsi :

$$\textbf{Rapport à la tendance (période p)} = \frac{\textbf{Valeur observée (période p)}}{\textbf{Valeur tendance (période p)}}$$

« Valeur tendance » signifie que, pour la période, on applique la tendance.
Le calcul des coefficients saisonniers consiste à prendre la moyenne arithmétique des rapports à la tendance de la période concernée. Ils permettent de restituer la saisonnalité dans les prévisions.
Ces coefficients peuvent être utilisés pour :
– saisonnaliser les prévisions tendance :

$$\text{Prévision tendance de la période} \times \text{Coefficient de la période}$$

– désaisonnaliser une série de données :

$$\frac{\text{Donnée observée de la période}}{\text{Coefficient saisonnier de la période}}$$

2. Mise en pratique

Reprenons l'exemple de l'entreprise LeBruxel. Nous retiendrons ici la méthode des moindres carrés. La tendance dégagée précédemment est la suivante : $y = 3{,}42657x + 89{,}061$ (voir fiche ressource 2).
On applique cette tendance aux valeurs observées sur la période passée. On peut ensuite calculer un rapport à la tendance (valeur observée/valeur tendance).

Les rapports à la tendance

Années	Trimestres	Rangs trimestres xi	Ventes observées	Ventes tendance	Rapport à la tendance
N-2	1	1	50,000	92,4872	**0,54**
	2	2	99,000	95,9138	**1,03**
	3	3	198,00	99,3403	**1,99**
	4	4	66,000	102,7669	**0,64**
N-1	1	5	54,000	106,1935	**0,51**
	2	6	107,000	109,6200	**0,98**
	3	7	215,000	113,0466	**1,90**
	4	8	72,000	116,4732	**0,62**
N	1	9	57,000	119,8998	**0,48**
	2	10	113,000	123,3263	**0,92**
	3	11	228,000	126,7529	**1,80**
	4	12	77,000	130,1795	**0,59**

Valeur tendance : on remplace x par 1 dans l'équation. On obtient 92,4872.
Rapport à la tendance = Valeur observée / Valeur tendance
Pour le 1er trimestre N-2 : 50 / 92,4872 = 0,54

On remarque que les rapports à la tendance expriment la saisonnalité. En effet :
– le rapport à la tendance pour chaque 1er trimestre est faible (0,54 pour N-2, 0,51 pour N-1 et 0,48 pour N). L'activité est réduite le 1er trimestre de chaque année ;
– le rapport à la tendance pour chaque 3e trimestre est fort (1,99 pour N-2, 1,90 pour N-1 et 1,80 pour N). L'activité est forte le 3e trimestre de chaque année.

Il faut enfin calculer la moyenne des rapports à la tendance pour chaque trimestre :
– pour le 1er trimestre : (0,54 + 0,51 + 0,48) / 3 = 0,51 ;
– pour le 3e trimestre : (1,99 + 1,90 + 1,80) / 3 = 1,90.

Calcul des coefficients saisonniers

Trimestres	Rapports à la tendance			Moyennes trimestrielles = coef. saisonniers
	N-2	N-1	N	
1	0,54	0,51	0,48	**0,51**
2	1,03	0,98	0,92	**0,97**
3	1,99	1,90	1,80	**1,90**
4	0,64	0,62	0,59	**0,62**
			Total	**4,00**

La colonne « Moyennes trimestrielles » affiche les coefficients trimestriels. On retrouve bien la saisonnalité trouvée en fiche ressource 1 ; les ventes sont très importantes au cours du 3e trimestre et faibles au cours des 1er et 4e trimestres.

Le total donne 4 car il y a 4 trimestres dans une année. Si la période retenue est le mois, le total des coefficients mensuels sera alors 12.

Pour saisonnaliser les prévisions tendance afin d'obtenir les prévisions qui tiennent compte de la saisonnalité de l'activité, il suffit de multiplier les valeurs obtenues en appliquant la tendance par le coefficient saisonnier concerné.

Exemples (suite)

– Au 1er trimestre N+1, la tendance donne la valeur 133,606 (il suffit de remplacer x par 13 dans l'équation, voir partie I). Pour obtenir la prévision du volume des ventes, il convient de multiplier cette valeur tendance par le coefficient du 1er trimestre trouvé précédemment (0,51).

– Au 3e trimestre N+1, la tendance donne la valeur 140,459 (il suffit de remplacer x par 15 dans l'équation, voir partie I). Pour obtenir la prévision du volume des ventes, il convient de multiplier cette valeur tendance par le coefficient du 3e trimestre trouvé précédemment (1,90).

Ventes trimestrielles prévisionnelles pour N+1 (en milliers d'hectolitres)

Trimestres	Valeurs tendance	Coefficients saisonniers	Prévisions	Prévisions arrondies
1	133,606	0,51	67,89496527	68
2	137,033	0,97	133,5860039	134
3	140,459	1,90	266,5819173	267
4	143,886	0,62	88,82017286	89
			Total	**558**

Nous retrouvons, dans les prévisions, la saisonnalité mise en évidence dans la fiche ressource 1.

III La fiabilité des prévisions

Les prévisions sont des outils d'aide à la décision très utiles pour les décideurs, notamment dans l'optique d'établir les budgets. Il convient, cependant, d'apporter quelques réserves aux méthodes de prévision des ventes. Quelques précautions permettent de limiter la portée de ces réserves.

Les méthodes de prévision des ventes sont basées sur des données passées. Elles n'intègrent pas la conjoncture économique la plus récente, notamment si elles retiennent des données trop anciennes (plus de 4 ou 5 ans), ce qui doit être évité.

Elles reposent sur l'hypothèse que l'année à venir connaîtra la même tendance générale que les années précédentes. Elles supposent également une stabilité de la saisonnalité.

Elles ne tiennent pas compte des aléas et/ou des actions des concurrents.

> Exemple
> La prévision annonce en tendance une progression du chiffre d'affaires significative alors que l'entreprise enregistre une baisse sensible de son activité au cours du dernier exercice.

La méthode de l'ajustement linéaire afin de dégager une tendance générale n'est pas adaptée pour les prévisions de ventes d'un produit nouveau car elle repose sur l'analyse des ventes des années précédentes.

Le chef d'entreprise doit donc considérer avec prudence ces informations statistiques.

Il est possible d'atteindre un niveau de fiabilité très satisfaisant en respectant les consignes suivantes :
– prendre en compte les indicateurs conjoncturels (état de l'économie des pays où se trouvent les clients, taux de croissance…) ;
– mobiliser la force de vente (les commerciaux) en l'impliquant dans la démarche de prévisions des ventes ;
– intégrer dans la démarche des aléas possibles ou probables qui peuvent impacter sur le niveau de l'activité de l'entreprise (le volume des ventes) ;
– utiliser un tableur-grapheur (Excel, par exemple) ou un progiciel de gestion intégré afin de réaliser des simulations et d'éventuelles remédiations à partir de feuilles automatisées.

Fiche ressource 5

Le coefficient de corrélation

I Définition

Le coefficient de corrélation (r) exprime l'intensité (la force) de la relation entre le volume des ventes ou chiffre d'affaires (y) et une variable connue (x) qui peut être le niveau des dépenses de communication commerciale, le prix, le nombre d'appels du service commercial…

Le coefficient de corrélation est compris entre 1 et – 1. Plus il est proche de 1 ou de – 1, plus le lien entre les deux variables est fort. S'il est positif, cela signifie que les deux variables étudiées évoluent dans le même sens (si l'une augmente, l'autre augmente également ; si l'une diminue, l'autre diminue). S'il est négatif, les deux variables évoluent en sens inverse (si l'une augmente, l'autre baisse).

En entreprise, la mesure du coefficient de corrélation est un indicateur pertinent d'aide à la décision dans une optique de réalisation des budgets.

Prenons deux exemples :
– les dépenses de communication commerciale d'une entreprise augmentent depuis plusieurs années alors que le volume des ventes stagne. Il convient de s'interroger sur l'efficacité des frais de communication, notamment si aucun autre élément (nouveau concurrent, crise économique…) ne peut expliquer la stagnation des ventes. Dans ce cas, le lien entre les ventes et les frais de communication (la corrélation) est faible. Le coefficient de corrélation sera alors éloigné de 1 ;
– plusieurs nouveaux concurrents se sont positionnés sur le marché de l'entreprise. Ses ventes diminuent. Les deux variables observées (nombre de concurrents et niveau de son CA) évoluent en sens inverse. Le coefficient sera négatif et proche de – 1 ; en effet, il y a un lien fort entre le nombre de concurrents et le CA de l'entreprise.

II Le calcul du coefficient de corrélation

Le coefficient de corrélation r peut être obtenu par trois méthodes.

Exemple

Reprenons le cas de la SA LeBruxel (voir fiches ressources précédentes).
Les dépenses de communication commerciale et le montant des ventes de l'entreprise sur les 4 dernières années sont les suivants :

Frais de communication commerciale – Chiffres d'affaires

Années	Frais de communication (en €) : x_i	Montant des ventes (en €) : y_i
N-3	27 593	306 118
N-2	32 014	357 950
N-1	38 113	405 971
N	47 717	452 773

La représentation graphique de ces données en nuage de points et la droite d'ajustement tracée sur le graphique sont pratiquement confondues ici. Cela indique une forte corrélation. Il convient de chercher à confirmer cette corrélation par le calcul.

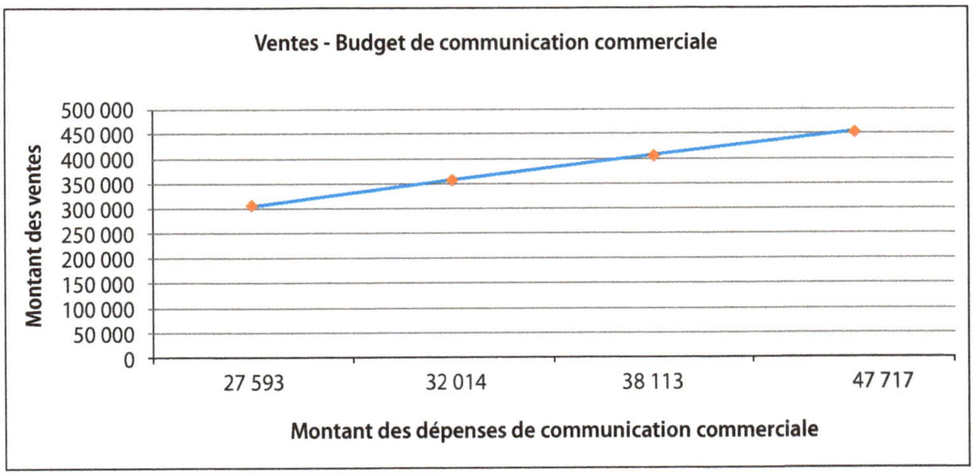

1. Calcul du coefficient de corrélation par la formule (méthode 1)

On peut obtenir r par la formule suivante :

$$r = \frac{\sum_{i=1}^{n} X_i Y_i}{\sqrt{\sum_{i=1}^{n} X_i^2}\sqrt{\sum_{i=1}^{n} Y_i^2}}$$

Avec : $X_i = x_i$ – moyenne x_i
$Y_i = y_i$ – moyenne y_i

Exemple (suite)

À l'aide d'un tableau préparatoire, on trouve les différents éléments nécessaires au calcul du coefficient de corrélation

Tableau de calcul du coefficient de corrélation

Ventes (y_i)	Frais de communication (x_i)	Y_i	X_i	Y_i^2	X_i^2	X_iY_i
306 118	27 593	– 74 585	– 8 766	5 562 922 225	76 847 139,06	653 830 756
357 950	32 014	– 22 753	– 4 345	517 699 009	18 881 197,56	98 867 473
405 971	38 113	25 268	1 754	638 471 824	3 075 639,063	44 313 755
452 773	47 717	72 070	11 358	5 194 084 900	128 998 485,1	818 553 043
380 703	**36 359**	Moyenne	Somme	**11 913 177 958**	**227 802 460,8**	**1 615 565 027**

$\Sigma Xi^2 \, \Sigma Yi^2 = 2{,}71385E + 18$

$\sqrt{\Sigma Xi^2 Yi^2} = 1\ 647\ 377\ 083$

$r = \frac{\Sigma XiYi}{\sqrt{\Sigma Xi^2 Yi^2}} = \mathbf{0{,}980689269}$

On constate ici l'efficacité des dépenses de communication commerciale, r est très proche de 1. La hausse des dépenses de communication entraîne une augmentation des ventes.

2. Calcul du coefficient de corrélation par la formule (méthode 2)

Une autre méthode permet de calculer r.

La droite y = ax + b est appelée « droite de régression de y en x ». Elle permet d'établir le lien entre x et y, par exemple entre les ventes (y) et le budget publicitaire (x).

Pour trouver a et b, on applique les formules vues à la fiche ressource 2 :

$$a = \frac{\Sigma X_i Y_i}{\Sigma X_i^2}$$

b = moyenne y_i – (a × moyenne x_i)

X_i et Y_i s'obtiennent au moyen d'un tableau préparatoire (voir fiche ressource 2) dans lequel x_i représente les dépenses de communication et y_i le montant des ventes réalisées.

Il est également possible d'établir le lien entre y et x (dans notre exemple, entre le budget publicitaire et les ventes).

Dans ce cas, la droite de régression est de la forme : $x = a'y + b'$

Pour trouver a', on applique la formule suivante :

$a' = \frac{\Sigma X_i Y_i}{\Sigma Y_i^2}$ Avec : $X_i = x_i -$ moyenne x_i

$Y_i = y_i -$ moyenne y_i

$b' =$ moyenne $x_i - (a' \times$ moyenne $y_i)$

X_i et Y_i sont issus du même tableau préparatoire que précédemment.

À l'aide de ces calculs préparatoires, nous pouvons trouver r :

$r = \sqrt{a \times a'}$

> Exemple (suite)
>
> À l'aide du tableau préparatoire précédent, on trouve les valeurs suivantes :
>
> a = 7,091955994
>
> a' = 0,135611592
>
> a × a' = 0,961751442
>
> **r = 0,980689269**

3. Calcul du coefficient de corrélation à l'aide de la calculatrice ou du tableur

Une calculatrice avec fonctions statistiques permet de calculer directement r.

L'utilisation de la fonction **COEFFICIENT.CORRELATION** dans Excel permet d'afficher rapidement le coefficient de corrélation sans passer par de longs calculs.

Les arguments Matrice1 et Matrice2 représentent les deux variables observées.

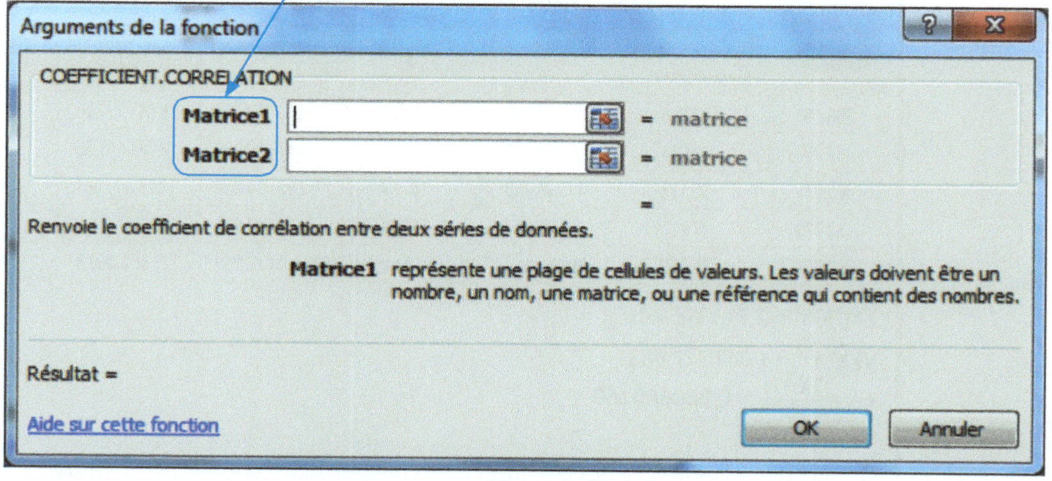

> Exemple (suite)
>
> La fonction COEFFICIENT.CORRELATION renvoie le résultat suivant :

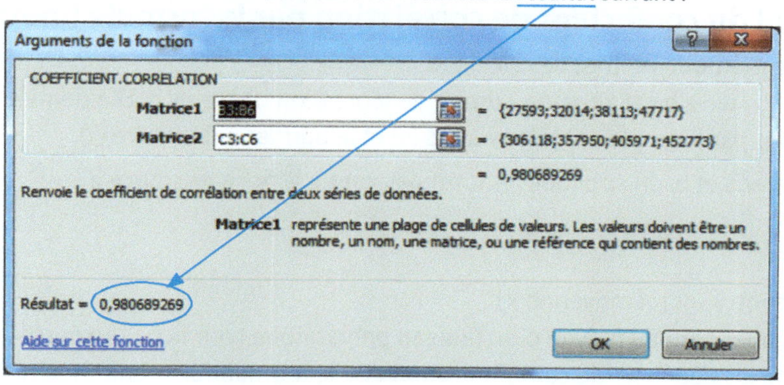

III L'utilisation de la corrélation pour effectuer des prévisions

Lorsque la forte corrélation est confirmée (coefficient > 0,80), il est possible d'effectuer une prévision d'une donnée par rapport à l'autre. Par exemple, il est possible de prévoir les ventes à partir d'un niveau donné de dépenses de communication commerciale ou le montant des dépenses de communication commerciale nécessaires pour atteindre un niveau de ventes précisé. Cette prévision s'effectue à l'aide de la fonction PREVISION du tableur.

Il convient de préciser le CA souhaité dans une cellule de la feuille de calcul et le budget de publicité dont on dispose dans une autre cellule. En entrant dans une cellule vierge la fonction PREVISION, la fenêtre suivante s'affiche.

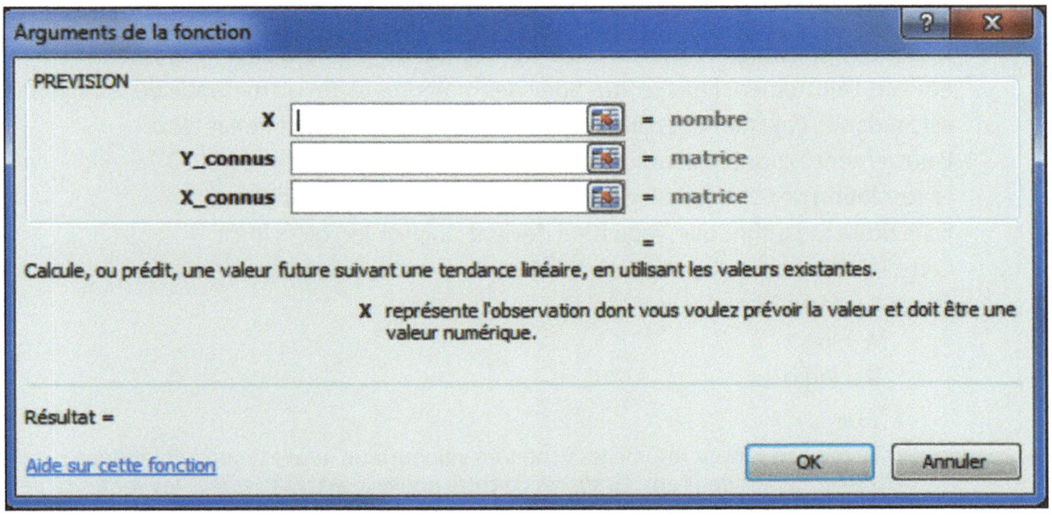

En X, on indique la donnée qui est connue (par exemple, le niveau de chiffre d'affaires attendu). L'argument X et l'argument X_connus représentent la même donnée (ex. : le chiffre d'affaires). L'argument Y_connus représente l'autre donnée.

Exemple (suite)

Le contrôleur de gestion de la SA LeBruxel s'interroge :

1. Quel doit être le montant du budget de publicité pour atteindre un chiffre d'affaires de 520 000 € ?
2. S'il dispose d'un budget de publicité de 49 500 €, quel chiffre d'affaires peut-il espérer ?

La fonction PREVISION du tableur permet de répondre à ces questions :

– Pour répondre à la 1re question (quel doit être le budget pour atteindre un CA 520 000 €), on indique en X la donnée connue, soit le chiffre d'affaires : 520 000.

Y_connus : sélectionner les cellules dans lesquelles se trouvent les montants des frais de communication (publicité).

X_connus : sélectionner les cellules dans lesquelles se trouvent les montants des ventes.

– Pour répondre à la 2de question, on sélectionne en X le montant du budget de publicité : 49 500.

Prévisions pour N+1

Chiffre d'affaires souhaité	520 000	Budget de publicité	49 500
Budget de publicité nécessaire	**55 250**	**Chiffre d'affaires espéré**	**473 897**

Fonction PREVISION avec X = chiffre d'affaires attendu

Fonction PREVISION avec X = budget de publicité

Pour espérer un chiffre d'affaires de 520 000 €, le budget de publicité devra s'élever à 55 250 €.
Avec un budget de publicité de 49 500 €, le chiffre d'affaires attendu sera de 437 897 €.
On suppose, dans les hypothèses précédentes, que toutes les autres conditions (concurrence sur le marché, état de l'économie, stabilité des prix de vente…) sont inchangées.

Fiche ressource 6

L'ajustement par une fonction exponentielle

Pour un produit en phase de lancement ou situé sur une niche d'activité amenée à se développer, les ventes connaissent, dans une première phase, un démarrage lent puis un développement important lorsque le produit est connu des clients.
Il est important, pour l'entreprise, d'identifier les produits qui font l'objet d'une demande en forte progression car cela implique pour elle des investissements matériels et immatériels (formations, recherche et développement), afin d'être en mesure de répondre à la demande, et entraîne une réflexion sur les sources de financement (augmentation de capital, nouvel emprunt…).

I Présentation et méthodologie

Lorsque la croissance du volume des ventes (ou du chiffre d'affaires) s'accélère sur la période étudiée, l'ajustement linéaire (méthode des moindres carrés ou méthode de la moyenne mobile) est inadapté. L'ajustement par une fonction exponentielle doit être retenu.
L'ajustement exponentiel est de type : $y = ba^x$
La résolution de cette fonction passe par l'utilisation des logarithmes.
En écriture logarithmique, l'équation devient : $\log y = \log b + x \log a$
Cette équation peut s'écrire ainsi : $Y = Ax + B$
Avec : $Y = \log y$
$A = \log a$
$B = \log b$

Exemple

Le tableau suivant résume les ventes en volume d'un nouveau produit fabriqué par l'entreprise Vierne depuis deux ans. Le succès de cette nouvelle activité est réel, les ventes se développent rapidement.
Pour l'année N+1, l'hypothèse du rythme soutenu de croissance est maintenue car aucun concurrent ne s'est développé et le marché continuera à être très porteur.

Ventes en volume du nouveau produit

Années	N-1				N			
Trimestres	1	2	3	4	1	2	3	4
Rangs trimestres x_i	1	2	3	4	5	6	7	8
Quantités vendues y_i	120	150	180	250	380	480	620	780

Les ventes trimestrielles connaissent une croissance lente au cours des premiers trimestres puis un développement plus rapide, ce que confirme la représentation graphique.

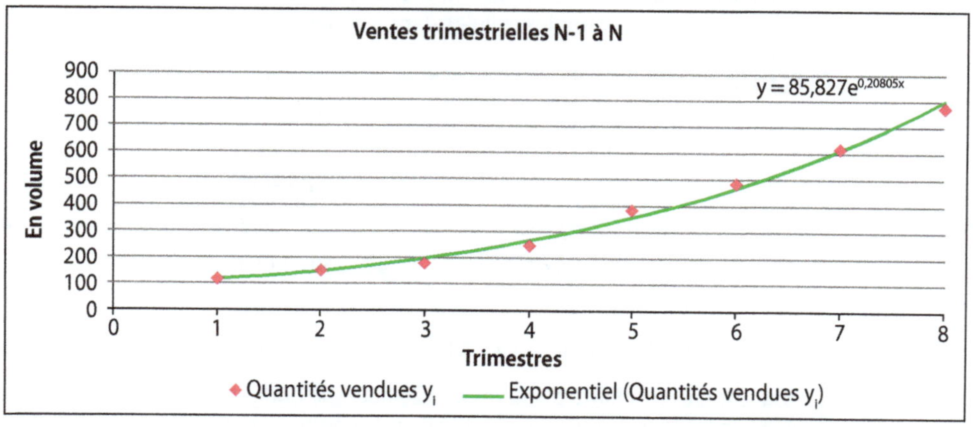

Pour prévoir les ventes, l'ajustement linéaire ne peut pas être utilisé ici : l'ajustement par une fonction exponentielle s'impose.

II Détermination de la fonction à l'aide d'un tableau de calcul

Afin de réaliser les prévisions de ventes trimestrielles en volume pour N+1, il faut au préalable calculer les données tendance avec la fonction Y = Ax + B.

On présente habituellement les données dans un tableau de calcul des paramètres.

Tableau de calcul des paramètres A et B

Rang trimestre x_i	Montant des ventes y_i	Log de la valeur des ventes $\log y_i = Y_i$	Écart du rang par rapport à la moyenne du rang : x_i – moyenne x_i (1)	Écart des ventes par rapport à la moyenne des ventes Y_i – moyenne Y_i (2)	Écart du rang × Écart des ventes (1) × (2)	Écart du rang au carré $(1)^2$
x_1	y_1	À l'aide de la fonction log du tableur (ou d'une calculatrice), afficher le log de la valeur des ventes.	Mêmes calculs que pour la méthode des moindres carrés (voir fiche ressource 2)			
x_2	y_2					
x_3	y_3					
…	…					
Moyenne des x_i		**Moyenne des Y_i**		**Total (3)**	**Total (4)**	

Pour trouver A = (3) / (4)

Ce tableau permet de trouver A.

B = moyenne Y_i – (A × moyenne x_i)

Ensuite, en posant : A = log a et B = log b, la fonction inverse de log permet d'obtenir les valeurs de a et b.

En remplaçant a et b par leurs valeurs dans l'équation $y = ba^x$ et en remplaçant x dans l'équation par son rang, on peut calculer les données prévisionnelles.

Exemple (suite)

Afin de réaliser les prévisions de ventes trimestrielles en volume pour N+1, on calcule les données tendance avec la fonction Y = Ax + B.

Le tableau suivant permet de déterminer les valeurs des paramètres A et B.

Rangs trimestres x_i	Ventes y_i	$\log y_i = Y_i$	x_i – moyenne x_i (1)	Y_i – moyenne Y_i (2)	(1) × (2)	$(1)^2$
1	120	2,07918125	– 3,5	– 0,40256827	1,40898895	12,25
2	150	2,17609126	– 2,5	– 0,30565826	0,76414565	6,25
3	180	2,25527251	– 1,5	– 0,22647701	0,33971552	2,25
4	250	2,39794001	– 0,5	– 0,08380951	0,04190475	0,25
5	380	2,5797836	0,5	0,09803408	0,04901704	0,25
6	480	2,68124124	1,5	0,19949172	0,29923758	2,25
7	620	2,79239169	2,5	0,31064217	0,77660543	6,25
8	780	2,8920946	3,5	0,41034508	1,4362078	12,25
4,5	**Moyenne**	**2,48174952**		**Total**	**5,11582272**	**42,00**

Moyenne xi

Fonction LOG Renseigner l'argument Nombre

Fonction PUISSANCE

Explications

Colonne « log $y_i = Y_i$ » : à l'aide de la fonction log du tableur (ou d'une calculatrice), afficher le log de la valeur des ventes. Ex. : log de 120 = 2,07918125, log de 150 = 2,17609126. Il faut calculer la moyenne des valeurs ainsi trouvées.

Colonne « x_i – moyenne x_i (1) » : mêmes calculs que pour la méthode des moindres carrés. Ex. : – 3,5 = 1 – 4,5 (moyenne des x_i).

Colonne « Y_i – moyenne Y_i (2) » : même méthodologie que pour la colonne précédente. Ex. : – 0,4026827 = 2,07978125 – 2,48174952.

Colonne « (1) × (2) » : il suffit de multiplier les données des deux colonnes précédentes pour chaque période. Ex. : 1,40898895 = – 3,5 × – 0,40256827. Faire le total de la colonne.

Colonne « $(1)^2$ » : avec la fonction puissance du tableur (ou une calculatrice), calculer le carré pour chaque valeur de la colonne « x_i – moyenne x_i (1) ». Ex. : 12,25 = $(-3,5)^2$. Faire le total de la colonne.
A = Total colonne « (1 × 2) » / Total colonne « $(1)^2$ »
A = 5,11582272 / 42 = 0,1218053
B = moyenne Yi – (A × moyenne x_i)
B = 2,48174952 – (0,1218053 × 4,5) = 1,9362566
Y = 0,1218053x + 1,9362566

En posant A = log a, la fonction inverse de log permet d'obtenir la valeur de a.

$a = 10^A$	$a = 10^{0,1218053}$	**a = 1,32374796**	Fonction PUISSANCE
$b = 10^B$	$b = 10^{1,93362566}$	**b = 85,8273405**	

En remplaçant a et b dans la fonction $y = ba^x$, on obtient :
$y = 85,8273405 \times 1,32374796^x$

En remplaçant x par son rang, on obtient les prévisions suivantes :

Prévisions N+1 en volume

Trimestres	Rangs trimestres	Ventes	Arrondis
1	9	1 071,20695	1 071
2	10	1 418,00801	1 418
3	11	1 877,0852	1 877
4	12	2 484,7877	2 485
	Total N+1	**6 851,08786**	**6 851**

Les données prévisionnelles pour N+1 sont cohérentes avec le constat fait ci-dessus ; la croissance des ventes s'accélère.

Applications

P7 1 Réaliser des prévisions avec la méthode des moindres carrés

La SARL Alès Pianos a pour activité la fabrication et la distribution de pianos de qualité. Sa clientèle est internationale (Japon, Chine, Amérique du Nord...).
Le dirigeant de l'entreprise souhaite mieux connaître l'évolution des ventes en volume aux États-Unis.
Le tableau fourni en document récapitule le volume des ventes des six dernières années.
Vous disposez d'un logiciel tableur-grapheur et du fichier Excel « Dossier étudiant », feuille « Application 1 ».

1. **À l'aide d'un graphique, mettez en évidence l'évolution des ventes annuelles de N-6 à N. Que constatez-vous ?**
2. **Affichez, dans le graphique précédent, la tendance des ventes. Procédez à une analyse rapide de cette tendance.**
3. **Déterminez le volume des ventes annuelles pour N+1. Vérifiez votre prévision avec les fonctionnalités de tableur.**

Document **Volume des ventes annuelles des six dernières années**

Ventes annuelles de pianos à l'exportation

Années	N-5	N-4	N-3	N-2	N-1	N
Ventes (en volume)	1 810	1 495	1 710	2 030	2 300	2 430

P7 2 Réaliser des prévisions avec saisonnalité

Vous poursuivez votre mission dans la SARL Alès Pianos (application 1).
Le dirigeant de l'entreprise a réuni les données relatives aux ventes en volume de pianos aux États-Unis (documents 1 et 2).
Vous disposez d'un logiciel tableur-grapheur et du fichier Excel « Dossier étudiant », feuille « Application 2 ».

1. **À l'aide du document 1, vérifiez les résultats trouvés dans l'application 1.**
2. **Affinez vos prévisions pour l'année N+1 en intégrant la saisonnalité des ventes aux États-Unis. Vous préciserez la signification des coefficients mensuels (document 2).**

Document 1 **Vérification de la tendance dégagée**

Le dirigeant de l'entreprise a réalisé un travail préparatoire afin de dégager la tendance ; il ne connaît pas les possibilités offertes par un tableur dans ce domaine.

Calculs préparatoires

Années	Rangs années x_i	Ventes annuelles y_i	X_i $= x_i -$ moyenne x_i	Y_i $= y_i -$ moyenne y_i	X_iY_i	X_i^2
N-5	1	1 810	– 2,5	– 152,50	381,25	6,25
N-4	2	1 495	– 1,5	– 467,50	701,25	2,25
N-3	3	1 710	– 0,5	– 252,50	126,25	0,25
N-2	4	2 030	0,5	67,50	33,75	0,25
N-1	5	2 300	1,5	337,50	506,25	2,25
N	6	2 430	2,5	467,50	1 168,75	6,25
Moyenne	3,50	1 962,50		Total	2 917,50	17,50

Document 2 Les coefficients mensuels

Le dirigeant a calculé, avec la méthode du rapport à la tendance, les coefficients mensuels à partir des données des trois dernières années.

Coefficients mensuels

Mois	Coefficients	Mois	Coefficients
Janvier	0,8	Juillet	1,3
Février	0,7	Août	1,2
Mars	0,7	Septembre	0,8
Avril	0,8	Octobre	0,9
Mai	1	Novembre	1,2
Juin	1,2	Décembre	1,4

P7

3 Réaliser des prévisions avec la méthode de la moyenne mobile

La SARL Fantin a pour activité la distribution de vêtements pour enfants. Sa clientèle est composée essentiellement de grandes surfaces situées en France.
Le tableau fourni en document 1 récapitule le volume des ventes trimestrielles des trois dernières années.
Vous disposez des consignes données par le responsable du service Contrôle de gestion (document 2).
Vous disposez d'un logiciel tableur-grapheur et du fichier Excel « Dossier étudiant », feuille « Application 3 ».

1. **Vérifiez le travail effectué par Anne (document 2). Pour cela, vous présenterez le travail préparatoire qui a permis la réalisation du graphique.**
2. **Recherchez les coefficients trimestriels par la méthode des rapports à la tendance.**
3. **Déterminez les volumes des ventes trimestrielles pour N+1.**

Document 1 Volume des ventes trimestrielles des trois dernières années

Volume des ventes trimestrielles N-2 à N (en milliers)

Années	Trimestres			
	1	2	3	4
N-2	37	29	25	47
N-1	41	32	28	55
N	40	33	29	62

Document 2 Consignes du responsable du service Contrôle de gestion

Je devine que nos ventes sont saisonnières. Merci de me confirmer cette hypothèse.

Je souhaite un lissage de la série des ventes en volume par la méthode de la moyenne mobile centrées de longueur 4 (ordre 4).

Vous disposez ci-dessous du travail réalisé par Anne, stagiaire BTS CG, qui ne peut poursuivre sa mission. Il s'agit d'un document imprimé ; nous ne disposons plus du fichier sur tableur.

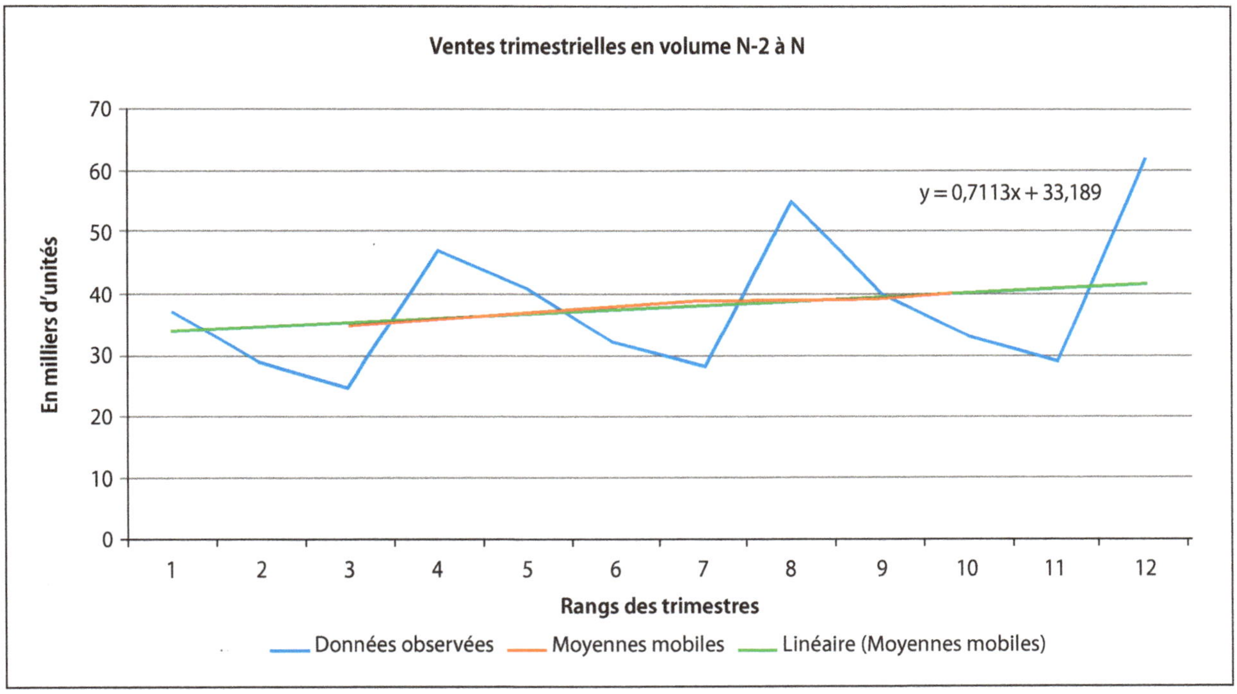

P7 4 Réaliser des prévisions avec une tendance exponentielle

La société Vierne est très innovante. Elle commercialise depuis quelques mois un produit très prometteur, Deprev. Le gérant souhaite une étude relative aux ventes de ce produit.

Il vous fournit certaines données (document page suivante).

Vous disposez d'un logiciel tableur-grapheur et du fichier Excel « Dossier étudiant », feuille « Application 4 ».

1 **Représentez graphiquement l'évolution des ventes du produit Deprev. Pourquoi peut-on dire que la croissance de l'activité relative à ce produit est exponentielle ?**

2 **Représentez, sur le graphique, la droite de tendance et affichez son équation. Vous effectuerez la prévision pour chaque mois du 1er trimestre N+1 à l'aide de la droite de tendance.**

3 **Calculez, de manière précise, la prévision pour chaque mois du 1er trimestre. Vous vérifierez la cohérence de vos calculs avec le travail réalisé précédemment.**

Document

Ventes mensuelles en volume du produit Deprev

Année	Mois	Rang mois xi	Ventes yi
N-1	Septembre	1	12
	Octobre	2	14
	Novembre	3	15
	Décembre	4	15
N	Janvier	5	27
	Février	6	45
	Mars	7	57
	Avril	8	72
	Mai	9	102
	Juin	10	134
	Juillet	11	156
	Août	12	178
	Septembre	13	198
	Octobre	14	255
	Novembre	15	330
	Décembre	16	420

P7

5 Réaliser des prévisions et mesurer la corrélation

La société Souche commercialise plusieurs produits liés à l'industrie pharmaceutique. Le contrôleur de gestion désire une analyse d'un des produits phares de l'entreprise, le Claudie. Il vous fournit certaines données (documents 1 à 3).
Vous disposez d'un logiciel tableur-grapheur et du fichier Excel « Dossier étudiant », feuille « Application 5 ».

1. **Représentez graphiquement l'évolution des ventes du produit Claudie. Que constatez-vous ?**
2. **Représentez, sur le graphique, la droite de tendance et affichez son équation. Vous effectuerez la prévision pour chaque mois du 1er trimestre N+1 à l'aide de la droite de tendance.**
3. **Calculez, de manière précise, la prévision pour chaque trimestre de l'année N+1. Vous vérifierez la cohérence de vos calculs avec le travail réalisé précédemment.**
4. **Mesurez l'efficacité des dépenses de communication commerciale. Concluez.**

Document 1 Ventes trimestrielles des années N-3 à N du produit Claudie

Volume des ventes trimestrielles des quatre dernières années

	N-3	N-2	N-1	N
Trimestre 1	5 240	5 320	5 560	6 600
Trimestre 2	3 780	4 180	4 260	4 820
Trimestre 3	3 540	3 780	3 940	4 340
Trimestre 4	6 360	6 920	7 160	7 240
Total Année	**18 920**	**20 200**	**20 920**	**23 000**

Document 2 Dépenses de communication commerciale de N-3 à N engagées pour le produit Claudie

Dépenses commerciales N-3 à N

Type de dépense	Montant annuel en euros			
	N-3	N-2	N-1	N
Publicité	10 200	10 400	12 100	11 400
Salons, foires	1 100	1 200	1 200	1 300
Portes ouvertes	1 500	1 800	1 700	1 700
Mailing	770	620	900	800
Presse spécialisée	1 400	1 200	1 100	1 000
Total	**14 970**	**15 220**	**17 000**	**16 200**

Document 3 Directives du contrôleur de gestion

Je souhaite que vous utilisiez la méthode des moindres carrés pour effectuer les prévisions.
Je préconise l'indicateur « coefficient de corrélation » afin de mesurer l'efficacité des dépenses de communication. Je considère qu'à partir de 0,80, l'efficacité est correcte.

P7

6 Analyser l'activité – Réaliser des prévisions

La société Gallier commercialise plusieurs produits liés à l'industrie automobile. Le dirigeant de l'entreprise vous confie l'analyse des ventes de l'entreprise et des dépenses de communication. Il vous fournit certaines données (documents 1 et 2).
Vous disposez d'un logiciel tableur-grapheur et du fichier Excel « Dossier étudiant », feuille « Application 6 ».

1. **Procédez à l'analyse des ventes des quatre dernières années (saisonnalité, tendance).**
2. **Effectuez les prévisions trimestrielles pour l'année N+1.**
3. **Dans une note adressée au dirigeant, vous rendrez compte de votre travail, préciserez les conditions de validité de votre réflexion et, enfin, indiquerez comment améliorer la fiabilité de votre méthode.**
4. **Mesurez l'efficacité des dépenses de communication commerciale. Concluez.**
5. **Précisez les conditions de fiabilité du coefficient de corrélation.**

Document 1 Ventes trimestrielles années N-3 à N

Ventes trimestrielles en millions d'euros N-3 à N

Années	Trimestres			
	T1	T2	T3	T4
N-3	12,7	13,1	10,8	16,7
N-2	14,3	14,7	12,2	15,6
N-1	16,2	13,5	13,2	17,1
N	18,6	14,5	14,6	19,0

Document 2 Dépenses de communication commerciale de N-3 à N

Dépenses de communication commerciale (en millions d'euros)

N-3	8,4
N-2	8,9
N-4	9,4
N	9,9

7 Dégager la tendance par la méthode de la moyenne mobile – Réaliser des prévisions

Vous participez à la procédure d'élaboration des budgets au sein de la SA Moteurs de France. Vous avez réalisé l'analyse et la prévision des ventes en volume des trois dernières années du produit AL2801 avec la méthode des moindres carrés.
Vous êtes chargé(e) d'effectuer un contrôle en procédant à la prévision de ventes de l'exercice N+1 par la méthode de la moyenne mobile d'ordre 4. Vous disposez pour cela des documents 1 et 2 et du fichier Excel « Dossier étudiant - Application 7 ».

1. **Procédez à l'analyse des ventes des quatre dernières années (saisonnalité, tendance) par la méthode de la moyenne mobile d'ordre 4.**
2. **Effectuez les prévisions trimestrielles pour l'année N+1.**
3. **Quelle est votre conclusion concernant le contrôle ?**

Document 1 Ventes trimestrielles années N-2 à N en volume

Ventes trimestrielles en volume (milliers d'unités)

Années	Trimestres			
	T1	T2	T3	T4
N-2	115	155	145	102
N-1	130	180	178	124
N	151	220	207	145

Document 2 La saisonnalité - Prévisions par la méthode des moindres carrés

Le dirigeant a calculé, avec la méthode du rapport à la tendance, les coefficients mensuels à partir des données des trois dernières années.

Trimestres	Coefficients trimestriels
1er trimestre	0,9
2e trimestre	1,22
3e trimestre	1,12
4e trimestre	0,76

La méthode des moindres carrés donne les prévisions suivantes pour l'année N+1 :

Trimestres	Rangs	Y tendance désaisonnalisé	Coef. trimestriel	Y saisonnalisé	Y saisonnalisé arrondi	Prévisions en unités
T1	13	189,515152	0,9	170,563636	170,56	170 560
T2	14	194,927739	1,22	237,811841	237,81	237 810
T3	15	200,340326	1,12	224,381166	224,38	224 380
T4	16	205,752914	0,76	156,372214	156,37	156 370
			Total ventes N+1	**789,128858**	**789,12**	**789 120**

Chapitre 9

La gestion budgétaire et le budget de trésorerie

Activité
5.4. Mise en place d'une gestion budgétaire

Composante d'activité
5.4.2. Établissement des budgets

Compétence
Établir les budgets opérationnels, pour établir et analyser le budget de trésorerie et proposer des solutions d'équilibrage

P7
– Une utilisation du tableur adaptée aux besoins de l'utilisateur
– L'exploitation des données de façon automatisée et reproductible

Situation professionnelle

Vous êtes toujours en poste auprès de M. Hugonnet au sein de la SA Moteurs de France (voir chapitres 7 et 8). Cette société est spécialisée dans la conception, la fabrication et la vente de moteurs électriques de toutes puissances à destination des fabricants d'outillages électroportatifs et de machines industrielles et agricoles. Depuis peu, par le biais de sa filiale Moteurs médicaux, elle est présente également sur le marché des machines médicales.

Mission

Suite à la prévision des ventes à laquelle vous avez participé, M. Hugonnet vous confie le soin de mettre en place, au sein de la SAS MM, une gestion budgétaire complète aboutissant à la réalisation d'un budget de trésorerie.

Travail à faire

P7 L'ensemble des travaux demandés peut être réalisé à l'aide d'un tableur.

I Mettre en œuvre la démarche budgétaire

Avant de commencer les calculs relatifs à la mise en place de la gestion budgétaire, vous devez vous approprier le principe de fonctionnement de la planification et des budgets.

1. Suite à votre conversation avec M. Hugonnet (annexe 1), complétez le schéma qui synthétise le principe de la planification budgétaire (annexe 2) avec les termes proposés.
2. Complétez, avec les termes proposés, le schéma de la démarche budgétaire à mettre en œuvre chez MM (annexe 3) puis indiquez par des couleurs différentes les budgets déterminants et les budgets déterminés.

Annexes 1 à 3
Fiche ressource 1

II Établir les budgets opérationnels

Il est nécessaire de valoriser les différents composants de la démarche budgétaire.

P7 3. Réalisez le budget des ventes et des frais commerciaux :

a) Manuellement à l'aide de l'annexe 4 ou en utilisant le tableur pour automatiser les calculs ;

b) Utilisez le tableur pour faire varier les paramètres suivants et en mesurer les impacts : vente totale annuelle = 2 500 unités ; prix de vente = 1 550 € ; commission des représentants = 15 %.

Annexe 4
Fiche ressource 2

4. À partir du programme annuel de vente de 2 400 unités, déduisez le programme annuel de production (quantité totale qui doit être fabriquée dans l'année).
5. Réalisez le programme de production en complétant l'annexe 5. Annexe 5
6. Quelle anomalie constatez-vous ?
7. Analysez le tableau préparatoire proposé en annexe 6. Déduisez-en le programme de production qu'il faut choisir. Ce programme permettra-t-il, selon vous, de remplir les attentes de la SAS MM en termes de stockage ? Annexe 6
8. Complétez le budget de l'atelier (annexe 7). Annexe 7
9. Vérifiez le budget des achats (annexe 8) en procédant à divers contrôles de vraisemblance et, le cas échéant, procédez à sa correction. Annexe 8

III Établir le budget de trésorerie

M. Hugonnet aimerait disposer de prévisions de trésorerie pour le 1er trimestre N+1. Il vous confie ce travail.

10. Établissez le budget de la TVA pour le 1er trimestre N+1 avec périodicité mensuelle.
11. Établissez les budgets des encaissements et des décaissements pour le 1er trimestre N+1 avec périodicité mensuelle.
12. Établissez le budget de trésorerie pour le 1er trimestre N+1 avec périodicité mensuelle.

Annexes 9 à 11
Fiche ressource 3

IV Analyser et rééquilibrer le budget de trésorerie

Suite aux prévisions budgétaires, M. Hugonnet s'inquiète pour sa trésorerie. Il vous demande de proposer des solutions de financement de son activité. La seule contrainte qu'il impose est que sa trésorerie soit mensuellement toujours positive.

13. **Sans faire aucun calcul, rédigez un compte rendu qui analysera le budget de trésorerie du 1er trimestre ainsi que l'impact d'actions sur le BFR en matière de trésorerie.** ▶ Annexe 12 ▶ Fiche ressource 4

14. **Expliquez pourquoi le décalage des dépenses publicitaires ne doit pas être réalisé pour équilibrer la trésorerie. Complétez le tableau de l'annexe 13 afin d'évaluer les coûts mensuels des solutions de financement.** ▶ Annexe 13

15. **Analysez les solutions de financement bancaire et proposez un plan de trésorerie pour le 1er trimestre N+1 en optimisant le recours à ces solutions d'équilibrage.** ▶ Annexe 14 ▶ Fiche ressource 5

Données de la situation

Annexe 1 Entretien avec Bernard Hugonnet (1)

Bernard Hugonnet : Notre filiale, la SAS MM, a été créée le 1er janvier N-2. Depuis, nous tardons à mettre en place de véritables outils de gestion. En accord avec M. Adouchi, je souhaite que vous mettiez en place une gestion budgétaire pour l'année N+1.

Vous : Je n'ai jamais pratiqué de gestion budgétaire…

B. H. : Ne vous inquiétez pas, je vous guiderai. Chez MDF, nous pratiquons la gestion budgétaire depuis toujours. Nous allons reproduire nos pratiques pour notre filiale.

Vous : Alors, je suis à votre disposition !

B. H. : Comme vous le savez, la SAS MM ne fabrique et vend qu'un seul type de moteur : le LA2003. L'objectif est de vendre 2 400 moteurs en N+1.

Vous : Comment pouvez-vous savoir qu'il faudra vendre 2 400 moteurs ?

B. H. : En fait, cette approche provient d'une réflexion plus stratégique sur les forces de notre entreprise par rapport à ses concurrents ainsi qu'une anticipation de l'évolution du marché dans les années à venir.

Vous : C'est-à-dire ? Je ne comprends pas bien…

B. H. : Notre dirigeant a fait le constat que les fabricants de matériels médicaux subissent une pression de plus en plus forte sur leurs tarifs. Son intuition est que le marché des moteurs équipant ces matériels peut être très porteur dans les prochaines années, à condition d'être compétitif sur les prix de vente. Or, nous maîtrisons parfaitement nos coûts, qui sont très concurrentiels. Cette conjonction d'éléments a amené M. Adouchi à vouloir dominer le marché par les coûts dans ce domaine d'activité. Cette stratégie, qui n'est pas celle de nos concurrents, peut s'avérer payante pour l'avenir.

Vous : Mais cela ne m'explique toujours pas pourquoi 2 400 moteurs en N+1.

B. H. : Comme il est impossible de prévoir ce qui va se passer dans dix ans, nous avons mis en place un plan opérationnel sur les trois ans à venir. Notre analyse issue de notre prévision des ventes sur cet horizon de trois années nous amène à penser que nous pourrons vendre environ 10 000 moteurs sur cette période. Mais, évidemment, il faut attendre que nos produits, leur qualité et nos prix soient connus et reconnus. Aussi, l'analyse et la prévision des ventes indiquent une montée en puissance progressive sur …

• • •

les trois prochaines années. Cette année, l'objectif raisonnable qui a été fixé pour N+1 est de 2 400 unités.

Vous : Ah, d'accord ! Mais 10 000 moteurs, c'est énorme ! La SAS MM pourra-t-elle produire ces quantités ?

B. H. : Nous avons également planifié sur ces trois années l'embauche de personnel et la réalisation d'investissements qui devront nous permettre d'augmenter la cadence de production. Tous les ans, nous évaluerons nos besoins avec plus de précision.

Vous : Dans le cadre de budgets, c'est bien ça ?

B. H. : Tout à fait ! Vous avez compris le principe de notre planification.

Vous : Et ensuite ? Que se passera-t-il chaque année ?

B. H. : Ensuite, nous entrerons dans ce que nous appelons la démarche budgétaire : la prévision des ventes implique la prévision de la production compte tenu des stocks dont nous voulons disposer ; ceci induit enfin la prévision des achats. Tout cela est valorisé en unité monétaire et nous obtenons l'ensemble des budgets permettant de planifier et de suivre notre activité.

Vous : J'ai vu aussi un budget des frais commerciaux. De quoi s'agit-il ?

B. H. : Ah oui, je les oubliais ces frais, ils font l'objet d'un budget à part. Ce sont les frais de vente (publicité, commission) et de livraison. Je pense que vous avez compris de quoi dépend en partie ce budget ?

Vous : Oui, c'est très clair, maintenant !

Annexe 2 **Schéma de la planification budgétaire**

Termes à placer :
Planification opérationnelle – Forces et faiblesses de l'entreprise – Budgets – Analyse du marché et de l'environnement – Planification stratégique

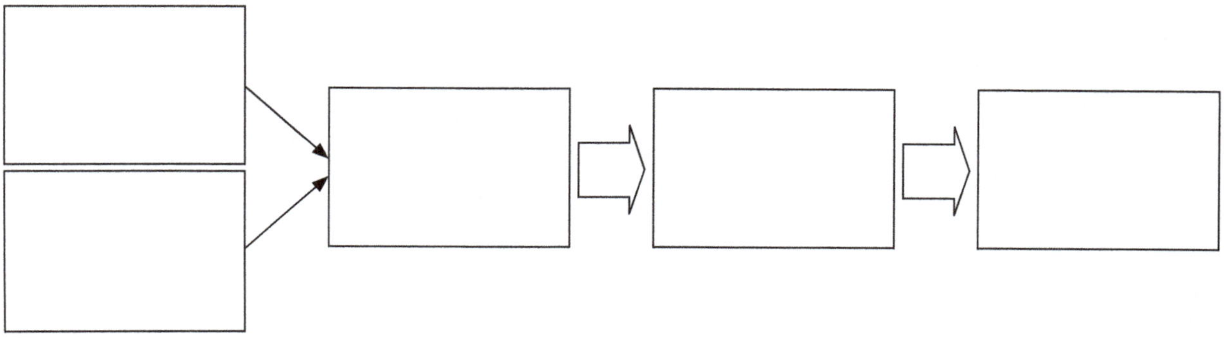

Annexe 3 Schéma de la démarche budgétaire

Termes à placer :
Budget des ventes – Budget des achats – Budget des frais commerciaux – Budget de la production

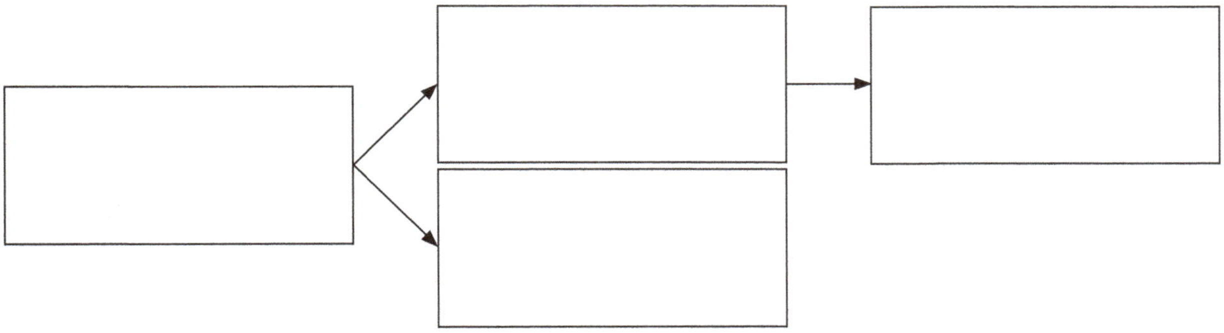

Annexe 4 Budgets des ventes et des frais commerciaux

• Les ventes

Chaque moteur LA2003 est vendu au prix unitaire HT de 1 500 €. L'objectif est d'atteindre la répartition suivante :

1er trimestre	2e trimestre	3e trimestre	4e trimestre
15 % des ventes annuelles	45 % des ventes annuelles	15 % des ventes annuelles	25 % des ventes annuelles

À l'intérieur de chaque trimestre, les ventes sont supposées régulières.

Programme et budget des ventes – 1er semestre N+1

Éléments	J	F	M	A	M	J	Total

• Les frais commerciaux

Ce moteur sera écoulé grâce à 5 représentants indépendants qui recevront une commission de 10 % du prix de vente HT.
Chaque modèle occasionne 150 € HT de frais de livraison.
Les frais de publicité sont vraiment essentiels pour assurer une communication autour du produit. Ils seront de 180 000 € en N+1 et se répartiront de la façon suivante.

Janvier	Mai	Octobre
80 000 €	40 000 €	60 000 €

Budget des frais commerciaux – 1er semestre N+1

Éléments	J	F	M	A	M	J	Total

Annexe 5 Programme de production

Les quantités produites seront réparties sur 12 mois et devront satisfaire les commandes à livrer chaque mois et permettre de constituer un stock de fin d'année égal à 10 % du total des ventes annuelles. La capacité de l'atelier de fabrication du LA2003 est prévue pour 250 moteurs chaque mois.

Programme de production – 1er semestre N+1

Éléments	J	F	M	A	M	J	Total

Annexe 6 Ajustement des prévisions de production

Suite à votre remarque concernant l'anomalie dans le programme primaire de production, M. Hugonnet vous soumet deux propositions dans le tableau préparatoire ci-dessous :
– programme 1 : répartir équitablement la production sur l'année (2 640 / 12 = 220 unités par mois) ;
– programme 2 : produire au maximum de la capacité en début d'année, quitte ensuite à ralentir la cadence lorsque la production réalisée sera jugée suffisante.

Tableau préparatoire – 1er semestre N+1

Éléments	J	F	M	A	M	J	Total
Ventes	120	120	120	360	360	360	**1 440**
Ventes cumulées (a)	120	240	360	720	1 080	1 440	
Programme 1							
Production	220	220	220	220	220	220	**1 320**
Production cumulée (b)	220	440	660	880	1 100	1 320	
Stock de fin de mois (b) – (a)	100	200	300	160	20	– 120	
Programme 2							
Production	250	250	250	250	250	250	**1 500**
Production cumulée (b')	250	500	750	1 000	1 250	1 500	
Stock de fin de mois (b') – (a)	130	260	390	280	170	60	

Annexe 7 Budget de l'atelier

L'atelier emploie :
– 5 ouvriers payés mensuellement 1 500 € brut chacun (dont 200 € de charges salariales) ;
– un cadre de production payé mensuellement 2 500 € brut (dont 500 € de charges salariales).

Les charges patronales sont évaluées à 40 % du salaire brut.

L'atelier est équipé de machines acquises à la création de la SAS MM pour un montant total de 1 800 000 € et amortissables linéairement sur 10 ans.

Les autres charges variables (charges décaissables non soumises à TVA) de l'atelier sont affectées à la fabrication selon une unité d'œuvre : l'heure de fonctionnement machine, évaluée à 15 €. Chaque moteur nécessite 6 heures de fabrication.

La prime d'assurance annuelle de l'atelier est de 12 000 €.

Les frais de maintenance facturés par un sous-traitant sont de 1 200 € HT par mois.

Les frais divers de l'atelier (éclairage, chauffage…) sont évalués en moyenne, selon les factures, à 500 € HT par mois.

Budget de l'atelier – 1er semestre N+1

Éléments	J	F	M	A	M	J	Total

Annexe 8 Budget des achats

La fabrication de chaque moteur demande 500 € HT de composants achetés chez un fournisseur. Les composants sont livrés en début de chaque mois ; la première livraison a lieu début janvier. Les frais sur achats (passation de commande, gestion des entrées) sont négligeables.

Budget des achats – 1er semestre N+1

Éléments	J	F	M	A	M	J	Total
Montant des achats	120 000	120 000	120 000	120 000	120 000	120 000	**720 000**
Corrections éventuelles							

Annexe 9 **Entretien avec Bernard Hugonnet (2)**

Bernard Hugonnet : Vous allez conclure votre travail sur les budgets en réalisant le budget de trésorerie mais uniquement pour le 1er trimestre, c'est-à-dire janvier, février et mars.

Vous : Il me faut plus d'informations !

B. H. : Je vous fais parvenir un extrait du bilan au 31 décembre N. De plus, sachez que les clients paient à 30 jours fin de mois, c'est-à-dire qu'une vente réalisée au cours du mois de janvier, par exemple, sera à échéance fin février.

Vous : Mais le temps que le règlement nous parvienne, nous serons début mars ?

B. H. : Oui, dans la pratique. Mais par simplification, je vous demande de considérer que le règlement s'effectue exactement à la fin du mois suivant.

Vous : J'ai compris !

B. H. : Nous payons notre fournisseur de composants moitié au comptant et moitié le mois suivant. Les représentants qui assurent nos ventes sont payés le mois suivant la réalisation de leurs ventes pour laisser le temps à nos services de calculer leur rétribution. Leurs commissions sont soumises à la TVA. Quant aux frais de livraison, ils sont payés au comptant et soumis, eux aussi, à la TVA.

Vous : Pour la publicité, pas de problème, j'ai déjà eu l'information du mois au cours duquel elle est décaissée. Mais elle n'est pas soumise à la TVA ?

B. H. : Non, car l'entreprise qui réalise cette campagne n'y est pas soumise.

Vous : Et pour les dépenses de l'atelier ?

B. H. : Pour cela, je vous ai préparé un petit tableau récapitulatif car il y a de nombreux éléments. Le voici !

Salaires	Paiement le 5 du mois suivant	Il s'agit des salaires <u>nets</u>.
Charges sociales	Paiement trimestriel par trimestre civil avec décalage d'un mois	Exemple : les <u>charges salariales et patronales</u> d'octobre, novembre et décembre seront payées en février ; celles de janvier, février et mars seront payées en mai.
Amortissements	<u>Non décaissables</u>	
Autres charges	Paiement 1/3 au comptant, le solde deux mois plus tard	Non soumises à la TVA
Assurance	Paiement une fois l'an au mois d'octobre	Pas de TVA
Frais de maintenance	Paiement le 25 de chaque mois	S'agissant d'une prestation de service, le régime de la TVA sur les encaissements s'applique.
Frais divers	Paiement le mois suivant	Soumis à la TVA Tous les fournisseurs de services ont opté pour la TVA d'après les débits (exigibilité/déductibilité le mois de facturation).

Vous : Finalement, cela fait beaucoup d'éléments à gérer. Avez-vous des conseils à me donner ?

B. H. : Soyez rigoureux ! N'hésitez pas à reporter des éléments en provenance des budgets opérationnels dans vos budgets intermédiaires ; ces lignes serviront de base à vos calculs. Et surtout, n'oubliez pas que les sommes figurant dans les budgets opérationnels sont HT. Il vous faut donc commencer par gérer le problème de la TVA.

Vous : Quel taux faut-il retenir ?

B. H. : Tous nos achats et ventes sont soumis à la TVA au taux normal (20 %).

Vous : Alors, au travail !

Annexe 10 Extrait du bilan de clôture au 31/12/N

Actif		Passif	
Immobilisations	2 100 000		1 842 100
		Dettes financières	310 000(1)
Stock de produits finis	15 000		
Créances clients	120 000(4)	Dettes fournisseurs	180 000(2)
Disponibilités	130 000	Dettes fiscales et sociales	32 900(3)
Total	2 365 000	Total	2 365 000

(1) Une annuité de 14 000 € doit être remboursée en février N+1.
(2) Payables en janvier N+1.
(3) Dont 5 000 € de TVA à décaisser ; 20 000 € de charges sociales des mois d'octobre, novembre et décembre ; 7 900 € de salaires de décembre.
(4) Encaissables en janvier N+1.

Annexe 11 Autres renseignements

- **Budget des investissements**

L'entreprise envisage d'acquérir en mars une nouvelle machine pour 100 000 € HT. Il a été contractuellement prévu de la payer comptant.

- **Budget de financement**

Un nouvel emprunt à long terme de 180 000 € a été réalisé. Le contrat d'emprunt prévoit que l'argent sera débloqué par la banque fin février pour financer la machine et les futures dépenses publicitaires. Remboursement par annuités constantes à partir de N+2.

- **Budget des frais généraux**

Les frais généraux sont constitués uniquement de l'amortissement des locaux et des fournitures diverses (décaissables le mois suivant).

Budget des frais généraux – 1er semestre N+1

Éléments	J	F	M	A	M	J	Total
Amortissement des bâtiments	10 000	10 000	10 000	10 000	10 000	10 000	**60 000**
Fournitures générales HT	1 200	1 200	1 200	1 200	1 200	1 200	**7 200**

Annexe 12 Entretien avec Bernard Hugonnet (3)

Vous : Que se passe-t-il si la trésorerie est négative un mois donné ?

Bernard Hugonnet : Cela nous arrive rarement… Le cas échéant, nous regardons si nous pouvons décaler ou anticiper des dépenses, mais c'est impossible avec nos clients et la plupart de nos fournisseurs.

Vous : Il ne vous reste alors que le financement bancaire ?

B. H. : Non, cela dépend… Nous décalons parfois l'achat d'une immobilisation quand cela est possible. Mais un investissement participe à la création d'avantages économiques et tout décalage retarde donc l'arrivée de ces avantages.

Vous : Comme, par exemple, celui qui est prévu en mars N+1 ?

B. H. : Hélas, c'est un mauvais exemple ! Nous nous sommes engagés auprès du fournisseur sur ce délai car il a déjà commencé la fabrication. Donc, aucune marge de manœuvre possible ici… C'est un peu la même chose pour l'emprunt prévu pour février : la banque nous a déjà clairement signifié qu'il était impossible d'anticiper le versement.

Annexe 13 Entretien avec Bernard Hugonnet (4) : informations sur les moyens de financement à court terme

J'ai négocié avec la banque les conditions suivantes. Elles ne sont guère plus favorables que les conditions tarifaires de base, mais c'est un début ! Évidemment, c'est à nous d'en minimiser le coût en cas d'utilisation.

– La possibilité de mobiliser des créances commerciales par tranche de 20 000 € (commission de 12 € HT par tranche utilisée) jusqu'à un plafond de 140 000 €. Le taux annuel est de 4 %. Les créances étant à 30 jours fin de mois et pouvant être mobilisées à tout moment du mois, il a été convenu avec la banque qu'une durée moyenne de 45 jours d'intérêts sera comptée pour toute demande de mobilisation sur le mois. C'est le montant net d'agios qui sera versé.

– La possibilité d'être à découvert à hauteur d'un plafond maximum de 120 000 € au taux annuel de 3 %. Le découvert engendre un calcul de taux d'intérêt pour un mois. Les commissions mensuelles s'élèvent à 0,2 % du découvert jusqu'à 100 000 € inclus (non soumise à la TVA). La commission est de 0,4 % du découvert au-delà de 100 000 €. Les agios sont prélevés le mois suivant.

J'ai commencé à faire un tableau dans lequel je souhaite comparer le coût mensuel des deux solutions par rapport à des montants types.

Par simplification, nous retiendrons des mois de 30 jours et une année de 360 jours.

	Mobilisation de créances				Découvert			
	20 000	100 000	120 000	140 000	20 000	100 000	120 000	140 000
Commissions	12				40			–
Intérêts	100				50			–
Agios	112				90			–

Annexe 14 Entretien avec Bernard Hugonnet (5)

Vous : Il est compliqué d'évaluer toutes les combinaisons possibles de rééquilibrage. Il y a donc beaucoup de tâtonnement avant de réaliser un plan de trésorerie optimum !

Bernard Hugonnet : Étant donné que nous sommes encore en phase de prévision, je vous propose d'adopter la démarche suivante : on mobilise le maximum de créances disponibles, compte tenu des tranches, et on finance le solde par un découvert.

Vous : C'est-à-dire ? Pouvez-vous être plus précis ?

B. H. : Par exemple, si avant rééquilibrage, le solde est négatif de 96 000 €, on mobilise quatre tranches de 20 000 € et le solde, soit 16 000 €, sera financé par découvert.

Vous : Et s'il est de 103 000 €, on mobilisera cinq tranches de créances, soit 100 000 €, et le solde, soit 3 000 €, sera financé par découvert !

B. H. : Exact, vous avez compris !

Vous : Très bien… Je m'y mets !

Fiche ressource 1

La place des budgets dans la gestion de l'entreprise

Les budgets sont des outils indispensables pour planifier la gestion d'une organisation. Leur utilisation s'inscrit dans une perspective plus large de planification.

I La planification de l'activité

Planifier, c'est faire des prévisions sur le futur.
Il est d'usage de distinguer trois niveaux de prévisions correspondant à trois niveaux temporels différents.
Ces niveaux ne sont pas indépendants mais imbriqués les uns dans les autres.

Long terme (5 ans minimum)	Moyen terme (2 à 5 ans)	Court terme (1 an)
Planification stratégique	Planification opérationnelle	Budgets
Choix stratégique qui engage l'ensemble de l'entreprise.	Les choix stratégiques sont déclinés en plans opérationnels de moyen terme qui engagent les différentes fonctions de l'entreprise.	Les plans opérationnels de moyen terme ont des conséquences sur l'activité et les besoins des centres de responsabilité*. Il faut planifier cette activité ou ces besoins.
Implantation à l'international, spécialisation ou diversification de l'activité, introduction en Bourse…	– Ouverture d'une succursale (fonction commerciale) – Plan d'embauche ou de formation (fonction Ressources humaines)	Prévisions des ventes, de la production, des investissements…

* Terme générique couvrant toute division de l'organisation disposant d'une certaine autonomie dans son action (un service, une succursale, un atelier, une usine, un groupe d'individus…).

II Les généralités de la gestion budgétaire

La gestion budgétaire est la mise en place des budgets servant la gestion à court terme (un an au plus) de l'organisation.

1. Définition des budgets

Un budget est la représentation chiffrée en unité monétaire d'objectifs ou de moyens assignés à un centre de responsabilité pour une période fixée et de court terme.

> Exemples
> Le budget des ventes fixe les objectifs pour le service commercial. Le budget des achats permet d'anticiper les moyens à donner au service Achats.

2. L'utilité des budgets

Pour les dirigeants d'une entreprise, le budget est un moyen de fixer un objectif à un service ou de limiter l'affectation des ressources.
Plus globalement, la relation des budgets les uns avec les autres favorise la communication et la coordination de l'ensemble des intervenants.
Pour les centres de responsabilité, le budget responsabilise et représente une certaine autonomie, donc une certaine liberté dans l'action.
Pour le salarié lui-même, le budget peut représenter un outil de motivation (obtention d'une prime si le budget est respecté).

3. Les budgets déterminants et déterminés

Deux expressions fréquemment rencontrées définissent les budgets :
– les budgets déterminants fixent des objectifs (ex. : budget des ventes, budget de la production) ;

– les budgets déterminés récapitulent les moyens à mettre en œuvre pour atteindre les objectifs fixés par les budgets déterminants (ex. : budget des achats, budget des autres frais).
Les montants qui figurent dans un budget déterminé peuvent dépendre d'éléments quantitatifs figurant dans un budget déterminant.

4. Les budgets opérationnels et de synthèse

Le cycle d'exploitation représente les **opérations liées aux activités courantes et récurrentes** : approvisionnement, production, vente…

Les budgets opérationnels représentent tous les budgets qui participent au cycle d'exploitation : budget des ventes, des achats, de la production…

Ils sont composés de charges ou de produits.

À côté de ces budgets opérationnels, il peut exister des budgets d'investissement (planification des achats et des cessions d'immobilisations) et des budgets de financement (planification de moyens de financement à long terme : réalisation d'emprunt, remboursement d'emprunt, apport d'argent par les associés…).

Un budget de synthèse consolide un ensemble de budgets opérationnels et/ou de budgets liés aux opérations d'investissement et de financement.

Il existe autant de budgets de synthèse que de besoins de consolidation de l'information.

Le budget de synthèse le plus utilisé dans les organisations est le budget de trésorerie.

III L'interdépendance des budgets : la démarche budgétaire

Les budgets ne sont pas isolés, ils sont en interaction les uns avec les autres **selon un certain ordre**.

La démarche budgétaire est la **méthode à suivre pour construire l'ensemble des budgets d'une entité**.

Le nombre de budgets, leur interaction et l'ordre dans lequel il faut les élaborer dépendent du type d'activité de l'entreprise (industrielle, commerciale ou de services) mais aussi de son organisation. En effet, chaque structure est libre d'organiser ses budgets selon ses besoins et surtout selon son fonctionnement.

Toutefois, le budget des ventes est toujours le premier à être réalisé, quel que soit le type d'activité de l'entreprise. En effet, c'est à partir de la prévision et de la valorisation des ventes que les autres budgets seront établis.

Point méthode :

– toujours commencer par le budget des ventes : c'est un budget déterminant ;

– analyser l'organisation de l'entreprise étudiée et les différents budgets nécessaires (notamment, tous les budgets déterminés) ;

– comprendre l'interaction qui découle de l'organisation.

Exemples

L'entreprise Alfa vend des produits finis. Selon ses prévisions de vente, elle décide l'embauche ou non de commerciaux.

En fonction des ventes, l'atelier planifie sa production et le service Achats prévoit les différents approvisionnements en matières premières.

Les différents budgets à mettre en œuvre et leur interaction sont représentés par le schéma suivant (en orange, les budgets déterminants et en vert, les budgets déterminés).

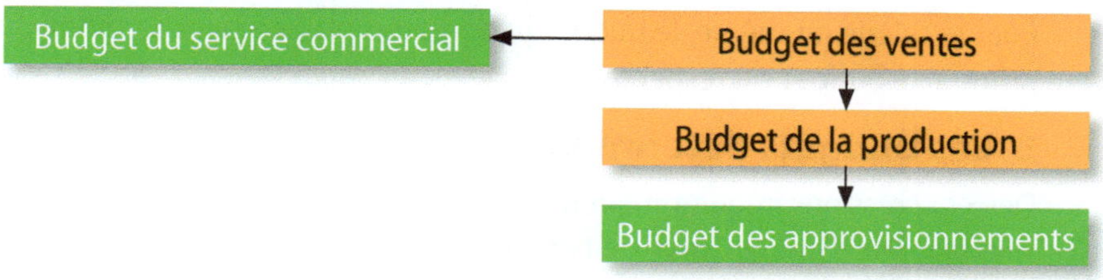

Fiche ressource 2

Les techniques d'élaboration des budgets opérationnels

L'élaboration des budgets suit un certain protocole nécessitant la maîtrise de certains concepts.

I Les concepts d'élaboration des budgets

1. Les programmes (ou plans) et les budgets

Certains budgets peuvent être exprimés d'abord en quantité puis en unité monétaire. C'est le cas, par exemple, du budget des ventes ou du budget de la production. Il est d'usage d'appeler « programme » (ou « plan ») la planification en unité physique, et « budget » la planification en unité monétaire. **Un budget est toujours exprimé en unité monétaire.**

2. L'horizon budgétaire et la périodicité des budgets

On appelle « horizon budgétaire » l'intervalle de temps couvert par le budget. En général, l'horizon budgétaire est annuel mais il peut être plus court (semestriel ou trimestriel).

En fonction des besoins, l'horizon peut être découpé en unité temporelle plus petite. Ce découpage représente la périodicité du budget.

Exemple

Une entreprise établit ses budgets selon un horizon semestriel et utilise une périodicité mensuelle. Voici un extrait de son budget des achats pour le second semestre N.

Budget des achats – 2d semestre N

	Janvier	Février	Mars	Avril	Mai	Juin	Total
Matières premières	15 000	15 000	20 000	15 000	15 000	15 000	**95 000**
Frais de livraison	800	800	1 000	850	850	850	**5 150**
…	…	…	…	…	…	…	…
Total							

II La mise en œuvre des budgets

1. L'élaboration du budget des ventes

On rappelle qu'il s'agit du budget à réaliser **en priorité**.

Il est établi à partir de la prévision des ventes (programme de ventes), en valorisant les quantités à un prix de vente unitaire prévisionnel qui peut être fondé sur les prix pratiqués précédemment ou sur toute autre base.

Exemple

Reprenons l'exemple de l'entreprise Alfa (fiche ressource 1).
Cette entreprise a planifié ses ventes pour le premier semestre N+1 par une étude statistique.
Elle estime que le prix de vente sera celui pratiqué en N (10 € HT) majoré de 10 %.

Budget des ventes – 1er semestre N+1

	Janvier	Février	Mars	Avril	Mai	Juin	Total
Programme de ventes	6 000	5 000	6 000	8 000	5 000	3 000	**33 000**
CA prévisionnel	66 000	55 000	66 000	88 000	55 000	33 000	**363 000**

2. L'élaboration du budget de la production

Quand on parle de budget de la production, il faut séparer deux phases de planification :
– la planification des quantités à fabriquer selon la périodicité retenue ;
– la budgétisation des charges qui interviendront dans le ou les ateliers concernés par la production.

En principe, c'est à partir du programme de ventes que l'on établit le programme de production. Toutefois, en fonction des contraintes de fabrication au sein des ateliers (capacité de fabrication limitée ou « goulot d'étranglement », besoin d'anticiper des congés…) et/ou des besoins de l'entreprise (volonté d'avoir du stock d'avance, par exemple), le programme de production peut être différent du programme des ventes. Il faut alors tenir compte de l'ensemble des paramètres propres au cas étudié pour établir un programme de production qui soit techniquement réalisable et qui réponde aux besoins de l'entité.

Exemple (suite)

Pour planifier sa production, l'entreprise Alfa se sert de sa prévision des ventes majorée de 20 % pour tenir compte des produits défectueux qui pourraient être réalisés au cours de la fabrication.

Budget des ventes – 1er semestre N+1

	Janvier	Février	Mars	Avril	Mai	Juin	Total
Programme de ventes (a)	6 000	5 000	6 000	8 000	5 000	3 000	**33 000**
Programme de production (a) × 1,2	7 200	6 000	7 200	9 600	6 000	3 600	**39 600**

Une fois le programme de production établi, on peut alors budgéter les charges générées par cette prévision de fabrication au sein des ateliers de l'entreprise. On réalise alors un budget par atelier, qui doit tenir compte :
– des charges variables qui sont fonction de la quantité produite lors de chaque période ;
– des charges fixes qui doivent être affectées ou réparties selon la périodicité retenue pour le budget de l'atelier.

Exemple (suite)

Dans l'entreprise Alfa, la fabrication est assurée par un seul atelier. Le responsable de la production indique que chaque produit consomme 2 € de charges variables. L'assurance annuelle de l'atelier s'élève à 12 000 € ; les charges fixes de personnel (salaire du responsable) sont de 1 800 € par mois et les autres charges fixes (électricité, amortissement du matériel) se montent à 150 € tous les trois mois.

Budget de l'atelier – 1er semestre N+1

	Janvier	Février	Mars	Avril	Mai	Juin	Total
Programme de production (a)	7 200	6 000	7 200	9 600	6 000	3 600	**39 600**
Charges variables (a) × 2	14 400	12 000	14 400	19 200	12 000	7 200	**79 200**
Assurance (2 000 / 12)	1 000	1 000	1 000	1 000	1 000	1 000	**6 000**
Charges de personnel	1 800	1 800	1 800	1 800	1 800	1 800	**10 800**
Autres charges (150 / 3)	50	50	50	50	50	50	**300**
Total	**17 250**	**14 850**	**17 250**	**22 050**	**14 850**	**10 050**	**96 300**

3. L'élaboration du budget des achats/approvisionnements

Comme pour le budget de la production, et selon les informations fournies, il est possible de respecter deux phases de planification :
– la planification des quantités à approvisionner selon la périodicité retenue ;
– la budgétisation de ces achats en tenant compte, le cas échéant, des frais autres que le prix d'achat (frais de transport, de manutention, de stockage…).

Le plan d'approvisionnement s'élabore à partir de :
– la prévision des ventes si l'entreprise est commerciale ;
– la prévision de la production si l'entreprise est industrielle.

Il peut s'en éloigner en fonction de la politique d'approvisionnement de l'entreprise mais aussi des conditions techniques ou commerciales proposées par le fournisseur (obligation de commande d'une quantité minimale, obtention d'une remise commerciale en cas de commande importante…).

Dans une entreprise de services, on n'élabore pas ce genre de budget car les achats sont rarement en lien avec l'activité.

Exemple (suite)

La proximité géographique du fournisseur de l'entreprise Alfa permet à celle-ci de pouvoir être livrée dans la journée. Alfa a donc décidé de ne commander que le strict minimum dont elle a besoin pour sa production. Chaque produit nécessite 0,5 kg de matières premières. Le prix pratiqué en N par son fournisseur était de 0,10 € HT le kg ; il semble maintenu pour N+1. Les frais de stockage sont négligeables.

Budget des achats – 1er semestre N+1

	Janvier	Février	Mars	Avril	Mai	Juin	Total
Programme de production (a)	7 200	6 000	7 200	9 600	6 000	3 600	**39 600**
Programme d'approvisionnement b = (a) × 0,5	3 600	3 000	3 600	4 800	3 000	1 800	**19 800**
Budget des achats (b) × 0,10	360	300	360	480	300	180	**1 980**

4. L'élaboration des autres budgets opérationnels

En plus des principaux budgets opérationnels présentés précédemment, on peut envisager d'établir de nombreux autres budgets qui dépendent de l'organisation de l'entreprise étudiée. S'il est impossible de dresser une liste exhaustive de tous les budgets, on peut citer :
– le budget des frais généraux ;
– le budget des frais commerciaux ;
– le budget des frais de personnel.

Ces budgets peuvent être :
– déterminés : dans ce cas, il est important de comprendre les déterminants et d'évaluer les charges fixes et variables qui les composent ;
– sans aucun lien avec l'activité de l'entreprise : il s'agira d'analyser la composition du budget et de retrouver les charges qui en font partie.

5. La vérification des anomalies et les contrôles de cohérence

Les anomalies sont des erreurs ou des incohérences qui résultent de la réalisation des budgets. Outre une extrême vigilance et une grande concentration, l'élaboration d'un budget doit être systématiquement accompagnée d'une série de contrôles de cohérence (ou de vraisemblance).

Exemple

Cohérence par rapport à la production prévue ? Pourquoi ce montant est-il différent des autres ?

Budget des achats – 2d semestre N+1

	Janvier	Février	Mars	Avril	Mai	Juin	Total
Matières premières	15 000	15 000	20 000	15 000	15 000	15 000	**95 000**
Frais de livraison	1 000	800	1 000	850	850	850	5 350
Total	**16 000**	**15 800**	**21 000**	**15 850**	**15 850**	**15 850**	**100 350**

Vraisemblance par rapport à la ligne précédente ? Pourquoi le même montant d'achat ne donne-t-il pas le même montant de frais de livraison ?

Double totalisation exacte ?

Fiche ressource 3

Le budget de trésorerie

C'est un budget de synthèse très utilisé par la plupart des entreprises.

I Définition

Le budget de trésorerie est élaboré suivant une approche de décaissements et d'encaissements.

Selon une périodicité propre à chaque entité, les budgets opérationnels (charges et produits) sont convertis en décaissements ou en encaissements en fonction de la **date d'échéance** de sortie ou d'entrée du **flux monétaire** correspondant à cette charge ou à ce produit.
À cela s'ajoutent les prévisions de décaissements ou d'encaissements liées aux opérations d'investissement ou de financement.

Le tableau ci-dessous illustre les principaux encaissements et décaissements que l'on rencontre en fonction des budgets d'origine.

Type de budget	Budget opérationnel		Budget de financement		Budget d'investissement	
Type de flux	**Encaissement**	**Décaissement**	**Encaissement**	**Décaissement**	**Encaissement**	**Décaissement**
Exemples	Ventes	Achats	Emprunt	Intérêts	Cession d'immobilisation	Achat d'immobilisation
		Autres charges	Obtention d'un découvert	Remboursement de capital	Subvention d'équipement	
		TVA	Apports des actionnaires			

L'horizon du budget de trésorerie est généralement annuel avec une périodicité mensuelle.

II La préparation du budget de trésorerie

S'agissant d'un budget de synthèse, les informations sont collectées à partir des différents budgets existants.

1. Les budgets des encaissements et des décaissements

Comme le montre le schéma ci-après, il est préférable de décomposer le raisonnement en réalisant deux budgets de synthèse intermédiaires :
– le budget des encaissements, qui récapitule toutes les entrées en trésorerie ;
– le budget des décaissements, qui récapitule les sorties.
Le cas échéant, il ne faut pas oublier de tenir compte des créances et des dettes au bilan de l'année N-1 et dont l'échéance aura lieu dans la période d'élaboration du budget.

Attention :
– les budgets opérationnels sont généralement réalisés HT tandis que les budgets des encaissements et des décaissements doivent être établis TTC ;
– lorsque les budgets opérationnels contiennent des charges non décaissables (amortissements, notamment), il ne faut pas en tenir compte dans le budget de trésorerie ;
– si le budget de trésorerie a une périodicité mensuelle, alors les valeurs issues des différents budgets opérationnels doivent être mensuelles.

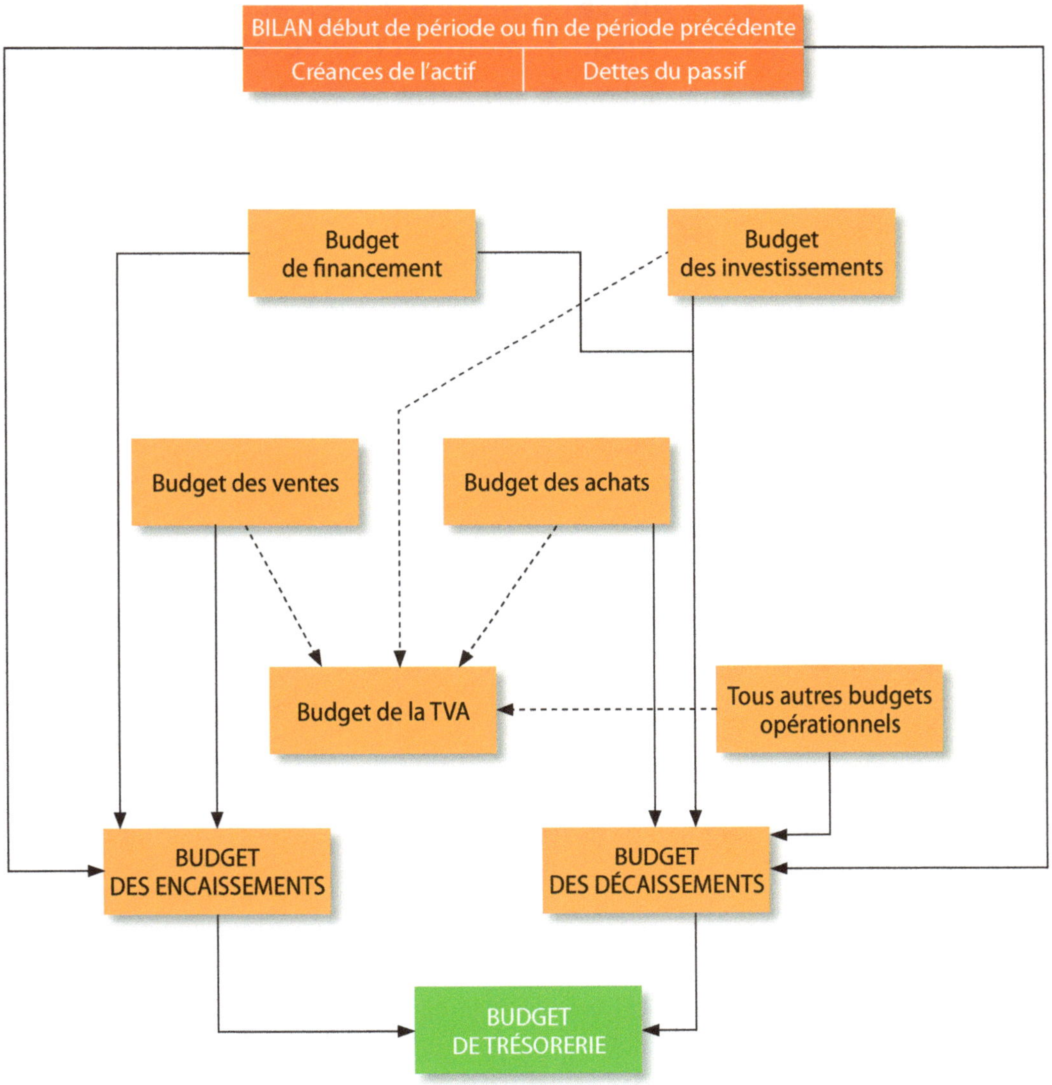

2. Le problème particulier de la TVA et du budget de TVA

Il ne s'agit pas véritablement d'un budget opérationnel. Toutefois, la TVA donnant lieu à décaissement (plus rarement à un encaissement car le crédit de TVA est généralement reporté sur le mois suivant), il est fortement conseillé de calculer dans un budget distinct les prévisions de TVA à décaisser en tenant compte de toutes les charges et de tous les produits budgétés dans les différents budgets.

Il est possible d'utiliser la présentation suivante.

	Janvier	Février	...
TVA collectée du mois (a)			
TVA déductible sur autres biens et services du mois (b)			
TVA déductible sur immobilisations (c)			
Crédit éventuel de TVA du mois précédent (d)			
TVA à décaisser du mois (a) – (b) – (c) – (d)			

Attention : en général, la TVA à décaisser du mois M sera reportée dans le budget des décaissements pour le mois M+1 (car la TVA calculée pour le mois de janvier, par exemple, n'est réellement payée à l'administration fiscale qu'en février).

3. La prise en compte de l'échéance du flux et la présentation des budgets des encaissements et des décaissements

C'est toujours la date de sortie ou d'entrée du flux de trésorerie qui est prise en compte.
Il est conseillé d'être très rigoureux et de pointer au fur et à mesure les informations dont on aura tenu compte.
Aucune présentation n'est imposée. Nous conseillons de recourir à la présentation ci-dessous.

Exemple

Reprenons l'exemple de l'entreprise Alfa (fiches ressources 1 et 2).

Les ventes de l'entreprise Alfa sont encaissées moitié au comptant, moitié le mois suivant. Au bilan fin N figurent 45 000 € de créances, qui seront encaissées à hauteur de 15 000 € en janvier et 30 000 € en février N+1. L'entreprise établit son budget de trésorerie à horizon du trimestre et par périodicité mensuelle.

Établir les colonnes en fonction de l'horizon et de la périodicité.

	Janvier	Février	Mars	Solde
Ventes TTC du mois	120 000	240 000	120 000	
Ventes encaissées comptant	60 000	120 000	60 000	
Ventes encaissées à crédit	–	60 000	120 000	60 000
Créances clients BILAN	15 000	30 000		
Total des encaissements	**75 000**	**210 000**	**180 000**	

Ne pas oublier les éventuelles créances présentes au bilan en fonction de leur échéance.

Détailler les calculs en distinguant ce qui sert de base aux calculs et ce qui devra être réellement additionné dans le budget.

Toujours prévoir une colonne « Solde » pour connaître ce qu'il reste à encaisser.

III La présentation du budget de trésorerie

Il n'existe pas de présentation normalisée. Il est possible d'utiliser la présentation suivante.

Budget de trésorerie N+1

	Janvier	Février	...	Décembre
Total des encaissements (E)				
Total des décaissements (D)				
Solde de la période (E – D) (a)				
Trésorerie de début de période (b)	(À prendre dans le bilan fin N)			
Trésorerie de fin de période (b) + (a)				(À utiliser pour le bilan fin N+1)

Fiche ressource 4

Les éléments du bilan qui impactent la trésorerie

La trésorerie est la résultante de relations complexes ayant lieu dans le bilan.

I Le bilan et les grands équilibres financiers

On rappelle que le bilan comptable peut se schématiser ainsi :

Actif immobilisé brut Immobilisations incorporelles, corporelles et financières	**Capitaux stables** Capitaux propres Dettes financières à long terme (emprunts LT)	**FR** (fonds de roulement) = Capitaux stables – Actif immobilisé
Actif circulant Stock Créances VMP (valeurs mobilières de placement)	**Dettes circulantes** Dettes fournisseurs Compte courant d'associés	**BFR** (besoin en fonds de roulement) = Actif circulant – Dettes circulantes
Trésorerie d'actif Disponibilités (banque et caisse)	**Trésorerie de passif** Concours bancaires et découverts	**TN** (trésorerie nette) = Trésorerie d'actif – Trésorerie de passif

L'analyse de l'équilibre financier démontre les relations suivantes :

$$FR = BFR + TN$$
$$TN = FR - BFR$$

Pour que la trésorerie augmente, toutes choses étant égales par ailleurs, il est nécessaire :
- d'augmenter le FR ;
- de diminuer le BFR.

> Exemple
> FR = 100 ; BFR = 80 ; TN = 20 ⇒ FR = 80 + 20 = 100 ; TN = 100 – 80 = 20.
> Augmenter le FR de 30 : TN = 130 – 80 = 50.
> Diminuer le BFR de 10 : TN = 100 – 70 = 30.
> Dans les deux cas, la TN augmente.

II Les impacts du FR et du BFR sur la trésorerie

On comprend donc que certains éléments du FR ou du BFR peuvent avoir un impact direct sur la trésorerie.
Toutefois, il faut mettre en relation ces éléments avec le budget de trésorerie. L'objectif est ici de comprendre quels sont les éléments qui peuvent avoir un impact positif sur la trésorerie.

1. L'augmentation du FR

Elle peut avoir deux origines :
- l'augmentation des capitaux stables ;
- la diminution de l'actif immobilisé brut.

Le FR augmente si les capitaux stables augmentent. Comme on tient compte des dettes financières dans les capitaux stables, la souscription d'un emprunt à long terme peut avoir un impact direct sur la trésorerie.
En effet, à moins que cet emprunt ne serve à acquérir une nouvelle immobilisation, les fonds empruntés vont alimenter directement la trésorerie d'actif.
Le FR augmente si l'actif immobilisé brut diminue. La plupart du temps, cette diminution a lieu lorsqu'une immobilisation est vendue. L'argent de la vente alimente alors directement la trésorerie d'actif.

2. La diminution du BFR

Elle peut avoir deux origines :
– la diminution de l'actif circulant ;
– l'augmentation des dettes circulantes.

La diminution de l'actif circulant peut s'opérer :
– par une réduction des stocks : qu'ils soient constitués de produits finis ou de marchandises (objets à vendre) ou de matières premières (objets à intégrer dans un cycle de fabrication), les stocks forment une réserve d'argent non disponible en tant que telle. La réduction de la valeur d'un stock d'une période à l'autre traduit le fait que l'entreprise :
• vend (donc encaisse) plus vite les produits finis ou les marchandises,
• achète (donc paie) moins de matières premières qui attendront leur incorporation dans la production.
L'idéal pour l'entreprise est de n'avoir aucun stock, mais ceci est rarement possible à cause de l'organisation de son activité industrielle et/ou commerciale ;
– par une réduction des créances clients : comme celles-ci existent à cause du décalage dans le temps entre les ventes et leur encaissement réel, il faut réduire cet écart (donc réduire le délai de paiement des clients) pour accroître la somme d'argent qui entrera dans la trésorerie ;
– par une réduction des VMP : il suffit de vendre ces titres qui ont été achetés dans un but de conservation de très court terme pour alimenter la trésorerie.

L'augmentation des dettes circulantes peut s'opérer :
– par une augmentation des dettes fournisseurs : ces dettes existent à cause du décalage dans le temps entre les achats et leur paiement réel. En augmentant ce délai, l'entreprise conserve plus longtemps son argent dans sa trésorerie ;
– par une augmentation des comptes courants d'associés : il s'agit de l'argent mis à disposition de l'entreprise par les associés. Cet argent « frais » alimente la trésorerie, qui augmente d'autant.

III L'analyse du budget de trésorerie

Le budget de trésorerie présente parfois une situation de trésorerie négative. Avant de recourir à des financements externes, l'entreprise doit réfléchir aux différentes pistes qui ont été évoquées dans la partie précédente.
Selon les cas, l'augmentation d'un délai de paiement fournisseurs ou la réduction d'un délai de paiement clients peut être une solution simple et peu coûteuse pour équilibrer son budget.

Fiche ressource 5

Le rééquilibrage de la trésorerie : le plan de trésorerie

Les prévisions de trésorerie sont utiles pour anticiper les problèmes qui doivent ensuite être corrigés par des techniques d'équilibrage de la trésorerie.

I Le principe d'un plan de trésorerie

Il est important de distinguer le budget et le plan de trésorerie.

1. Définition

Il existe deux versions successives du budget de trésorerie :
– la version initiale présente les soldes de trésorerie de fin de mois tels qu'ils sont prévus : certains soldes peuvent être négatifs ;
– la version modifiée présente les soldes de trésorerie de fin de mois tels qu'ils sont souhaités : aucun solde ne doit être négatif (au minimum, la trésorerie est nulle).
On appelle « plan de trésorerie » un budget de trésorerie qui a été ajusté à un niveau souhaité de trésorerie.

Exemple

Reprenons l'exemple de l'entreprise Alfa (fiches ressources 1, 2 et 3).
L'entreprise a élaboré son budget de trésorerie pour le début de l'année N+1.

Budget de trésorerie	Janvier	Février
Solde de début de mois	100 000	60 000
Encaissements	20 000	40 000
Décaissements	60 000	180 000
Solde de fin de mois	**60 000**	**– 80 000**

Elle souhaite ajuster son niveau de trésorerie à un minimum d'encaisse de 10 000 €.
Elle doit rééquilibrer sa trésorerie à hauteur de 90 000 €.

Plan de trésorerie	Janvier	Février
Solde de début de mois	100 000	60 000
Encaissements	20 000	40 000
Décaissements	60 000	180 000
RÉÉQUILIBRAGE		90 000
Solde de fin de mois	**60 000**	**+ 10 000**

2. L'utilité du plan de trésorerie

En planifiant en période d'excédent ses besoins de financement, l'entreprise peut négocier plus facilement l'obtention et le coût de ses moyens de financement auprès de sa banque.
Dans le cadre d'un groupe d'entreprises, la planification permet de faire couvrir les besoins de trésorerie d'une société par les excédents de trésorerie d'une ou de plusieurs autres, à des conditions toujours plus avantageuses que le recours au marché.
Remarque : le plan de trésorerie peut aussi conduire à placer les excédents de trésorerie afin d'ajuster le solde au niveau souhaité. Cette possibilité et ses conséquences sur le plan de trésorerie (encaissement éventuel d'intérêts, par exemple) ne sont pas étudiées ici.

II La réalisation pratique d'un plan de trésorerie : les techniques de rééquilibrage de la trésorerie

1. L'analyse du budget de trésorerie

La date d'échéance des flux de trésorerie peut être :
– fixe en cas d'engagement contractuel ou implicite s'il s'agit de flux pour lesquels l'entreprise n'a aucune marge d'action (paiement des charges sociales, encaissement de créances clients…) ;
– sujette à arbitrage si une marge d'action existe (décision de vendre ou d'acheter une immobilisation, décision de réaliser une dépense importante pouvant être décalée, renégociation d'un délai de paiement…).

Avant de recourir à des financements externes, il faut analyser les flux de trésorerie présents dans le budget et repérer ceux qui pourraient être décalés (anticipés ou retardés) dans le plan de trésorerie.

2. L'obtention de moyens de financement à court terme

Il existe de nombreuses techniques de financement.
Pour simplifier, on retiendra deux modalités de financement à court terme :
– les crédits de trésorerie permettent d'avoir temporairement un solde bancaire négatif (découvert) ou de bénéficier d'un crédit à court terme (même principe qu'un emprunt mais remboursé très rapidement) ;
– les crédits par mobilisation de créances permettent d'obtenir de la banque l'argent des créances clients avant leur échéance effective (escompte d'effets de commerce, mobilisation de créances type Dailly, affacturage…).
Sans entrer dans le détail du calcul financier, il semble important de mettre en avant les éléments ayant un impact sur la réalisation du plan de trésorerie :
– pour certains modes de financement, les montants encaissés sont nets de frais bancaires (intérêts et commissions). Exemple : l'escompte des effets de commerce ;
– certains modes de financement avancent le moment de la perception d'une créance ; il faut penser à enlever des encaissements futurs ces créances dont la perception a été anticipée. Exemple : tous les crédits par mobilisation de créances ;
– certains modes de financement engendrent des remboursements en capital et le paiement d'intérêts dans le futur ; il faut penser à en tenir compte pour les décaissements futurs. Exemple : les crédits de trésorerie.

Exemple (suite)

L'entreprise Alfa planifie sa trésorerie de la façon suivante :
– elle dispose, début février, de 20 000 € de créances à échéance fin mars qu'elle peut escompter immédiatement (valeur nette de l'escompte compte tenu des intérêts et commissions : 19 700 €) ;
– elle négocie avec la banque une autorisation de découvert pour le solde dont elle pense avoir besoin. Ce dernier est remboursable à la fin du mois suivant avec un intérêt et des commissions forfaitaires s'élevant à 500 € (par simplification).
Pour connaître le découvert dont elle a besoin, elle analyse ce que ce découvert doit couvrir et les financements dont elle dispose déjà :

Découvert demandé	80 000 €	Couvrir le solde négatif de trésorerie.
	10 000 €	Couvrir l'encaisse souhaitée.
	– 19 700 €	En tenant compte des 19 700 € déjà financés par un autre moyen.

Le découvert s'élève à : 80 000 + 10 000 – 19 700 = 70 300 €.

L'entreprise Alfa réalise donc le plan de trésorerie suivant :

	Janvier	Février	Mars
Solde de trésorerie début de mois	100 000	60 000	10 000
Encaissements du mois	20 000	40 000	170 000
Escompte		+ 19 700	– 20 000
Découvert		+ 70 300	
Encaissements nets		130 000	160 000
Décaissements	60 000	180 000	40 000
Remboursement découvert			70 300
Frais sur découvert			500
Décaissements nets		180 000	110 800
Solde de trésorerie fin de mois	60 000	10 000	49 200

Les créances escomptées (pour le montant net de frais) figurent dans les encaissements du mois de l'escompte ; il faut les enlever (pour le montant brut) des encaissements du mois où il était initialement prévu de les encaisser.

Le financement obtenu (découvert) génère des remboursements et/ou des frais dont il faut tenir compte le moment venu.

Applications

1 Le budget des approvisionnements

L'entreprise Namar fabrique des bonbons. Elle doit planifier son approvisionnement en sucre, sa matière première principale, compte tenu des contraintes suivantes :
– chaque livraison de son fournisseur est de 33 576 kg ;
– on ne peut effectuer qu'une seule commande par mois ;
– la commande doit être passée le 15 du mois ;
– la livraison intervient deux mois jour pour jour après la commande ;
– une livraison ne doit intervenir que lorsque le stock théorique est négatif.

1. **Compléter le document 1.**
2. **À l'aide du document 2, indiquer les mois pour lesquels le stock de sécurité n'est pas atteint.**
3. **À l'aide du document 3, calculer le coût de gestion annuel total du stock de sucre sur l'année N.**

Document 1

Mois	Stock initial (a)	Consommation mensuelle (b)	Stock théorique (c) = (a)- (b)	Livraison (d)	Stock final (e) = (c) + (d)	Date de la livraison	Date de la commande
Janvier	120 000	36 480					
Février	83 520	34 200					
Mars	49 320	31 920					
Avril	17 400	34 200					
Mai	16 776	35 340					
Juin	15 012	34 200					
Juillet	14 388	0					
Août	14 388	28 500					
Septembre	19 464	34 200					
Octobre	18 840	31 900					
Novembre	20 516	34 200					
Décembre	19 892	34 200					

Document 2 Le stock de sécurité

On appelle « stock de sécurité » le niveau de stock qui permet de limiter les ruptures de stock dues aux aléas (prévisions non conformes à la demande, délai d'approvisionnement plus long que prévu, etc.). L'entreprise Namar estime son stock de sécurité à la moitié d'une livraison mensuelle.

Document 3 Le coût de gestion du stock

Le coût de gestion du stock est composé de deux éléments :
– le coût de passation d'une commande (salaires des salariés et amortissement des matériels affectés à la gestion, la prévision, la passation des commandes) = 150 € par commande ;
– le coût de possession du stock (assurance du stock, amortissement du hangar de stockage, salaires…) = 0,10 € par kg de sucre présent en fin de mois.

2 Programme et budget de production

L'entreprise Kemisi fabrique trois produits (A, B et C) dans trois ateliers (Usinage, Montage, Finition). Les données unitaires sont récapitulées dans le document 1.

1. **En supposant que l'entreprise décide de ne fabriquer que du produit A, indiquer la production maximale possible et en déduire la marge bénéficiaire que l'entreprise va réaliser.**
2. **Ce programme de production assure-t-il le plein emploi des ateliers ?**

On appelle « goulet d'étranglement » l'étape de fabrication qui limite la possibilité de production par rapport aux autres étapes.

3. **Quel atelier représente le goulet d'étranglement ?**
4. **Indiquer le nombre d'heures perdues (sous-emploi) dans les autres ateliers.**

L'entreprise décide un programme de production de 90 unités de chaque produit. (L'utilisation du tableur est recommandée pour répondre aux questions suivantes.)

5. **Quelle marge bénéficiaire l'entreprise va-t-elle réaliser ?**
6. **Indiquer le nombre d'heures perdues (sous-emploi) dans les ateliers.**
7. **Ce programme de production est-il optimal, c'est-à-dire qu'il maximise la marge ? Pourquoi ?**

P7

8. **En utilisant le tableur et plus particulièrement le solveur, calculer le programme de production qui maximise la marge bénéficiaire (vous prendrez soin de préciser dans les contraintes que la production de chaque type de produit doit être un nombre entier et positif).**

L'entreprise Kemisi opte finalement pour le programme de production suivant : 90 unités du produit A, 20 unités du produit B et 150 unités du produit C. Elle vous communique ses coûts de production de la période pour l'atelier Usinage (document 2).
Les charges fixes indirectes seront réparties sur la base du coût variable de chacun des produits.

9. **Réaliser le budget de production de l'atelier Usinage pour chaque produit.**

Document 1 Consommation horaire des produits

	A	B	C	Capacité maximale des ateliers
Usinage (en h)	2	3	2	700 heures
Montage (en h)	1	2,5	3	600 heures
Finition (en h)	4	2	2,5	800 heures
Marge bénéficiaire (en € par unité)	3	4	5	

Document 2 Charges de l'atelier Usinage

Atelier Usinage	A	B	C
Coût variable unitaire	3	2	3
Coût fixe direct	1 000	2 500	2 200
Coût fixe indirect		5 000	

3 Le budget de trésorerie

L'entreprise Jouvenel fabrique un produit unique dans son usine du Gard.
Sa dirigeante, Mme Élisabeth, vous confie le soin d'élaborer les prévisions de trésorerie pour le second semestre N à périodicité mensuelle. Toutes les données utiles sont communiquées dans les documents 1 à 6. L'exercice comptable de l'entreprise coïncide avec l'année civile.

1. **Réaliser le budget de la TVA du second semestre N.**
2. **Réaliser les budgets des encaissements et des décaissements pour le second semestre N.**
3. **En déduire le budget de trésorerie du second semestre N.**
4. **Analyser la situation de trésorerie et, sans faire de calcul, proposer des moyens de rééquilibrage.**

Document 1 Bilan de la société Jouvenel au 30 juin N

ACTIF				PASSIF	
	Brut	A/D	Net		Net
Immobilisations	1 200 000,00	680 000,00	520 000,00	Capital	600 000,00
Stock de matières premières	230 000,00		230 000,00	Réserves	40 000,00
Stock de produits finis	120 000,00		120 000,00		
Créances clients (1)	560 000,00		560 000,00	Dettes financières (2)	258 000,00
Disponibilités	140 000,00		140 000,00	Dettes fournisseurs (3)	600 000,00
				Dettes fiscales et sociales (4)	72 000,00
TOTAL	2 250 000,00	680 000,00	1 570 000,00		1 570 000,00

(1) 400 000 en juillet et 160 000 en août
(2) Emprunt 240 000 ; intérêts courus 18 000
(3) Échéance en juillet
(4) Dont TVA à décaisser 30 000 ; charges sociales 42 000

Document 2 Budget des ventes

	Juillet	Août	Septembre	Octobre	Novembre	Décembre	Total
Quantité	6 000	6 000	7 000	9 000	10 000	10 000	48 000
Prix unitaire	120	120	120	120	120	120	
Chiffre d'affaires	720 000,00	720 000,00	840 000,00	1 080 000,00	1 200 000,00	1 200 000,00	5 760 000,00

Document 3 Programme de production

	Juillet	Août	Septembre	Octobre	Novembre	Décembre	Total
Quantité	7 000	7 000	7 000	8 400	8 400	8 400	46 200

Document 4 Budget des achats de matières premières

	Juillet	Août	Septembre	Octobre	Novembre	Décembre	Total
Montant	560 000,00			630 000,00			1 190 000,00

Document 5 **Budget des frais de production**

	Juillet	Août	Septembre	Octobre	Novembre	Décembre	Total
Matières premières	175 000,00	175 000,00	175 000,00	210 000,00	210 000,00	210 000,00	1 155 000,00
Salaires	71 800,00	71 800,00	71 800,00	71 800,00	71 800,00	71 800,00	430 800,00
Charges sociales	35 900,00	35 900,00	35 900,00	35 900,00	35 900,00	35 900,00	215 400,00
Autres charges	46 200,00	46 200,00	46 200,00	46 200,00	46 200,00	46 200,00	277 200,00
Amortissement							-
Immo. anciennes	77 000,00	77 000,00	77 000,00	77 000,00	77 000,00	77 000,00	462 000,00
Immo. nouvelles					33 333,00	33 333,00	66 666,00

Document 6 **Informations diverses**

– Les clients paient 40 % au comptant, 40 % à un mois et 20 % à deux mois.
– Les fournisseurs de matières premières sont payés à trois mois.
– Les autres charges sont payées comptant.
– La TVA au taux normal de 20 % s'applique sur la vente des produits, sur les achats de matières premières, sur les autres charges et sur les immobilisations.
– Il est prévu d'acquérir en octobre un matériel industriel pour un prix hors taxe de 2 000 000 €. Le paiement aura lieu fin octobre et la mise en service s'effectuera début novembre. Cette immobilisation sera amortie en linéaire sur 5 ans.
– L'emprunt figurant au passif supporte un intérêt de 10 %. Une première annuité de 104 000 € sera versée en septembre.
– Les salaires sont payés en fin de mois.
– Les charges sociales sont payées le 15 du mois suivant.
– Une augmentation de capital par apports en numéraire de 160 000 € est prévue en septembre.
– Toutes les charges sont fixes, à l'exception de la consommation de matières premières.

4 Plan de trésorerie et impact sur la trésorerie d'action sur le BFR

L'entreprise Jouvenel a établi un budget de trésorerie pour le second semestre N (voir application 3). Mme Élisabeth, la dirigeante de l'entreprise, exige une encaisse minimale de 50 000 € par mois. La banque propose l'octroi d'un découvert bancaire au taux mensuel de 0,5 % remboursable en deux mensualités égales avec paiement mensuel des intérêts sur le capital restant dû en début de mois.

1. **Réaliser le plan de trésorerie du second semestre N.**

Après d'âpres négociations avec ses clients, Mme Élisabeth a réussi à obtenir d'eux une réduction des délais de paiement. Désormais, ils paieront 50 % comptant et 50 % à un mois à compter du second semestre N.

2. **Sans faire de calcul, expliquer l'impact de cette mesure sur le BFR et donc sur la trésorerie.**
3. **À partir des données de l'application 3, réaliser un nouveau budget de trésorerie tenant compte de la négociation de Mme Élisabeth. La situation de la trésorerie a-t-elle évolué dans le sens donné en réponse à la question 2 ?**
4. **Conclure sur l'impact de cette mesure.**

Chapitre 10

Les états prévisionnels et le contrôle budgétaire

Activité
5.4. Mise en place d'une gestion budgétaire

Composante d'activité
5.4.3. Contrôle et suivi de l'exécution budgétaire

Compétence
Identifier les écarts entre les prévisions et les réalisations selon la périodicité retenue

P7
– L'exploitation des données de façon automatisée et reproductible
– Une utilisation du tableur adaptée aux besoins de l'utilisateur

Situation professionnelle

La SA Moteurs de France (MDF) est spécialisée dans la conception, la fabrication et la vente de moteurs électriques de toutes puissances à destination des fabricants d'outillages électroportatifs, de machines industrielles et agricoles et, depuis peu, de machines médicales (voir chapitres 8 et 9).

Mission

Vous êtes toujours en poste au sein de la SA MDF auprès de M. Hugonnet. Après avoir mis en place une gestion budgétaire au sein de la SAS MM (voir chapitre 9), vous devez réaliser les états de synthèse prévisionnels et envisager l'élaboration d'un contrôle budgétaire.

Travail à faire

P7 L'ensemble des travaux demandés peut être réalisé à l'aide d'un tableur.

I Préparer l'élaboration de la situation prévisionnelle

M. Hugonnet vous demande de préparer les états prévisionnels en focalisant votre attention sur les principales difficultés techniques.

Annexes 1 et 2
Fiche ressource 1

1. Vérifiez les montants des amortissements pris en compte dans le budget de l'atelier et dans le budget des frais généraux. Sont-ils cohérents avec les éléments figurant au bilan au 31/12/N ?
2. Calculez le coût de production prévisionnel d'un moteur sur le 1er trimestre N+1.
3. Calculez la quantité de produits finis en stock à la fin du 1er trimestre N+1 compte tenu du stock initial, de la production et des ventes.
4. En supposant que l'entreprise valorise ses stocks selon la méthode du PEPS (premier entré, premier sorti), calculez la valeur du stock final à la fin du 1er trimestre N+1 et déduisez-en le montant de la variation de stock de la période.
5. Quelle serait la valeur de ce stock si l'entreprise utilisait la méthode du CUMP (coût unitaire moyen pondéré) ?
6. Vérifiez par le calcul le montant de 10 000 € d'intérêts courus qui apparaît au bilan d'ouverture pour l'emprunt E1.
7. Compte tenu des échéances respectives de chaque emprunt, calculez le montant des intérêts courus pour les emprunts E1 et E2 qui seront supportés par le résultat du 1er trimestre N+1.
8. Présentez le poste « Dettes financières » du bilan prévisionnel à la fin du 1er trimestre N+1.
9. Les montants des charges d'assurance dans le budget de l'atelier et dans le budget des décaissements sont différents. Expliquez l'ajustement à réaliser et indiquez les conséquences sur le compte de résultat et le bilan prévisionnels.

II Élaborer le compte de résultat et le bilan prévisionnels

M. Hugonnet vous confie le soin d'élaborer les documents prévisionnels de synthèse pour le 1er trimestre N+1.

Annexes 1 à 4
Fiche ressource 2

10. Élaborez le compte de résultat prévisionnel en complétant l'annexe 3.
11. Dans l'annexe 4, justifiez le montant de 131 640 € en expliquant les sommes qui le composent.
12. Complétez les données manquantes dans le bilan prévisionnel (annexe 4) et déduisez-en le montant du résultat. Assurez-vous que ce résultat soit identique au résultat trouvé dans le compte de résultat.
13. Rédigez un compte rendu synthétique de la situation prévisionnelle de l'entreprise.

III Calculer des écarts et produire une analyse

M. Hugonnet met à votre disposition la situation réelle à la fin du 1er trimestre N+1 élaborée par l'expert-comptable de l'entreprise.

14. Complétez les états de contrôle budgétaire (annexe 7). Annexes 5 à 7

15. Rédigez une analyse des écarts mis en évidence. Fiche ressource 3

P7 16. Analysez l'algorithme de mise en évidence de l'écart sur résultat et corrigez les erreurs que vous relevez. Annexe 8

Données de la situation

Annexe 1 Budgets et données prévisionnelles pour le 1er trimestre N+1

Budget des ventes – 1er trimestre N+1

Éléments	Janvier	Février	Mars	Total
Ventes en quantité	120	120	120	**360**
CA	180 000	180 000	180 000	**540 000**

Budget des frais commerciaux – 1er trimestre N+1

Éléments	Janvier	Février	Mars	Total
Commission	18 000	18 000	18 000	**54 000**
Frais de livraison	18 000	18 000	18 000	**54 000**
Publicité	80 000			**80 000**
Total	**116 000**	**36 000**	**36 000**	**188 000**

Programme de production – 1er trimestre N+1

Éléments	Janvier	Février	Mars	Total
Production en quantité	250	250	250	**750**

Budget de l'atelier – 1er trimestre N+1

Éléments	Janvier	Février	Mars	Total
Salaires bruts	10 000	10 000	10 000	**30 000**
Charges patronales	4 000	4 000	4 000	**12 000**
Amortissements	15 000	15 000	15 000	**45 000**
Autres charges variables	22 500	22 500	22 500	**67 500**
Assurance(1)	1 000	1 000	1 000	**3 000**
Maintenance	1 200	1 200	1 200	**3 600**
Frais divers	500	500	500	**1 500**
Total	**54 200**	**54 200**	**54 200**	**162 600**

(1) La prime d'assurance annuelle est de 12 000 € payable en une seule fois au mois d'octobre.

Budget des achats – 1er trimestre N+1

Éléments	Janvier	Février	Mars	Total
Composants	125 000	125 000	125 000	**375 000**

Les achats s'effectuent en fonction de la production prévue. Aucun stock n'est réalisé.

Budget des frais généraux – 1er trimestre N+1

Les frais généraux sont constitués uniquement de l'amortissement des bâtiments et des fournitures diverses (décaissable le mois suivant).

Éléments	Janvier	Février	Mars
Amortissement des bâtiments	10 000	10 000	10 000
Fournitures générales HT	1 200	1 200	1 200

Budget de la TVA – 1er trimestre N+1

Éléments	Janvier	Février	Mars	Solde
TVA déductible sur ABS	32 780	32 780	32 780	
TVA déductible sur immobilisations	0	0	20 000	
Total TVA déductible	**32 780**	**32 780**	**52 780**	
TVA collectée	36 000	36 000	36 000	
Crédit de TVA à reporter M-1	0	0	0	– 16 780
TVA à décaisser	**3 220**	**3 220**	**– 16 780**	

• • •

•••

Budget des encaissements – 1er trimestre N+1

Éléments	Janvier	Février	Mars	Solde à encaisser
Créances bilan à échéance	120 000			
Ventes encaissées		216 000	216 000	216 000
Emprunt (budget de financement)		180 000		
Total des encaissements	**120 000**	**396 000**	**216 000**	

Budget des décaissements – 1er trimestre N+1

Éléments	Janvier	Février	Mars	Solde à décaisser
Annuité d'emprunt (capital)		2 000		
Annuité d'emprunt (intérêts)		12 000		
Dettes fournisseurs bilan à échéance	180 000			
Dettes fiscales et sociales bilan à échéance	5 000	20 000		
Dettes sociales bilan (salaires)	7 900			
Publicité	80 000			
Commissions payées		21 600	21 600	21 600
Frais de livraison payés	21 600	21 600	21 600	0
Achats de composants payés comptant	75 000	75 000	75 000	
Achats de composants payés le mois suivant		75 000	75 000	75 000
Autres charges payées comptant	7 500	7 500	7 500	
Autres charges payées deux mois plus tard			15 000	30 000
Assurance	0	0	0	0
Frais de maintenance TTC	1 440	1 440	1 440	0
Frais divers payés le mois suivant		600	600	600
Salaires nets payés le mois suivant		8 500	8 500	8 500
Charges sociales à payer	0	0	0	16 500
Fournitures générales		1 440	1 440	1 440
Investissements décaissés (budget des investissements)			120 000	
TVA à décaisser selon la date de paiement		3 220	3 220	– 16 780
Total des décaissements	**378 440**	**249 900**	**350 900**	

Budget de trésorerie – 1er trimestre N+1

Éléments	Janvier	Février	Mars
Total des encaissements (E)	120 000	396 000	216 000
Total des décaissements (D)	378 440	249 900	350 900
Solde de la période (E – D) (a)	– 258 440	146 100	– 134 900
Trésorerie de début de période (b)	130 000	– 128 440	17 660
Trésorerie de fin de période (a) – (b)	– 128 440	17 660	– 117 240

Budget des investissements

L'entreprise envisage d'acquérir en mars une nouvelle machine pour 100 000 € HT. Il a été contractuellement prévu de payer comptant cette machine, qui sera mise en service début avril N+1.

Budget de financement

Un nouvel emprunt E2 à long terme de 180 000 € a été réalisé. Le contrat d'emprunt prévoit que l'argent sera débloqué par la banque fin février pour financer la machine et les futures dépenses publicitaires. Remboursement par annuités constantes à partir de février N+2. Le taux d'intérêt est de 2 % annuel.

Annexe 2 Bilan au 31/12/N

ACTIF				PASSIF	
	Brut	**Amort. et dépréciations**	**Net**		**Net**
Immobilisations				Capitaux propres	1 842 100
Bâtiments	1 200 000	360 000	840 000		
Machines	1 800 000	540 000	1 260 000		
Stock de produits finis	15 000(5)		15 000	Dettes financières	310 000(1)
Créances clients	120 000(4)		120 000(4)	Dettes fournisseurs	180 000(2)
Disponibilités	130 000		130 000	Dettes fiscales et sociales	32 900(3)
Total	**3 265 000**	**900 000**	**2 365 000**	**Total**	**2 365 000**

Toutes les immobilisations sont amortissables en linéaire sur 10 ans.

(1) Dont 10 000 € d'intérêts courus. Cet emprunt E1 de 300 000 € a été débloqué fin février N et est remboursable par annuités constantes à la fin février de chaque année. Taux annuel : 4 %. Une annuité de 14 000 € (dont 12 000 € d'intérêts) doit être remboursée en février N+1.

(2) Payables en janvier N+1.

(3) Dont 5 000 € de TVA à décaisser ; 20 000 € de charges sociales des mois d'octobre, novembre et décembre ; 7 900 € de salaires de décembre.

(4) Encaissables en janvier N+1.

(5) Ce stock représente 11 unités.

Annexe 3 Compte de résultat prévisionnel du 1er trimestre N+1

Charges		Produits	
Charges d'exploitation		**Produits d'exploitation**	
Charges de production		Ventes	
Achats		Production stockée(1)	
Salaires et charges patronales			
Autres charges de production			
Amortissements			
Charges de distribution			
Commissions			
Frais de livraison			
Publicité			
Charges générales			
Amortissements			
Fournitures			
Charges financières			
Charges d'intérêts			
Intérêts courus de la période			
Extourne des intérêts courus de la période précédente			
Total		**Total**	
Résultat (solde créditeur = bénéfice)		Résultat (solde débiteur = perte)	
TOTAL GÉNÉRAL		**TOTAL GÉNÉRAL**	

(1) L'entreprise valorise ses stocks selon la méthode du PEPS.

Annexe 4 Bilan prévisionnel à la fin du 1er trimestre N+1

ACTIF				PASSIF	
	Brut	Amort. et dépréc.	Net		Net
Actif immobilisé (AI)				**Capitaux propres et dettes à long terme (CP)**	
Immob. corporelles				Capitaux propres	1 842 100
Bâtiments	1 200 000			Résultat	
Machines	1 800 000				
Machine	100 000	0	100 000	Dettes financières	
Total AI				**Total CP**	
Actif circulant (AC)				**Dettes circulantes (DC)**	
Stock de produits finis(1)				Dettes fournisseurs et autres dettes d'exploitation	131 640
Créances clients				Dettes fiscales et sociales	
Autres créances(2)					
Total AC				**Total DC**	
Trésorerie Actif				**Trésorerie Passif**	
				Solde créditeur de banque	117 240
Total Bilan Actif				**Total Bilan Passif**	

(1) L'entreprise valorise ses stocks selon la méthode du PEPS.
(2) Y compris crédit de TVA, le cas échéant.

Annexe 5 Réalisé – 1er semestre N+1

Les données réelles ont été les suivantes :
– Ventes : 360 produits à 1 400 € HT
– Production : 750 unités
Le compte de résultat réel de la période se présente comme suit :

Charges		Produits	
Charges d'exploitation		**Produits d'exploitation**	
Charges de production	537 600,00	Ventes	504 000,00
Charges de distribution	188 000,00	Production stockée	272 436,80
Charges générales	33 600,00		
Charges financières	**3 293,33**		
Total	**762 493,33**	**Total**	**776 436,80**
Résultat (solde créditeur = bénéfice)	13 943,47	Résultat (solde débiteur = perte)	
TOTAL GÉNÉRAL		**TOTAL GÉNÉRAL**	

Annexe 6 Entretien avec Bernard Hugonnet

Bernard Hugonnet : Pour chaque période, nous opérons un contrôle budgétaire, c'est-à-dire que nous calculons les différences entre le prévisionnel (ce qui a été budgété) et le réalisé.

Vous : Dans quel but ?

B. H. : Pour vérifier la performance des différents intervenants de l'entreprise et aussi pour apprécier notre capacité de prévision.

Vous : Concrètement, comment cela se présente ? Est-ce normalisé ?

B. H. : Non, chaque entreprise établit les états de contrôle qu'elle souhaite… Chez nous, nous avons mis en place une liste d'états de contrôle que je vais vous communiquer.

Vous : Et ensuite ?

B. H. : Les états de contrôle amènent à mettre en évidence des écarts qu'il faut analyser pour en déterminer l'origine.

Vous : Il faut analyser tous les écarts ?

B. H. : Non ! Seulement ceux qui paraissent significatifs, c'est-à-dire qui dépassent une valeur définie à l'avance. C'est cela qui déclenche une alerte.

Vous : Et comment ce seuil d'alerte est-il fixé ?

B. H. : C'est le contrôleur de gestion en accord avec les différents responsables qui décide ce qui est significatif ou non.

Annexe 7 États de contrôle budgétaire

Type d'état : mise en évidence de l'écart sur résultat
Seuil d'alerte : l'écart en valeur absolue dépasse 20 % du résultat prévisionnel.

Résultat réel	
Résultat prévisionnel	
Écart sur résultat (E/R)	
Signification	

Type d'état : Analyse de l'écart sur résultat – Écart sur marge sur CA
Seuil d'alerte : l'écart en valeur absolue représente plus de 75 % de l'écart total.

	Qtés réelles vendues	Prix de vente réel	Montant
CA réel			
	Qtés réelles vendues	Coût de production unitaire prévisionnel	Montant
Coût de production préétabli des ventes			
Marge réelle			
	Qtés prévisionnelles vendues	Prix de vente prévisionnel	Montant
CA prévisionnel			
	Qtés prévisionnelles vendues	Coût de production unitaire prévisionnel	Montant
Coût de production prévisionnel des ventes			
Marge prévisionnelle			
Écart sur marge sur CA			
Signification			

•••

Type d'état : Analyse de l'écart sur résultat – Écart sur coût de production
Seuil d'alerte : l'écart en valeur absolue représente plus de 25 % du coût prévisionnel de production.

Écart sur coût de production				
	Qtés réelles fabriquées	Coût unitaire réel	Coût réel	Signification
Coût réel				
	Qtés réelles fabriquées	Coût unitaire prévisionnel	Coût préétabli	
Coût préétabli				
Écart sur coût				

Type d'état : Analyse de l'écart sur résultat – Écart sur coût de structure
Seuil d'alerte : l'écart en valeur absolue dépasse 5 000 €.

Écart sur coût de structure	
Coût réel	
Coût prévisionnel	
Écart sur coût de structure	
Signification	

```
VARIABLES
RR (résultat réel), RP (résultat prévisionnel), ER (écart sur résultat) en réel,
SIGN (signification), AL (alerte) en texte
DÉBUT
SAISIR « Entrez le résultat réel », RR
SAISIR « Entrez le résultat prévisionnel », RP
ER = RR – RP
| SI ER > 0
|         ALORS SIGN ← « favorable »
|         SINON SI ER = 0
|                 | ALORS SIGN ← « neutre »
|                 | SINON SIGN ← « défavorable »
|                 | FINSI
FINSI
| SI ER < 0
|         ALORS ER ← ER* (-1)
|         SINON ER ← ER
FINSI
| SI ER ≥ RR* 0,2
|         ALORS AL ← « Attention »
|         SINON AL ← « Rien à signaler »
FINSI
AFFICHER « L'écart sur résultat est de : », ER
AFFICHER « Il présente un caractère : », SIGN
AFFICHER « Alerte = », AL
FIN
```

Fiche ressource 1

Les difficultés spécifiques dans l'élaboration des états de synthèse prévisionnels

Il est important de rappeler ici quelques difficultés courantes dans l'élaboration des documents de synthèse.

I Rappel de la relation « compte de résultat / bilan »

Une relation assure l'équilibre du bilan par le biais du compte de résultat. C'est elle qui justifie les difficultés d'établissement des états prévisionnels (bilan et compte de résultat) à partir des budgets opérationnels et du budget de trésorerie.

Au travers des quelques exemples ci-dessous, il est fondamental de comprendre cette relation qui unit le bilan et le compte de résultat (il est impératif de considérer que la situation de départ au début de la période présente un bilan équilibré).

Activité de la période

Compte de résultat	
Charges	Produits
	10
Résultat = + 10	

→ Ce produit est **encaissé** sur la période.

Bilan de fin de période	
Actif	Passif
Trésorerie = + 10	Résultat = + 10
Le bilan reste équilibré.	

→ Ce produit n'est **pas encaissé** sur la période.

Bilan de fin de période	
Actif	Passif
Créances = + 10	Résultat = + 10
Le bilan reste équilibré.	

Activité de la période

Compte de résultat	
Charges	Produits
10	
Résultat = – 10	

→ Cette charge est **décaissée** sur la période.

Bilan de fin de période	
Actif	Passif
Trésorerie = – 10	Résultat = – 10
Le bilan reste équilibré.	

→ Cette charge **n'est pas décaissée** sur la période.

Bilan de fin de période	
Actif	Passif
	Résultat = – 10 Dettes = + 10
Le bilan reste équilibré.	

→ Cette charge est une charge calculée (amortissement).

Bilan de fin de période	
Actif	Passif
Valeur nette des immobilisations = – 10	Résultat = – 10
Le bilan reste équilibré.	

II Les ajustements des charges et des produits d'exploitation

Selon le principe d'indépendance des exercices, il faut faire supporter à chaque période comptable la charge (ou le produit) qui la concerne.
À titre de simplification, on n'envisagera que le cas des charges, ce qui semble être la situation la plus fréquemment rencontrée au niveau du BTS Comptabilité-gestion.

Il est possible d'être confronté à deux situations :
1) des charges sont affectées dans les budgets opérationnels mais aucun décaissement correspondant (ou un décaissement plus faible) n'apparaît dans le budget de trésorerie.
Ces charges figurent dans le compte de résultat prévisionnel. Afin de maintenir l'équilibre comptable entre le compte de résultat et le bilan, il faut calculer la charge à payer qui devra être portée dans un compte de dettes (408 ou 468, selon le type de charge) au passif du bilan prévisionnel ;

> Exemple
>
> L'assurance de l'atelier pour l'année N est payée à la fin de l'année. Dans le budget de l'atelier de janvier N, il faut affecter 1/12e de la charge d'assurance. Dans le résultat prévisionnel de janvier, cette charge sera prise en compte. Comme aucun décaissement n'est réalisé pour la même période dans le budget de trésorerie, l'équilibre résultat/bilan est rompu. C'est pourquoi il faut tenir compte de cette dette dans le bilan (charge à payer).

2) des charges sont affectées dans les budgets opérationnels mais un décaissement plus important correspondant apparaît dans le budget de trésorerie.
Ces charges figurent dans le compte de résultat prévisionnel. Pour maintenir l'équilibre entre le compte de résultat et le bilan, il faut calculer la charge constatée d'avance qui devra être portée dans le compte 486 à l'actif du bilan prévisionnel.

> Exemple (suite)
>
> Supposons que la charge d'assurance soit décaissable en totalité en janvier. Le budget de l'atelier recevant 1/12e de la charge tandis que le budget de trésorerie pour la même période fait apparaitre la totalité du décaissement, l'équilibre résultat/bilan est rompu. C'est pourquoi il faut tenir compte de cette avance dans le bilan (charge constatée d'avance).

Attention : seul le bilan prévisionnel doit être affecté. Le principe de fonctionnement des budgets a déjà permis la prise en compte de la charge (ou du produit) avec la bonne périodicité dans le compte de résultat prévisionnel.

III Les intérêts courus

Les intérêts courus sont un cas particulier de charges à payer dont l'analyse a été présentée dans la partie précédente. Toutefois, leur spécificité impose que l'on détaille leur traitement.

1. Le calcul des intérêts courus

Dans le cas des emprunts à long terme, on constate souvent :
– que l'emprunt fonctionne à terme échu : le capital et les intérêts d'une période sont payés en fin de période ;
– qu'il existe un décalage entre la période comptable de référence et la période de calcul des intérêts.

Les intérêts courus sont obligatoirement des charges à payer. Ils représentent la part d'intérêts à venir qu'il faut faire supporter à la période comptable de référence.

> Exemple
>
> Dans la figure qui suit, la période comptable de référence est le semestre (01/01/N → 01/06/N). L'emprunt qui est débloqué le 01/04/N verra sa première échéance (capital + intérêts) le 01/04/N+1 (il s'agit d'une annuité). Les intérêts courus à rattacher sur la période de référence représentent 2 mois d'intérêts (01/04/N → 01/06/N), soit : $6\,000 \times 2/12 = 1\,000$ €.

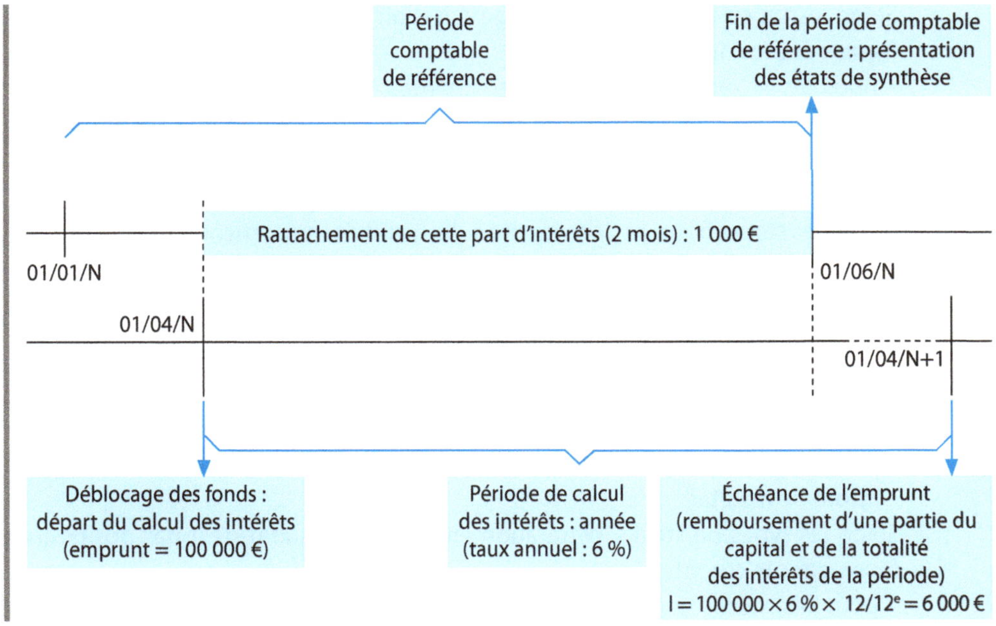

2. La place des intérêts courus dans les états prévisionnels

Les intérêts courus interviennent :
– dans le compte de résultat prévisionnel : ils sont placés dans les charges financières ;
– dans le bilan : ils sont placés dans le poste « Dettes financières ». Ils sont ajoutés au capital restant dû des emprunts présents.

Attention : les intérêts courus font partie des écritures d'ajustement des charges et des produits ; la règle comptable indique que ces écritures sont systématiquement extournées pour établir les états de synthèse de la période suivante. Si des intérêts courus sont présents dans le bilan de la période précédente, il convient :
– de ne plus en tenir compte dans le bilan prévisionnel ;
– de les enlever des charges dans le compte de résultat prévisionnel.

IV Les stocks

Selon le principe d'indépendance des exercices, il s'agit de faire apparaître la richesse réellement générée sur la période tout en montrant l'état réel du patrimoine de l'entité.

1. Le principe de la variation des stocks : phénomène de stockage ou de déstockage

En comptabilité, tout phénomène de stockage sur une période (quel que soit l'élément de stock) signifie que l'on a plus de stock à la fin de la période qu'au début (SF > SI).
Cet enrichissement va se traduire immanquablement par une augmentation de patrimoine sur cette période, puisque les stocks figurent à l'actif du bilan.

Afin de conserver l'équilibre du bilan, la hausse de cet actif sur la période va s'accompagner d'une augmentation équivalente du passif. C'est le compte de résultat, à travers la variation de stock, qui va permettre la conservation de l'équilibre du bilan.

En cas de stockage, la variation de stock va faire gonfler le résultat.

Selon les types de stocks, cette augmentation du résultat n'est pas positionnée de la même façon dans le compte résultat :

– pour les stocks figurant dans les charges (matières premières, marchandises, matières consommables), le phénomène de stockage (enrichissement) apparaît en déduction des charges (une charge négative équivaut à un produit !). C'est pourquoi on utilise la formule : SI – SF. Si SF > SI, alors SI – SF est < 0 ;

– pour les stocks figurant dans les produits (produits finis, encours), le phénomène de stockage (enrichissement) apparaît en augmentation des produits (ce qui est logique !). C'est pourquoi on utilise la formule : SF – SI. Si SF > SI, alors SF – SI est > 0.

Le même raisonnement peut être appliqué en cas de phénomène de déstockage, ce qui signifie que l'on a moins de stock à la fin de la période qu'au début (SF < SI).

Afin de conserver l'équilibre du bilan, la baisse de l'actif « stock » sur la période va s'accompagner d'une diminution équivalente du passif par le biais de la variation de stock à l'intérieur du compte de résultat.

Selon les types de stocks, cette augmentation du résultat n'est pas positionnée de la même façon dans le compte résultat :

– pour les stocks figurant dans les charges (matières premières, marchandises, matières consommables), le phénomène de déstockage (appauvrissement) apparaît en augmentation des charges (ce qui est logique !). C'est pourquoi on utilise la formule : SI – SF. Si SF < SI, alors SI – SF est > 0 ;

– pour les stocks figurant dans les produits (produits finis, encours), le phénomène de déstockage (appauvrissement) apparaît en diminution des produits (un produit négatif équivaut à une charge !). C'est pourquoi on utilise la formule : SF – SI. Si SF < SI, alors SF – SI est < 0.

2. La valorisation des sorties de stock et du stock final

Si, au cours d'une période, chaque produit en stock avait toujours le même coût (d'achat ou de production), le problème de la valorisation des sorties de stock et du stock final ne se poserait pas.

> Exemple
>
> Une grand-mère achète toutes les semaines des bonbons pour ses petits-enfants chez le même commerçant et au même prix de 1 € l'unité. Samedi matin, il y avait dans son placard 120 bonbons. Les petits-enfants ont mangé 14 bonbons dans l'après-midi. Il est facile de valoriser :
> – les sorties de stock : 14 × 1 = 14 € ;
> – son stock final : (120 – 14) × 1 = 106 €.

Cependant, dans la réalité, les produits ont rarement le même coût au cours d'une période.

> Exemple
>
> Une grand-mère achète toutes les semaines des bonbons pour ses petits-enfants. Selon le magasin où elle fait ses courses, le prix du bonbon varie.
> Au cours de la semaine, elle a acheté :
> – le lundi, chez le boulanger : 30 bonbons à 1,20 € l'unité ;
> – le mercredi, chez l'épicier : 20 bonbons à 1,10 € l'unité ;
> – le vendredi, au supermarché : 70 bonbons à 0,80 € l'unité.
> Samedi matin, il y avait donc 120 bonbons dans son placard. Ses petits-enfants ont mangé 14 bonbons dans l'après-midi.
> À quel coût faut-il valoriser la sortie de ces 14 bonbons ? Ces 14 bonbons proviennent-ils du lot le plus ancien ? du lot le plus récent ? d'un mélange de l'ensemble des lots ?
> La même question se pose pour le stock final de : 120 – 14 = 106 bonbons.

En comptabilité, seules deux méthodes sont autorisées pour valoriser les sorties et le stock final en euros :

– la méthode du PEPS (premier entré, premier sorti) : les sorties sont valorisées en tenant compte en priorité de la valeur du lot le plus ancien ;

– la méthode du CUMP (coût unitaire moyen pondéré) : les sorties sont valorisées selon la moyenne des coûts de l'ensemble des éléments.

> Exemple
>
> Une entreprise achète les matières premières suivantes : le 05/01, 100 kg à 3 € et le 10/01, 600 kg à 5 €. Au cours du mois de janvier, elle utilise 250 kg de matières premières pour sa production.
> Si elle utilise la méthode du PEPS, elle sortira de son stock : (100 kg × 3 €) + (150 kg × 5 €) = 1 050 €.
> Son stock final sera de : 450 kg × 5 € = 2 250 €.
> Si elle utilise la méthode du CUMP, ce CUMP s'élève à : [(100 × 3) + (600 × 5)] / 700 = 4,71 € le kg.
> Elle sortira de son stock : 250 kg × 4,71 € = 1 177,50 €.
> Son stock final sera de : 450 kg × 4,71 € = 2 119,50 €.

Avant d'établir les états prévisionnels, il est nécessaire d'évaluer le stock final en utilisant la méthode que l'entreprise utilise habituellement (PEPS ou CUMP).

3. La place des stocks dans les états prévisionnels

Les stocks interviennent :

– dans le compte de résultat prévisionnel : il faut tenir compte de la variation de stock en opérant le calcul SI – SF du côté des charges et SF – SI du côté des produits ;

– dans le bilan : ils sont placés à l'actif dans le poste « Stock et encours ». C'est la valeur du stock final et uniquement cette valeur qui doit apparaître pour chaque catégorie de stocks.

Fiche ressource 2

Les états prévisionnels

La réalisation de différents budgets doit permettre d'établir une situation prévisionnelle de toute l'entreprise à travers un compte de résultat et un bilan prévisionnels.

I De la réalisation des budgets aux états de synthèse prévisionnels

Avant de détailler la composition du compte de résultat et du bilan prévisionnels, il importe de montrer la logique qui unit les budgets et les documents de synthèse. Il ne faut jamais perdre de vue ce processus, qui amène obligatoirement à l'équilibre des documents de synthèse prévisionnels.

Exemple

L'entreprise Alfa vient d'être créée au 01/01/N. L'apport des associés a permis d'acheter des immobilisations et d'alimenter la trésorerie. Son bilan d'ouverture se présente ainsi :

Bilan d'ouverture réel au 01/01/N

ACTIF				PASSIF	
	Brut	Amort. et dépréc.	Net		Net
Immobilisations	5 000	0	5 000	Capital	6 000
Disponibilités	1 000		1 000		
Total	6 000		6 000	Total	6 000

L'entreprise planifie son activité par différents budgets dont la présentation est indiquée ci-dessous. La planification des budgets opérationnels lui permet d'évaluer son résultat prévisionnel fin janvier.

Budget des achats

	Janvier
Achats	100

Budget des ventes

	Janvier
Ventes	300

Budget des autres frais

	Janvier
Amortissements	20

Résultat prévisionnel fin janvier N

Charges		Produits	
Achats	100	Ventes	300
Amortissements	20		
Total Charges	120	Total Produits	300
Bénéfice	180		

La planification des budgets de synthèse (budgets des encaissements, des décaissements et de trésorerie) accompagnés du résultat prévisionnel et du bilan d'ouverture lui permet d'établir son bilan prévisionnel fin janvier N.

Les achats sont payés moitié au comptant, moitié en février.

Les ventes sont encaissées à hauteur de 80 % le mois même ; le solde sera encaissé en février.

Budget de la TVA

	Janvier	
TVA collectée	300 × 0,20	60
TVA déductible	100 × 0,20	20
TVA à décaisser	À payer en février	40

Budget des encaissements

	Janvier		Solde	
Encaissements sur ventes TTC	360 × 80 %	288	360 × 20 %	72

Budget des décaissements

	Janvier		Solde	
Décaissements sur achats TTC	120 × 50 %	60	120 × 50 %	60

Budget de trésorerie

	Janvier	
Encaissements du mois		288
Décaissements du mois		60
Solde du mois	288 – 60	**228**
Trésorerie de début de mois		1 000
Trésorerie de fin de mois		**1 228**

Bilan prévisionnel au 31/01/N

ACTIF				PASSIF	
	Brut	**Amort. et dépréc.**	**Net**		**Net**
Immobilisations	5 000	20	4 980	Capital	6 000
				Résultat	180
Créances	72		72	Dettes fiscales (TVA à décaisser)	40
				Dette fournisseurs	60
Disponibilités	1 228		1 228		
Total	**6 300**	**20**	**6 280**	**Total**	**6 280**

II Le détail des états de synthèse

Chaque document présente des difficultés qu'il faut envisager.

1. Le compte de résultat prévisionnel

Il s'établit pour une certaine périodicité, que les éléments à prendre en compte doivent respecter. Autrement dit, un compte de résultat prévisionnel du 1er trimestre N tient compte des éléments budgétés pour les mois de janvier, février et mars N.

Éléments des charges	*Sources*	Éléments des produits	*Sources*
Achats	*Budget des achats*	Ventes	*Budget des ventes*
Variation de stock	*(a)*	Variation de stock (production stockée)	*(b)*
Autres charges d'exploitation	*Selon le cas : budget de production, budget des ateliers, budget de frais commerciaux, budget des frais généraux…*		
Impôts et taxes			
Charges de personnel			
Dotation aux amortissements d'exploitation			
Charges financières	*Budgets de financement ou tableau d'amortissement d'emprunt ou toutes autres informations (ne pas oublier les intérêts courus)*		

(a) Variation de stock = SI – SF
Il s'agit de porter ici une variation, c'est-à-dire la différence entre le stock initial (SI) et le stock final (SF).
Le SI se trouve obligatoirement dans le bilan d'ouverture.
La valorisation du SF tient compte de la méthode de valorisation utilisée par l'entreprise (PEPS ou CUMP, selon le cas).
(b) Production stockée (variation de stock du côté des produits) = SF – SI
Il s'agit, ici aussi, de porter une variation, c'est-à-dire la différence entre le stock final (SF) et le stock initial (SI).
Le SI se trouve obligatoirement dans le bilan d'ouverture.
La valorisation du SF tient compte de la méthode de valorisation utilisée par l'entreprise (PEPS ou CUMP, selon le cas).

2. Le bilan prévisionnel

Il s'établit à la fin d'une certaine périodicité et les éléments à prendre en compte doivent être ceux présents à la fin de cette périodicité. Autrement dit, un bilan prévisionnel du 1er trimestre N tient compte des éléments d'actif ou de passif « en vie » à la fin du 1er trimestre.

Éléments d'actif	*Sources*			Éléments de passif	*Sources*
	Brut	*Amort. et dépréciations*	*Net*		*Net*
Immobilisations	*Bilan d'ouverture et budget des investissements*	*Bilan d'ouverture et compte de résultat prévisionnel*		Capital et réserves	*Bilan d'ouverture*
Stocks de matières, fournitures Stock de produits finis, d'encours	*Il s'agit des stocks finals mis en évidence lors du calcul de la variation de stock.*			Résultat	*Compte de résultat prévisionnel*
Créances clients	*Budget des encaissements (dernière colonne → solde à encaisser)*			Dettes financières	*Bilan d'ouverture et budgets de financement (+ nouveaux emprunts ; – remboursements de capital)* ***Ne pas oublier les éventuels intérêts courus*** *(cf. compte de résultat prévisionnel)*
Autres créances	*Charges constatées d'avances et produits à recevoir*			Dettes fournisseurs	*Budget des décaissements (dernière colonne → solde à payer)*
Disponibilités	*Budget de trésorerie (si trésorerie finale positive)*			Autres dettes	*Produits constatés d'avance et charges à payer*
				Dettes fiscales (TVA à décaisser)	*Budget de la TVA et/ou budget des décaissements*
				Dettes sociales (salaires et charges sociales)	*Budget des décaissements (dernière colonne → solde à payer)*
				Soldes créditeurs de banque	*Budget de trésorerie (si trésorerie finale négative)*

Fiche ressource 3

Le contrôle budgétaire du résultat et la mise en évidence d'écarts

Le contrôle budgétaire consiste à comparer les prévisions aux réalisations. L'objectif est ensuite de mettre en évidence les écarts permettant de repérer les responsabilités des différents intervenants de l'entreprise et de mettre en place les actions correctives qui s'imposent.

I La composition du résultat et les intervenants de l'entreprise

D'une façon schématique, le résultat s'élabore ainsi :

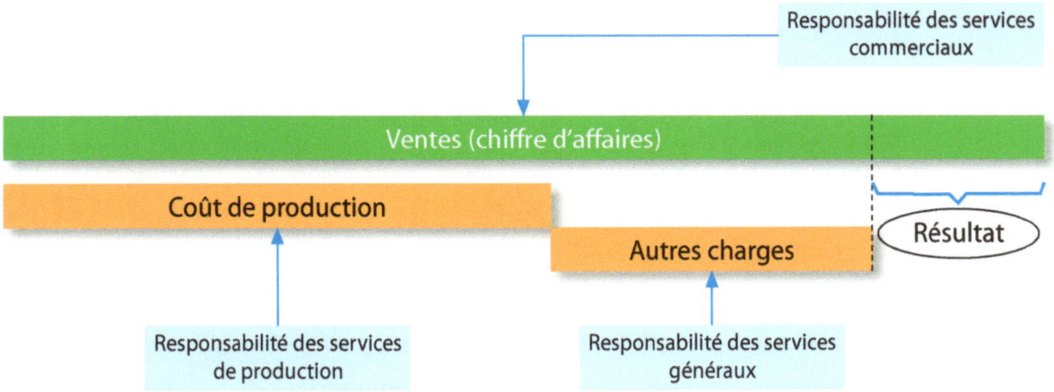

Chacun des intervenants (services commerciaux, services de production, services généraux) a des responsabilités spécifiques dans la réalisation du résultat.

II L'écart sur résultat

Lorsqu'une gestion budgétaire a été mise en place, les prévisions pour une période spécifique qui sont présentes dans les budgets sont consolidées pour établir le compte de résultat prévisionnel aboutissant à une prévision de résultat pour cette période.

À l'issue de la réalisation de cette période, le résultat réel (calculé comptablement) sera confronté aux prévisions afin de mettre en évidence l'écart sur résultat (E/R).

E/R = Résultat réel de la période – Résultat prévisionnel (ou budgété) de la période

III L'analyse de l'écart sur résultat

En lui-même, l'écart sur résultat renseigne sur l'atteinte ou non des objectifs fixés.

Étant donné le sens du calcul, le signe de l'écart permettra de le qualifier :

- si l'écart est positif, il est favorable ;
- si l'écart est négatif, il est défavorable.

Toutefois, l'écart (qui est donc global) ne permet pas de cibler les responsabilités des intervenants dans l'entreprise. Il est nécessaire de l'analyser.

On effectue une analyse en trois sous-écarts permettant de préciser les responsabilités de chacun.

CP = Coût de production (il s'agit d'un coût global)

AC = Autres charges

E/R = Écart sur résultat = Résultat réel – Résultat prévisionnel

Résultat réel = CA réel – CP réel – AC réelles

Résultat prévisionnel = CA prévisionnel – CP prévisionnel – AC prévisionnelles

Donc :
E/R = (CA réel – CP réel – AC réelles) – (CA prévisionnel – CP prévisionnel – AC prévisionnelles)
En développant :
E/R = CA réel – CP réel – AC réelles – CA prévisionnel + CP prévisionnel + AC prévisionnelles
En arrangeant l'ordre des éléments (en respectant les signes) :
E/R = (CA réel – CA prévisionnel) – (CP réel – CP prévisionnel) – (AC réelles – AC prévisionnelles)
E/R = Écart sur CA – Écart sur coût de production – Écart sur coût de structure

Toutefois, l'écart sur CA n'est pas significatif et ne peut être conservé tel quel. En effet, la responsabilité des services commerciaux ne peut pas s'apprécier par une simple comparaison de CA. En effet, un CA est constitué d'une quantité (volume) et d'un prix de vente.
Le risque est que les commerciaux accordent des baisses de prix aux clients afin d'atteindre leur objectif de volume ; ces baisses auront un impact direct sur la rentabilité de l'entreprise.

> Exemple
> Un produit est vendu 10 € pour un coût de production de 4 €. L'objectif fixé aux commerciaux sur une période est de vendre 1 000 produits, soit de réaliser un CA de 10 000 € (CA prévisionnel). Le coût de production prévisionnel est donc de : 4 × 1 000 = 4 000 € ; cela doit permettre d'obtenir une marge de : 6 × 1 000 = 6 000 €. Afin de réaliser facilement cet objectif de volume de ventes, les commerciaux décident d'octroyer des remises très importantes. Ainsi, ils vendent 2 000 produits à 5 € pièce, soit 10 000 € (CA réel). Si l'on juge la performance des commerciaux seulement sur le CA, on déduit qu'ils ont bien travaillé (réalisation : 10 000 = objectif : 10 000). Si l'on regarde le volume de ventes (2 000), on peut même les féliciter pour cette performance ! Mais si l'on analyse la rentabilité de l'entreprise, la fabrication de 2 000 produits a coûté 8 000 € (2 000 × 4) ; la marge réelle est donc de : 10 000 – 8 000 = 2 000 € (au lieu des 6 000 € escomptés). Les commerciaux ont-ils vraiment été performants ?

L'écart permettant de juger la performance des commerciaux doit évaluer l'effet volume mais également l'effet prix. C'est pourquoi on analysera la performance des commerciaux par un **écart sur marge sur CA** et non simplement à partir d'un écart sur CA.
On va utiliser un paramètre supplémentaire : le coût de production préétabli (CP préétabli).

CP préétabli = Coût unitaire de production prévisionnel × Quantités réelles

E/R = (CA réel – CA prévisionnel) – (CP réel – CP prévisionnel)
– (AC réelles – AC prévisionnelles) + (CP préétabli – CP préétabli)

L'ajout de cette expression n'impacte en rien l'équation puisque son résultat = 0
En associant ces paramètres on obtient maintenant trois écarts

	Analyse	Mode de calcul	Signification	Intervenant évalué
E/R	Écart sur marge sur CA	Marge réelle – Marge prévisionnelle (CA réel – CP préétabli) – (CA prévisionnel – CP prévisionnel)	Positif = favorable Négatif = défavorable	Services commerciaux
	Écart sur coût de production	CP réel – CP préétabli	Positif = défavorable Négatif = favorable	Services de production
	Écart sur coût de structure	AC réelles – AC prévisionnelles	Positif = défavorable Négatif = favorable	Services fonctionnels (généraux)

E/R = Écart sur marge sur CA – Écart sur coût de production – Écart sur coût de structure

> Exemple (suite)
> Supposons que le coût de production prévisionnel unitaire soit de 4 €.
> CP préétabli = 4 × 2 000 = 8 000 €
> La marge réelle s'élève à : 10 000 (CA réel) – 8 000 (CP préétabli) = 2 000 €.
> La marge prévisionnelle s'élève à : 10 000 (CA prévisionnel) – 4 000 (CP prévisionnel) = 6 000 €.
> L'écart sur marge est de : 2 000 – 6 000 = – 4 000 €. Il est défavorable.
> On voit donc que les commerciaux n'ont pas été performants.

Applications

1 Difficultés sur les stocks

La société Poulain avait établi le document suivant sur tableur mais quelques cellules ont été effacées par inadvertance.

● **Reconstituer les données manquantes et compléter le document ci-dessous.**

Document

	Janvier N	Février N
Consommation de matières premières		338 800,00
Main-d'œuvre directe de production	192 400,00	155 600,00
Charges indirectes de production	308 800,00	
Coût de production des produits fabriqués	886 000,00	751 200,00
Coût de production des produits vendus	875 600,00	
Stock initial de produits finis	34 800,00	28 400,00
Stock final de produits finis		37 600,00

2 Établissement d'une situation prévisionnelle

L'entreprise Jouvenel (se reporter au chapitre 9, application 3) souhaite établir une situation prévisionnelle au 31/12/N.

1. **Calculer la valeur du stock final de matières premières compte tenu de la consommation des matières premières et du stock initial. En déduire la variation de stock de matières premières sur le second semestre.**
2. **Calculer le coût de production d'une unité produite au cours du second semestre. Arrondir ce coût unitaire à l'unité inférieure.**
3. **Calculer la valeur du stock final de produits finis (les sorties se valorisent au coût arrondi trouvé à la question 2) et en déduire la production stockée du semestre.**
4. **Vérifier le montant des intérêts courus dans le bilan du 30/06/N sachant que l'emprunt figurant au bilan au 30 juin N (taux 10 %) a été souscrit fin septembre N-1 et qu'une première annuité de 104 000 sera versée fin septembre N.**
5. **Calculer le montant des intérêts courus au 31/12/N sachant que l'emprunt figurant au bilan au 30 juin N (taux 10 %) a été souscrit fin septembre N-1 et qu'une première annuité de 104 000 a été versée fin septembre N.**
6. **Établir le compte de résultat prévisionnel au 31/12/N.**

L'entreprise vous communique un complément d'information (documents 1, 2, 3 et 4).

7. **Établir le bilan prévisionnel au 31/12/N ; vérifier que le résultat est le même que celui obtenu précédemment (question 6).**

Document 1 Budget des encaissements du second semestre N

	Juillet	Août	Septembre	Octobre	Novembre	Décembre	Créances au 31/12
Créances bilan	400 000	160 000					
Vente juillet TTC	345 600	345 600	172 800				
Vente août TTC		345 600	345 600	172 800			
Vente septembre TTC			403 200	403 200	201 600		
Vente octobre TTC				518 400	518 400	259 200	
Vente novembre TTC					576 000	576 000	288 000
Vente décembre TTC						576 000	864 000
Augmentation de capital			160 000				
Total	745 600	851 200	1 081 600	1 094 400	1 296 000	1 411 200	1 152 000

Document 2 Budget des décaissements du second semestre N

	Juillet	Août	Septembre	Octobre	Novembre	Décembre	Dettes au 31/12
Dettes fournisseurs bilan	600 000						
Salaires	71 800	71 800	71 800	71 800	71 800	71 800	
Charges sociales	42 000	35 900	35 900	35 900	35 900	35 900	35 900
TVA à décaisser	30 000	22 760	134 760	158 760	0	0	142 280
Dépenses sur achats de matières premières				672 000			756 000
Autres charges	55 440	55 440	55 440	55 440	55 440	55 440	0
Annuité d'emprunt			104 000				0
Achat d'immobilisation				2 400 000			0
Total	799 240	185 900	401 900	3 393 900	163 140	163 140	

Document 3 Budget de trésorerie du second semestre N

	Juillet	Août	Septembre	Octobre	Novembre	Décembre
Trésorerie début de mois	140 000	86 360	751 660	1 431 360	– 868 140	264 720
Encaissements	745 600	851 200	1 081 600	1 094 400	1 296 000	1 411 200
Décaissements	799 240	185 900	401 900	3 393 900	163 140	163 140
Trésorerie fin de mois	86 360	751 660	1 431 360	– 868 140	264 720	1 512 780

Document 4 Budget des frais de production du second semestre N

	Juillet	Août	Septembre	Octobre	Novembre	Décembre	Total
Matières premières	175 000,00	175 000,00	175 000,00	210 000,00	210 000,00	210 000,00	1 155 000,00
Salaires	71 800,00	71 800,00	71 800,00	71 800,00	71 800,00	71 800,00	430 800,00
Charges sociales	35 900,00	35 900,00	35 900,00	35 900,00	35 900,00	35 900,00	215 400,00
Autres charges	46 200,00	46 200,00	46 200,00	46 200,00	46 200,00	46 200,00	277 200,00
Amortissement							-
Immo. anciennes	77 000,00	77 000,00	77 000,00	77 000,00	77 000,00	77 000,00	462 000,00
Immo. nouvelles					33 333,00	33 333,00	66 666,00

3 L'écart sur résultat et son analyse

La société JPG fabrique et vend des lave-vaisselle. Vous disposez des données prévisionnelles et réelles de l'année N (document)

1. **Calculer le résultat prévisionnel, le résultat réel ; en déduire l'écart sur résultat et le qualifier.**
2. **Calculer et qualifier l'écart sur chiffre d'affaires. À la vue de cet écart, que penser de la prestation apparente des services commerciaux ?**
3. **Sachant qu'il n'y a pas de charge de structure, décomposer l'écart sur résultat en écart sur marge sur chiffre d'affaires et écart sur coût de production. Qualifier chacun de ces écarts et vérifier la concordance avec la réponse obtenue à la question 1.**
4. **Sans faire de calcul et en se basant sur les données du document, montrer que l'écart sur CA n'est un bon indicateur et justifier la performance des services production dans l'écart sur résultat.**

Document **Données prévisionnelles et réelles de l'année N**

Budgets prévisionnels de l'année N

Vente		Production	
Quantité	25 000	Quantité	25 000
Prix	500	Coût unitaire	494
Chiffre d'affaires	12 500 000	Coût total de production	12 350 000

Données réelles de l'année N

Vente		Production	
Quantité	34 000	Quantité	34 000
Prix	490	Coût unitaire	480
Chiffre d'affaires	16 660 000	Coût total de production	16 320 000

4 Les états de contrôle budgétaire

L'entreprise Terrasse édite plusieurs collections de livres. Monsieur Casteras, contrôleur de gestion, a l'habitude de réaliser un contrôle budgétaire afin de comparer le résultat réalisé avec le résultat prévu.

1. **Compléter l'état (document 3) mettant en évidence, globalement et pour chaque collection, l'écart sur résultat.**
2. **Compléter le document 4 permettant la décomposition de l'écart sur résultat conformément aux indications fournies par M. Casteras (document 1).**
3. **Vérifier la concordance des trois écarts globaux avec l'écart sur résultat global.**

Document 1 **Entretien avec M. Casteras, contrôleur de gestion**

« Nous avons l'habitude de décomposer l'écart de résultat selon la procédure suivante :
- tout d'abord, nous calculons un écart de marge sur coût de revient pour chaque collection, la marge unitaire calculée étant basée sur le coût de revient unitaire préétabli ;
- nous calculons ensuite deux écarts basés sur les quantités constatées : un écart sur coût direct de production et un écart sur autres charges. »

Document 2 Données réelles et préétablies des collections 1, 2 et 3 pour l'exercice N

Les prévisions retenues pour l'année N sont les suivantes :

	Prix de vente	Quantités produites et vendues	Coût de production unitaire	Autres charges unitaires
Collection 1	5,20	736 000	0,38	3,50
Collection 2	3,70	75 000	0,25	3,27
Collection 3	3,90	1 300 000	0,82	2,94

Pour la même période, la comptabilité analytique fournit les informations suivantes :

	Prix de vente	Quantités produites et vendues	Coût total de production	Total autres charges
Collection 1	5,30	690 700	246 026	2 395 000
Collection 2	3,77	69 000	16 000	231 000
Collection 3	3,97	1 323 600	1 074 752	3 906 000

Le coût de production est un coût qui comprend uniquement des charges directes.
Les autres charges correspondent aux frais de distribution, aux services administratifs et aux charges indirectes de production.

Document 3 État de contrôle du résultat

	Données réelles					Données prévisionnelles					Écart de résultat	Signification
	Qtés	Prix de vente	Coût de prod.	Coût indirect	Résultat	Qtés	Prix de vente	Coût de prod.	Coût indirect	Résultat		
Coll. 1												
Coll. 2												
Coll. 3												
TOTAL												

Document 4 États d'analyse de l'écart sur résultat

	Données réelles					Données prévisionnelles					Écart de marge sur CR	Signification
	Qtés	Prix de vente	Coût de revient (CR)	Marge réelle	Total	Qtés	Prix de vente	CR	Marge réelle	Total		
Coll. 1												
Coll. 2												
Coll. 3												
TOTAL												

	Données réelles			Données prévues			Écart sur coût direct de production
	Quantités constatées	Coût de revient direct	Total	Quantités constatées	Coût de revient direct	Total	
Coll. 1							
Coll. 2							
Coll. 3							
TOTAL							

	Données réelles			Données prévues			Écart sur autres charges
	Quantités constatées	Charges indirectes	Total	Quantités constatées	Charges indirectes	Total	
Coll. 1							
Coll. 2							
Coll. 3							
TOTAL							

Chapitre 11

L'identification des critères de performance

Activité	**Composante d'activité**	**Compétence**	**P7**
5.5. Élaboration des tableaux de bord opérationnels	**5.5.1.** Identification, proposition des critères de performance adaptés au contexte	Identifier les critères de performance d'un service, d'une activité, d'un centre de responsabilité	La production d'indicateurs relevant et situant les anomalies constatées

Situation professionnelle

Le garage Fertel, à Amiens, s'est toujours centré autour de deux activités principales :

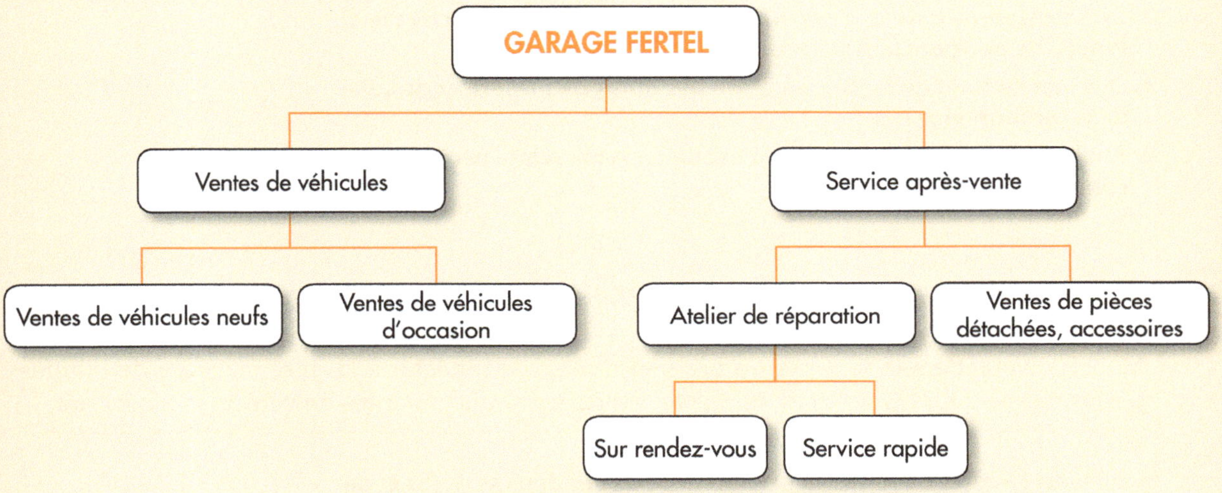

Le garage emploie 40 salariés : 10 pour les ventes de véhicules et 30 pour le service après-vente. Il vend la marque française Renault sur une zone d'achalandage de 80 km.

Le chiffre d'affaires des ventes de véhicules a chuté de 15 % ces deux dernières années. La performance commerciale s'étant dégradée, le taux de profitabilité de l'entreprise (résultat net comptable/chiffre d'affaires HT) est passé de 9 à 6 %.

M. Fertel essaie de comprendre la situation et se demande pourquoi il n'a pas su anticiper.

Mission

M. Fertel doit réfléchir aux raisons de cette chute du chiffre d'affaires et aux effets de la mise en place de la vente d'un nouveau véhicule, la Logan de la marque Dacia (groupe Renault). Récemment embauché(e) au service Comptabilité, vous l'aiderez à choisir les critères de performance pertinents qui lui permettront par la suite d'élaborer un tableau de bord.

Travail à faire

I Mesurer la performance du garage Fertel

Pour comprendre la baisse du chiffre d'affaires des véhicules neufs, vous avez collecté quelques données sur le marché de l'automobile.

Annexes 1 à 3
Fiche ressource 1

1. M. Fertel n'a pas su anticiper cette baisse de CA.
   a) À votre avis, suivait-il l'évolution de son activité de manière formelle ?
   b) Cette baisse ressort comme une anomalie dans le système informatique du cabinet de l'expert-comptable. Pourquoi ?
2. Que pensez-vous de la performance du garage Fertel ? Précisez le(s) type(s) de performance qui pose(nt) problème.
3. Quel est l'intérêt de mettre en place des outils de mesure et de suivi de la performance ?
4. Analysez les facteurs qui peuvent expliquer la mauvaise performance commerciale du garage Fertel.

II Identifier les critères de performance

M. Fertel vous demande, dans un premier temps, de réfléchir à la mise en place de critères de performance pour les services Ventes de véhicules neufs et Ventes de véhicules d'occasion.

Annexes 3 à 5
Fiche ressource 2

5. Quel est l'intérêt d'évaluer la performance de ces deux services et de la nouvelle activité (distribution du véhicule Dacia Logan) ?
6. Retrouvez les objectifs fixés aux deux services.
7. En fonction des objectifs, quels sont les critères de performance à retenir pour ces services ?
8. Quels indicateurs de performance permettront de suivre ces critères ?

III Mettre en place des prix de cession interne

Le responsable du service Ventes de véhicules d'occasion a augmenté son CA et souhaiterait être jugé sur ses propres résultats, indépendamment des ventes de véhicules neufs. M. Fertel a donc décidé de réorganiser son entreprise en fonction des différentes activités et a défini quatre centres de responsabilité.

Annexe 5
Fiche ressource 3

9. Qu'est-ce qu'un centre de responsabilité ?
10. À votre avis, quels sont ces centres ?
11. Quel est l'intérêt de ce découpage en centres de responsabilité ?
12. Quel est l'intérêt de mettre en place des prix de cession interne dans l'entreprise Fertel ?
13. Quels pourraient être les centres concernés ?
14. Que pensez-vous de la solution préconisée par M. Fertel pour établir le prix de cession interne des véhicules repris par le centre Véhicules neufs et revendus par le centre Véhicules d'occasion ?
15. Quelles auraient été les autres solutions possibles pour fixer ce prix ?

IV Déterminer une valeur cible

Afin de développer le chiffre d'affaires de l'entreprise, les performances de la vente de Logan vont faire l'objet d'un suivi particulier.

P7 **16.** **À partir des indicateurs établis concernant les ventes de véhicules neufs et des engagements vis-à-vis de Renault, M. Fertel a établi les valeurs cibles que l'on pourrait attendre pour ces indicateurs. Il vous demande d'analyser ses choix et de les modifier, le cas échéant.** Annexe 6

17. **Quel est l'intérêt de déterminer une valeur cible ?** Fiche ressource 4

P7 **18.** **En utilisant la valeur cible du tableur, déterminez les dépenses que peut envisager M. Fertel pour la Logan s'il souhaite atteindre un taux de profitabilité de 9 %.**

Données de la situation

Annexe 1 Évolution du chiffre d'affaire de l'entreprise de M. Fertel

M. Fertel est un autodidacte qui a toujours pris des décisions en fonction de son intuition et jusque-là il a bien réussi.

Mais aujourd'hui, dans un environnement incertain et complexe, avec énormément de concurrents, son intuition ne suffit plus. Il ne s'explique pas la baisse du chiffre d'affaires. Son expert-comptable lui a envoyé un tableau issu du logiciel comptable Quadratus intitulé « tableau de bord automatisé Fertel » qui l'affole. L'expert-comptable lui conseille de mettre en place au sein même de son entreprise des outils de pilotage de la performance afin de mieux suivre les raisons internes et externes aux problèmes actuels.

Extrait du Tableau de bord automatisé envoyé par l'expert comptable

Évolution du chiffre d'affaires en %

Année	Fertel	Secteur	Alerte
N-2	2 %	– 1,70 %	☐ ☺
N-1	– 15 %	– 0,30 %	☐ ☹
N	– 15 %	5,60 %	☐ ☹

Annexe 2 Les données contextuelles

Le marché de l'auto repart… au ralenti
Le marché automobile européen est resté bien orienté ce mois, avec une progression de 4,5 % des ventes qui bénéficie aux constructeurs français, mais il lui faudra encore du temps pour renouer avec ses niveaux d'avant-crise. Les ventes de voitures neuves dans les 27 pays de l'UE (hors Malte) ont connu leur neuvième mois de hausse consécutive […].

C'est une bonne nouvelle, mais il n'y a pas lieu de pavoiser, avertissent les analystes. « En termes de purs volumes et au regard de n'importe quel standard, les ventes en Europe restent à un niveau bas, très bas », commente Carlos da Silva, de l'institut spécialisé IHS Automotive […].

De plus, si les marchés automobiles allemand, britannique et espagnol ont continué à progresser le mois dernier, l'Italie est repartie à la baisse après cinq mois consécutifs de légère hausse. En France, les immatriculations ont enregistré un coup de frein, avec une hausse limitée à 0,1 %.

Dans l'ensemble, les ventes ont été tirées par une très timide reprise de la consommation, un âge moyen de véhicules de plus en plus élevé qui oblige à un moment les automobilistes à en changer et le lancement de nouveaux modèles attrayants par plusieurs constructeurs […].

Mais « la zone euro est encore en très faible croissance, elle est très endettée et compte un nombre élevé de chômeurs », ce qui n'est guère favorable pour l'achat d'un nouveau véhicule, tempère Jean-François Belorgey, associé chez EY (ex-Ernst & Young).

www.lepoint.fr, 17 juin 2014.

Deux éléments sont à prendre en compte : l'effet nouveauté et l'effet low-cost.

La marque Dacia, modèle Logan (groupe Renault)
Cette marque est intéressante car elle n'est pas chère. Bien que la situation économique actuelle soit mauvaise et le niveau du chômage au plus haut, les ventes de la Logan progressent de 18 % ce mois-ci, c'est l'effet low-cost.

Annexe 3 Entretien entre M. Fertel et M. Duchaussois

M. Fertel reçoit M. Duchaussois, le responsable des ventes de véhicules neufs.

M. Fertel : Je souhaitais vous rencontrer pour que nous définissions ensemble une stratégie afin d'augmenter les ventes de véhicules neufs.

M. Duchaussois : Ce trimestre, les ventes de véhicules bas de gamme ont augmenté et sont passées à 90 véhicules, et on a vendu 35 véhicules de milieu de gamme. Ce qui me cause problème, ce sont les véhicules haut de gamme : seulement 3 ventes ! Il faut dire qu'avec la crise, ce n'est pas facile…

M. Fertel : Oui, mais j'attends de vous que vous mobilisiez un peu plus l'équipe de vendeurs. La salle d'exposition des véhicules ne vit pas suffisamment. Organisez des journées événements, animez cette salle ! Hier, j'ai croisé deux clients qui repartaient mécontents car ils ont attendu 15 minutes et personne n'est venu leur demander ce qu'ils recherchaient comme véhicule !

M. Duchaussois : Vous avez raison, je vais veiller à la prospection de la clientèle, proposer des journées « Portes ouvertes » et des essais gratuits. J'espère que cela sera rémunérateur pour l'entreprise.

M. Fertel : Nous voilà d'accord ! J'attends que nous développions les ventes et respections les engagements vis-à-vis de Renault. J'attends aussi que la clientèle soit satisfaite et surtout, je vous demande un effort : il faut absolument maîtriser l'achat des véhicules de reprise. Pour faire signer le client, vous êtes prêt à lui reprendre son véhicule à un prix beaucoup trop élevé.

Annexe 4 Les engagements vis-à-vis de Renault

Le garage Fertel s'est engagé auprès de Renault à lui assurer un nombre minimum de ventes de véhicules neufs. Il prend une commission sur les ventes. Un planning annuel est revu chaque année. En cas de dépassement des objectifs, un bonus de 10 000 € est versé en fin d'année, augmenté de 1 000 € par trimestre lorsque les ventes ont dépassé le niveau minimum par trimestre.

Véhicules	Ventes annuelles	Minimum trimestriel	Prix de vente moyen	Commission sur ventes
Bas de gamme	300	50	9 000 €	3 %
Milieu de gamme	150	40	18 000 €	5 %
Haut de gamme	100	10	45 000 €	9 %

Annexe 5 Les données concernant le centre Ventes de véhicules d'occasion

Activité du centre Ventes de véhicules d'occasion

Volume des ventes en N-1	540 véhicules
Stock moyen	250 véhicules
Ventes du mois	45 véhicules

À partir du moment où un véhicule est repris, il entre au service Ventes de véhicules d'occasion. Selon l'état du véhicule, l'entreprise le propose à la revente ou le cède à un marchand de véhicules d'occasion car l'entreprise ne veut pas engager de frais trop importants sur un véhicule. La remise en état des véhicules revendus et leur préparation sont faites en interne par l'atelier.
Les véhicules d'occasion en stock proviennent donc essentiellement de la reprise de véhicules de clients ayant acheté un véhicule neuf mais ces trop nombreux véhicules viennent alourdir le stock de véhicules, ce qui coûte cher à l'entreprise.

Les objectifs du responsable du centre Ventes de véhicules d'occasion

1. Optimiser la qualité du stock : un certain volume pour optimiser un choix mais une rotation rapide pour limiter les coûts.
2. Négocier les reprises de véhicules avec le service Ventes de véhicules neufs.
3. S'assurer d'une remise en état des véhicules rapide et économe.

Les conflits : ils sont nombreux entre le responsable des ventes de véhicules neufs et celui des ventes de véhicules d'occasion car, bien souvent, pour ne pas rater une vente, les commerciaux acceptent de reprendre le véhicule du client à un prix supérieur à la normale, ce qui augmente les prix des véhicules d'occasion ou fait chuter la marge sur les véhicules d'occasion. M. Fertel a donc décidé que le prix de cession interne d'un véhicule entre le centre Véhicules neufs et le centre Véhicules d'occasion ne serait pas lié au prix de reprise mais serait fonction du prix de l'Argus du véhicule diminué des frais de réparation et augmenté des coûts d'éventuels accessoires.

Annexe 6 Indicateurs et conditions de vente de la Logan

Les indicateurs retenus

Indicateur	Valeur cible	Réalisé sur le dernier mois
Nombre de véhicules bas de gamme vendus	80	90
Nombre de Logan vendues	30	45
Nombre de relances clients	250	150
Délai moyen de livraison	5 jours	8 jours
Nombre de réclamations	0	15

Les conditions de vente de la Logan et les prévisions de M. Fertel

La Logan fera partie des voitures bas de gamme. Le prix de vente moyen d'un véhicule est de 8 000 €.

La commission sera de 5 % au lieu de 3 % pour mobiliser les vendeurs.

Voici les prévisions de M. Fertel :

PV voiture Logan	8 000 €
Coût d'achat	5 500 €
Commission 5 % du PV	400 €
Charges	1 500 €
Coût de revient	7 400 €
Bénéfice	600 €

Fiche ressource 1

La notion de performance

Dans un environnement plus large, de plus en plus complexe et incertain, l'organisation essaie d'atteindre une performance économique et sociale. Pour cela, elle construit de façon rationnelle de nombreux outils lui permettant de piloter l'activité en tenant compte de multiples variables. Le contrôle de gestion participe au pilotage de la performance.

I Définition

La performance dans l'entreprise est tout ce qui permet d'améliorer le couple valeur-coût, c'est-à-dire d'améliorer la création nette de valeur. C'est le résultat des efforts de l'organisation pour atteindre ses objectifs.

Le responsable cherche à comprendre le pourquoi des résultats passés afin de trouver les conditions et les événements permettant d'améliorer la performance.

II L'efficacité et l'efficience

Une entreprise est performante si elle est efficace (elle atteint ses objectifs) et efficiente (elle tient compte des moyens engagés pour atteindre l'objectif souhaité).

> Exemple
>
> Si une entreprise augmente ses ventes de 15 % conformément aux objectifs fixés, elle est efficace. Si, dans le même temps, elle a multiplié les dépenses de publicité par 10, elle n'est pas efficiente.

III Les diverses composantes de la performance

Pour évaluer la performance globale, il faut prendre en compte les attentes des différentes parties prenantes que sont les actionnaires, les salariés, les clients et les dirigeants.

Type de performance	Signification
La performance commerciale (ex. : les parts de marché)	Elle traduit l'aptitude d'une organisation à s'imposer dans un environnement concurrentiel. Elle est très importante pour les entreprises où la concurrence est forte. Cela est moins vrai pour les associations ou les entreprises publiques.
La performance sociale et environnementale (ex. : le taux d'absentéisme)	Elle repose sur le bien-être des employés au travail et sur la capacité de l'organisation à mettre en œuvre des conditions de travail qui donnent au salarié l'envie de s'investir.
La performance organisationnelle	Elle vise à bien utiliser les moyens de l'organisation pour atteindre ses objectifs, à optimiser la gestion de ses processus. Ex. : le nombre de dysfonctionnements des processus.
La performance financière (ex. : le résultat)	Elle mesure la capacité de l'organisation à exploiter au mieux ses ressources financières. La question des résultats financiers est prépondérante pour les actionnaires, les banques, les salariés, voire les fournisseurs.

IV Le pilotage au service de la performance globale

La performance globale est fonction d'un équilibre entre les performances financière, organisationnelle, commerciale, sociale et environnementale. C'est au regard de tous ces éléments que les décideurs de l'organisation vont essayer de faire les meilleurs choix possibles d'objectifs.

Avant de choisir les objectifs à atteindre, les dirigeants doivent tester différentes hypothèses qui auront un impact sur les attentes des divers acteurs. Pour cela, ils vont faire des simulations. L'outil informatique, avec les tableurs et les PGI, est alors précieux.

Fiche ressource 2

Les critères et les indicateurs de performance

I Les critères de performance

Pour évaluer la performance, on part des objectifs stratégiques de l'entreprise. Cette stratégie est divisée en plusieurs axes (puisqu'il y a souvent plusieurs activités).
Ensuite, on recherche les critères de performance pour atteindre ces objectifs. Pour cela, il convient de rechercher les facteurs clés de succès.

> Exemples
> Être réactif, fournir un travail de qualité, faire un suivi des véhicules (rappeler les dates de vidange ou de contrôle technique…).

Ces facteurs clés de succès sont les critères de performance, c'est-à-dire ceux sur lesquels l'entreprise va s'appuyer car ils lui permettront d'atteindre ses objectifs.

> Exemple
> Pour le service Entretien et réparation de véhicules, les critères de performance peuvent être l'activité du service, sa réactivité face aux demandes des clients, la qualité de ses interventions.

OBJECTIF STRATÉGIQUE	→ AXES STRATÉGIQUES	→ CRITÈRES DE PERFORMANCE	→ INDICATEURS DE PERFORMANCE
Augmentation des parts de marché de l'entreprise	→ Ex. : Augmenter l'activité du service Réparation	→ Réactivité face à la demande, qualité du travail...	→ Délai d'intervention moyen, nombre de litiges ou réclamations, coût moyen d'une intervention…

II Les indicateurs de performance

Une fois les critères de performance choisis, il faut déterminer les indicateurs qui les mesurent le mieux.

1. Définition

Un indicateur est une information ou un regroupement d'informations qui permet d'apprécier un critère de performance. Les fonctions des indicateurs sont multiples : suivi, évaluation et/ou diagnostic d'un service, d'une activité ou d'un centre de responsabilité.
Un bon indicateur reflète bien le critère de performance ; pour cela, il doit être précis, fiable, synthétique, stable, utile et pertinent, et ne doit pas être facilement biaisé.

2. Les typologies d'indicateurs

- **En fonction de la nature de l'indicateur**

– Indicateurs financiers ou non financiers : chiffre d'affaires, quantités vendues.
– Indicateurs quantitatifs ou qualitatifs : rendement, taux de satisfaction.
– Indicateurs ponctuels ou synthétiques : nombre de clients démarchés par le vendeur, CA.
– Indicateurs prospectifs ou rétroviseurs : nombre de commandes en cours, CA du mois.

- **En fonction du rôle de l'indicateur**

– Indicateurs de moyens : ils s'intéressent à la productivité et mettent en perspective les résultats obtenus compte tenu des moyens engagés (efficience).
– Indicateurs de résultat : ils mesurent si l'entreprise a bien atteint ses objectifs (efficacité).
– Indicateurs de l'environnement : données sur les concurrents…

> Exemple (suite)

Critères de performance	Indicateurs de performance
Activité du service	Chiffre d'affaires N-1, objectifs N, réalisé N…
Réactivité face aux demandes	Nombre moyen de jours entre la demande du client et la fin de l'intervention
Qualité des interventions	Nombre de litiges, nombre de réclamations

Fiche ressource 3

Un outil de pilotage de la performance : le prix de cession interne

Dans une grande organisation, pour bien piloter la performance en interne, il est nécessaire de scinder l'organisation en sous-ensembles (centres de responsabilité) dotés d'une autorité pour gérer des moyens humains, matériels et financiers dans la limite d'objectifs prédéfinis avec la hiérarchie. Cette structure en centres de responsabilité est un principe fondamental de contrôle de gestion puisqu'elle va permettre d'aider les responsables de service à piloter leurs activités tout en guidant leurs décisions dans le sens de la stratégie de l'entreprise.

I Les centres de responsabilité

1. Définition

Un centre de responsabilité est constitué d'un groupe d'acteurs de l'organisation unis autour d'un responsable.
Ce responsable dispose de moyens pour réaliser le ou les objectifs qui lui ont été attribués et d'une certaine autonomie de gestion. Il sera évalué sur ses capacités à respecter ce(s) objectif(s).

> Exemples
> Un chef de rayon dans un hypermarché, un responsable produit dans un laboratoire, un chef d'atelier dans l'industrie.

2. Les différents types de centres de responsabilité

Type de centres	Définition	Exemple
Centres de coûts	L'unité concernée doit réaliser une mission au moindre coût avec la meilleure qualité possible, dans un temps imparti.	Un atelier de réparation
Centres de recettes	L'objectif est de maximiser le chiffre d'affaires par le développement de la vente de marchandises, de biens ou de services selon la nature de l'activité de l'entité.	Un service des ventes
Centres de profit	Ils doivent dégager la marge maximale par la maximalisation des produits et la minimalisation des coûts.	Les deux exemples précédents
Centres d'investissement	Ils doivent dégager la meilleure rentabilité des investissements et des capitaux investis (fonds propres et dettes financières).	Une usine
Centres de dépenses discrétionnaires	Ils doivent respecter le budget fixé.	Un service administratif

L'intérêt de cette organisation est de déléguer les responsabilités par centre, mais cela nécessite un contrôle de l'utilisation des moyens alloués et la mesure de la performance de chacun des centres.

II Le prix de cession interne (PCI)

L'organisation en centres de responsabilité est parfois poussée jusqu'au bout : à l'intérieur d'une même entreprise, les centres adoptent une relation de fournisseur à client. Dans ce cas, les échanges entre centres de la même entreprise sont valorisés à un prix de cession interne. Le centre en amont vend donc son travail au centre suivant dans le processus de fabrication.

1. L'intérêt de mettre en place des PCI

Le PCI permet de valoriser les échanges entre unités de production d'une même organisation. Un centre vendeur fournit une prestation à un centre acheteur à un prix interne. Le produit constaté par le centre vendeur constitue un coût pour le centre acheteur.

L'existence des PCI permet :
– de transformer les centres de coûts en centres de profit : il est effectivement possible de calculer un résultat par centre (ventes – coûts). Cette situation permet à chaque responsable de mesurer la valeur ajoutée qu'il génère et d'être évalué sur ses performances financières. Les responsables se comportent alors en véritables chefs d'entreprise ;
– de mesurer la contribution de chaque division au résultat global de l'entreprise ;
– de créer une dynamique entre les différents responsables de centres opérationnels.

2. La fixation du PCI

Cette organisation présente des limites : les responsables ne sont pas libres de fixer leurs prix de vente. Il existe trois façons de déterminer les PCI :
– la fixation au **prix du marché** : pour des biens ou services similaires, le centre vendeur est comparé à la concurrence ;
– la fixation à un **montant négocié** entre le centre vendeur et le centre acheteur ;
– la fixation au **coût complet préétabli**, éventuellement majoré d'une marge bénéficiaire.

Quelle que soit la méthode d'évaluation utilisée, le résultat global de l'entreprise reste identique. Le prix retenu n'influence que les résultats partiels des centres. Un PCI est donc neutre sur le résultat global de l'entreprise mais ne l'est pas sur les résultats partiels de chaque centre.

Exemples

Le centre de responsabilité A transmet des semi-produits fabriqués au centre B, qui s'en sert pour vendre ses produits. En N, 1 000 produits ont été fabriqués par A. B a vendu les 1 000 produits selon le tableau suivant :

	Hypothèse 1 PCI 100 €	Hypothèse 2 PCI 120 €
Centre A		
Achats de matières	10 000	10 000
Autres charges	60 000	60 000
Coût total Centre A	**70 000**	**70 000**
PCI	100 000	120 000
Résultat Centre A	**30 000**	**50 000**
Centre B		
Achats au centre A	100 000	120 000
Autres charges	40 000	40 000
Coût total Centre B	**140 000**	**160 000**
Prix de vente extérieur	200 000	200 000
Résultat Centre B	**60 000**	**40 000**
RÉSULTAT TOTAL	**90 000**	**90 000**

On s'aperçoit que, dans les deux cas, le résultat global est bien de 90 000 € mais que, quand le PCI est à 100 €, le résultat du centre B est meilleur alors que quand il est à 120 €, le résultat est meilleur au centre A.

Chaque centre peut être tenté de privilégier son propre intérêt. L'organisation recherche l'intérêt général et l'optimisation du résultat global.

Fiche ressource 4

Un outil de pilotage de la performance : la valeur cible

Les indicateurs sont mesurés et suivis ainsi que l'écart entre la situation réelle et le but visé, appelé « valeur cible ». Il s'agit d'un contrôle non seulement au sens de vérification (évaluation), mais aussi au sens de pilotage.

I La valeur cible

Pour chaque indicateur, on peut fixer une valeur cible, c'est-à-dire le niveau d'ambition dans la réalisation de l'objectif de performance. Cela va permettre d'interpréter plus facilement la valeur constatée de l'indicateur. C'est une valeur idéale.
Les valeurs atteintes par les indicateurs retenus ne sont utiles que si elles sont mises en perspective par rapport à la valeur cible.

> Exemple
> Le responsable des ventes de voitures d'occasion a comme indicateur le chiffre d'affaires du mois. La valeur cible est de 225 000 €, c'est-à-dire que c'est son objectif de vente.

La valeur cible est souvent soit un prix de vente cible, soit une marge cible, soit un coût cible.

Le prix cible	La fixation du prix de vente cible est déterminée par la durée de vie du produit. Il est obtenu par des techniques d'études de marché. Il s'appuie sur un recensement des besoins des consommateurs.
La marge cible	Elle résulte de la planification stratégique des profits de l'entreprise. Une quote-part est attribuée à chaque produit et constitue sa marge cible.
Le coût cible	C'est la différence entre le prix cible et la marge cible.

II Le coût cible

1. Définition

Le prix de vente est bien souvent imposé par le marché et constitue alors le point de départ des décisions et des actions de l'entreprise. Comme le prix est imposé par le marché et que la valeur ajoutée et le profit sont également imposés par des choix des parties prenantes en termes de gestion, la variable d'action devient le coût. Ainsi, c'est sur le coût que l'entreprise doit agir si elle veut réaliser ses objectifs. Elle fixe un coût à ne pas dépasser. C'est ce coût cible qui détermine la valeur d'un produit. Il met sous tension l'organisation pour optimiser le couple valeur-coût.

Coût cible = Prix de vente du marché – Marge souhaitée

Ou

Coût cible = Prix cible – Marge cible

> Exemples
> – Un smartphone Y a un prix de vente de 250 €, la marge souhaitée est de 50 €. Le coût cible est donc de 200 €.
> – Renault se lance dans le *low-cost* en voulant vendre en Inde, à partir de 2016, une voiture à un prix inférieur à 5 000 € mais aucun modèle, dans sa gamme actuelle, ne lui permet de vendre à ce prix. Comment peut-il concilier ses contraintes internes (coûts) et la contrainte externe (le marché indien achetant des voitures à un prix inférieur à 5 000 €) ? Le coût cible est la technique qui permet de répondre à cette problématique.

2. La comparaison coût estimé/coût cible

Le coût estimé résulte des choix relatifs aux composants et aux modes de production envisagés. Il est calculé sur la base des **données actuelles** de l'entreprise.

Pour comparer le coût estimé au coût cible, on analyse les écarts entre les deux puis on cherche des solutions visant à améliorer la performance de l'organisation. La plupart du temps, le coût estimé est supérieur au coût cible. L'écart entre le coût estimé et le coût cible doit être résorbé le plus tôt possible.

Exemples (suite)

– Le coût estimé du smartphone compte tenu de ses composants actuels est de 225 €. Le coût cible est de 200 €. Il faut trouver 25 € d'économie.

– Pour la voiture Renault vendue en Inde, le prix cible fixé par le marché est de 5 000 €. En déduisant la marge que Renault souhaite conserver, on obtient le coût cible. Renault va calculer le coût de revient actuel de ce modèle, qui sera appelé le coût estimé. Le but est de rapprocher le coût estimé du coût cible.

III La valeur cible sur tableur

Les tableurs disposent d'une fonctionnalité appelée « valeur cible », qui permet de rechercher un résultat spécifique pour une cellule en ajustant la valeur d'une autre cellule.

Exemple

Dans une concession, le nombre de voitures vendues ce mois a été de 40 et le directeur s'aperçoit que le taux de profitabilité est de 5 %. Son objectif est un taux de profitabilité de 9 %. Combien doit-il vendre de voitures ?

Tableau de départ

	A	B
1	**Ventes de voitures neuves**	
2		
3	Nombre de voitures vendues	40
4	Chiffre d'affaires	600 000
5	Coût des voitures	400 000
6	Marge brute	200 000
7	Dépenses	80 000
8	Commissions	90 000
9	BÉNÉFICE	30 000
10	Taux de profitabilité	0,05
11		
12		

Utilisation de l'outil « recherche de valeur cible » sur tableur

	A	B
1	**Ventes de voitures neuves**	
2		
3	Nombre de voitures vendues	40
4	Chiffre d'affaires	600 000
5	Coût des voitures	400 000
6	Marge brute	200 000
7	Dépenses	80 000
8	Commissions	90 000
9	BÉNÉFICE	30 000
10	Taux de profitabilité	0,05
11		
12		

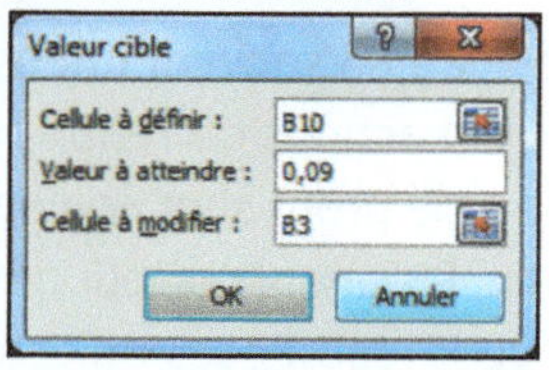

Dans la zone de saisie « Cellule à définir », spécifier l'adresse de la valeur cible (ici, B10).

Dans la zone « Valeur à atteindre », saisir la valeur souhaitée pour la valeur cible (ici, 9 %).

Dans la zone « Cellule à modifier », indiquer l'adresse du nombre de voitures vendues (ici, B3).

Cliquer sur le bouton OK.

Résultat : la concession doit vendre 58 voitures pour avoir un taux de profitabilité de 9 %.

	A	B
1	**Ventes de voitures neuves**	
2		
3	Nombre de voitures vendues	58
4	Chiffre d'affaires	870 000
5	Coût des voitures	580 000
6	Marge brute	290 000
7	Dépenses	80 000
8	Commissions	130 500
9	BÉNÉFICE	79 500
10	Taux de profitabilité	0,09

Quand on a plus d'une variable, on utilise un outil complémentaire : le solveur. Différentes hypothèses peuvent être émises, on les enregistre dans le gestionnaire des scénarios.

Applications

1 Rechercher les critères de performance

La société Dechbois est spécialisée dans la valorisation de déchets de bois. Elle fait partie du groupe RecyTout, positionné principalement dans le recyclage des câbles et métaux non ferreux. La société Dechbois traite 60 000 tonnes de déchets de bois par an sur un site industriel situé à Albert (Picardie).

L'activité est soumise à autorisation administrative, au titre de la législation des installations classées pour la protection de l'environnement. Les déchets de bois sont essentiellement des emballages tels que des palettes, des caisses et des cagettes. Ils sont classés en deux catégories :
- catégorie 1 : déchets de palettes et de caisses, bois de calage ;
- catégorie 2 : bois de construction et de chantier, bois de démolition, bois de déchetterie, bois aggloméré et contreplaqué.

Les panneaux souples et les bois traités ou pollués sont exclus du recyclage.

Les approvisionnements sont assurés par apport volontaire ou par collecte. Les fournisseurs de la catégorie 1 sont de gros industriels, des collecteurs et recycleurs d'emballages ; les déchets de la catégorie 2 sont principalement fournis par des collecteurs et, pour une faible part, par des collectivités.

Les opérateurs de production travaillent en deux postes (5 h-13 h et 13 h-21 h). Un poste de nuit peut être ajouté en fonction de l'augmentation de l'activité (21 h-5 h). Les opérateurs de tri bénéficient en général de contrats de travail aidés.

Les principaux débouchés sont :
- à partir de particules : la fabrication de panneaux agglomérés, le recyclage en litières pour animaux ;
- à partir de plaquettes : la valorisation énergétique en chaufferie (bois de chauffage).

Les acheteurs actuels de plaquettes sont, en général, des clients fidèles désireux de négocier les prix. Un bâtiment spécifique accueille les services généraux. Le contrôle de gestion est assuré par l'un des deux responsables de l'entreprise, qui vous confie quelques travaux à réaliser.

1 Donner une typologie des indicateurs de performance de l'activité de production d'une entreprise industrielle.

2 Identifier les critères de performance ou facteurs clés de succès (FCS) et les indicateurs de performance correspondants. Le responsable attend deux à trois FCS par objectif et deux à trois indicateurs par FCS. Il y a deux objectifs : l'atteinte des objectifs de production et le respect de la politique environnementale.

Document 1 Les principes de gestion opérationnelle du groupe

Il est possible de résumer ainsi ces principes :
1. Identifier les besoins actuels et futurs du client.
2. Planifier les opérations nécessaires.
3. Réaliser en cherchant à satisfaire le client.
4. Mesurer et surveiller la satisfaction du client.
5. Revoir et améliorer les processus et les procédures.

Le responsable de gestion estime que la gestion budgétaire classique s'avère inutile et coûteuse. Il préfère mesurer et analyser la performance à l'aide des critères de performance et des FCS pour chaque objectif.

Document 2 La politique environnementale de l'entreprise

La politique environnementale de l'entreprise, élaborée depuis plusieurs années, prend en compte les éléments suivants.
- Les aspects environnementaux significatifs : déchets, air, bruit, eau…
  - Les exigences légales. Les exigences des tiers : le département, la communauté de communes, la commune…
  - Les exigences financières, opérationnelles et commerciales
  - La sensibilité des milieux : sol, habitat…

•••

• La mise en œuvre et le fonctionnement des procédures environnementales reposent sur :
1. la définition des responsabilités ;
2. la formation et la sensibilisation du personnel ;
3. la communication interne et externe ;
4. la documentation du système de management environnemental ;
5. la maîtrise des processus de production et de stockage ;
6. la prévention des risques.

2 Les prix de cession interne (PCI)

La Compagnie des planches fait partie du groupe ToutEnBois, qui fabrique des meubles de maison en bois très design. Ces meubles sont conçus à partir du bois fourni par la filiale La Compagnie des planches. Celle-ci comprend une division « Bois brut d'ameublement » vendu sur le marché au prix de 450 € le m³ et une division « Bois brut de construction » vendu 580 € le m³. La division « Bois brut d'ameublement » intervient sur deux marchés : le marché extérieur sur lequel elle vend du bois brut et un marché interne consistant à approvisionner en bois la division « Bois brut de construction » qui, après transformation, le vend sur le marché extérieur.

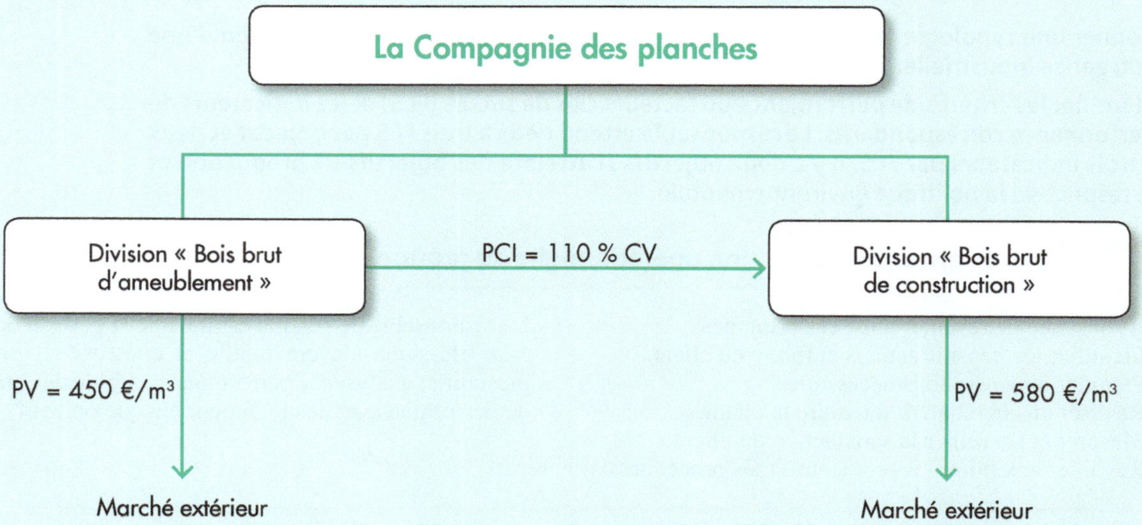

À l'aide du document page suivante, répondez aux questions :

1. **La Compagnie des planches doit-elle, dans un objectif de rentabilité, transformer le bois brut en bois de construction ?**
2. **Quels sont les principaux centres de responsabilité ?**
3. **En supposant que les cessions internes soient réalisées à un prix de cession interne représentant 110 % du coût variable, le résultat de l'activité « Vente de bois de construction » est-il impacté par ce nouveau dispositif ? Vous détaillerez le résultat apparent de chaque centre de responsabilité.**

Document

Coût variable

Bois brut : moyenne annuelle des cours de bois sur pied

Bois de construction = coût d'achat du bois brut + coûts variables de transformation de 260 € par m^3 de bois

Cours du bois sur l'année

Janvier	Février	Mars	Avril	Mai	Juin	Juillet	Août	Septembre	Octobre	Novembre	Décembre
220	230	260	265	273	280	268	230	230	240	300	320

3 Le coût cible

La société Barrière est une PME de 28 personnes installée dans le département de la Somme. Elle conçoit et fabrique des systèmes de barrières automatiques. Elle achète et sous-traite la fabrication des différents éléments composant les barrières et les assemble.

Sa clientèle est composée d'exploitants d'autoroutes à péage, de sociétés de parking ainsi que de nombreuses sociétés industrielles. Depuis peu, elle a de nombreuses demandes des copropriétés résidentielles. Elle étudie donc le lancement d'un nouveau modèle de barrière automatique pour copropriété (BAC), plus particulièrement adapté à la fermeture des copropriétés résidentielles.

À l'aide des documents 1 et 2, répondez aux questions suivantes.

1. **Justifiez le montant du coût cible, fixé à 1 197,04 €, en présentant toutes les étapes du calcul.**
2. **Calculez le coût de production estimé de la barrière LBA4.**
   a) Déterminez l'écart entre le coût cible et le coût estimé.
   b) Concluez sur la valeur de cet écart au regard du bénéfice souhaité.

Il faut rapprocher le coût estimé du coût cible fixé à 1 197,04 €.

À partir des documents 3 et 4, répondez aux questions suivantes.

3. **Retrouvez le coût cible des seuls composants (1 088 €).**
4. **Répartissez le coût cible par fonction et famille de composants.**
5. **Déterminez le montant et le sens des écarts entre coût estimé et coût cible pour chaque famille de composants.**
6. **Commentez les résultats obtenus.**

Document 1

Actuellement, le principal concurrent de ce produit est italien et le commercialise sur le marché français à un prix catalogue de 2 073,58 € HT.

Pour satisfaire le marché des immeubles collectifs, la nouvelle barrière sera conçue sur la base d'une barrière standard mais un effort particulier portera sur un design soigné et un choix de couleurs permettant son intégration dans l'architecture et le paysage. Le bras de barrière sera réalisé en aluminium, matériau plus résistant et plus esthétique que la fibre de verre. Les accessoires seront légèrement simplifiés et la partie mécanique sera allégée.

Au cours de cette année, la société a réalisé une enquête de satisfaction auprès de ses principaux clients. Celle-ci a permis de déterminer les principales fonctionnalités attendues d'une barrière par les utilisateurs.

Après négociation avec ses partenaires distributeurs, la société a fixé un prix de vente client final inférieur de 18 % à celui proposé par la société italienne.

La distribution de la nouvelle barrière sera assurée par des distributeurs/installateurs dont la marge est fixée à 20 % du prix de vente client final. La direction souhaite par ailleurs dégager un bénéfice de 12 % du prix de vente aux distributeurs.

Document 2

Le responsable de production a estimé le coût de production des 4 familles de composants essentiels de la barrière LBA4 avec les caractéristiques du processus productif actuel de l'entreprise.

Composants	Tôlerie	Mécanique	Accessoires	Bras de barrière
Coût estimé	312	384	240	264

Les coûts d'assemblage (MOD et frais d'atelier) sont estimés à 109,04 € par barrière. Ils sont incompressibles.

Document 3

Une étude de satisfaction concernant la barrière automatique a été réalisée auprès des clients au cours du premier trimestre de cette année.
Elle a mis en évidence les attentes des clients autour de 4 fonctions essentielles :

Fonctions	Sécurité	Fiabilité	Facilité d'entretien	Esthétique
Attente exprimée en %	30 %	40 %	20 %	10 %

Le coût cible des composants sera réparti entre les fonctions selon les attentes des clients.

Document 4

Le responsable de production a également procédé à une analyse afin d'identifier la contribution des familles de composants aux différentes fonctions.

Familles de composants / Fonctions	Total	Tôlerie	Mécanique	Accessoires	Bras de barrière
Sécurité	100 %	40 %	20 %	15 %	25 %
Fiabilité	100 %	5 %	55 %	5 %	35 %
Facilité d'entretien	100 %	10 %	20 %	40 %	30 %
Esthétique	100 %	50 %	20 %	30 %	0 %

Chapitre 12

L'élaboration de tableaux de bord et le reporting

Activité	Composante d'activité	Compétences	P7
5.5. Élaboration des tableaux de bord opérationnels	**5.5.2.** Présentation des tableaux de bord **5.5.3.** Participation aux opérations de reporting	– Renseigner un tableau de bord et rendre compte des évolutions – Compléter et transmettre les tableaux de reporting	– Une utilisation du tableur adaptée aux besoins de l'utilisateur – Le renseignement avec exactitude du tableau de bord – L'interprétation du modèle relationnel – Une extraction de données du PGI exacte (exhaustivité, justesse) fournie – Le renseignement avec exactitude du tableau de bord – Une utilisation du tableur adaptée aux besoins de l'utilisateur – L'exploitation des données de façon automatisée et reproductible

Situation professionnelle

M. Fertel est confronté à la baisse du chiffre d'affaires de son garage (voir chapitre 11). Il a pris la décision de mettre en place des tableaux de bord afin de suivre précisément l'évolution de son activité, dans l'espoir de pouvoir réagir plus rapidement. Il a décomposé son entreprise en quatre centres de responsabilité et souhaite mettre en place un tableau de bord pour chacun d'entre eux. Pour cela, il a rencontré le responsable de chaque centre et a établi avec eux la liste des indicateurs et l'objectif ou la valeur cible.

Mission

Récemment embauché(e) au service Comptabilité du garage Fertel, vous êtes chargé(e) de renseigner les tableaux de bord mensuels pour chacun des responsables et de réfléchir aux procédures de remontée des informations.

Travail à faire

I Lire un tableau de bord et en appréhender les objectifs

Vous étudiez le tableau de bord du responsable des ventes de véhicules d'occasion.

1. Combien d'indicateurs figurent dans ce tableau de bord ?
2. Pour chaque indicateur, indiquez son nom, les données utilisées pour le construire et son mode de représentation.
3. Quelles sont les informations apportées par ces indicateurs ?
4. Quel est l'intérêt pour le responsable des ventes de véhicules d'occasion de consulter un tableau de bord ?
5. Que faut-il éviter dans la construction d'un tableau de bord ?
6. Comment peut-on rendre un tableau de bord facile à lire ?
7. Commentez les indicateurs du tableau de bord du responsable des ventes de véhicules neufs.
8. Correspondent-ils aux indicateurs trouvés dans le chapitre précédent ?

▶ Annexe 1
▶ Fiches ressources 1 et 3

▶ Annexe 2
▶ Fiches ressources 2 et 4

II Renseigner et suivre un tableau de bord

Vous êtes chargé(e) de renseigner le tableau de bord du responsable des ventes de véhicules neufs.

9. Complétez le tableau de bord du responsable à l'aide des annexes 4 et 7, en indiquant les valeurs cibles (annexe 3).
10. Analysez et commentez les résultats obtenus.
11. Que pourrait mettre en place M. Fertel pour que l'on puisse renseigner et suivre plus facilement les tableaux de bord ?

▶ Annexes 2 à 4, annexe 7
▶ Fiche ressource 5

III Compléter et transmettre les tableaux de reporting

M. Fertel souhaite disposer lui-même d'un tableau de bord où ne figureraient que quelques indicateurs précis reprenant les tableaux de bord des deux responsables, ce qui lui permettrait de réagir rapidement à tout problème éventuel.

12. Complétez le tableau de bord de M. Fertel à partir des deux tableaux précédents.

M. Fertel aimerait automatiser la remontée des informations issues du PGI.

13. Comment peut-on extraire les données du PGI ?
14. (P7) Observez le schéma relationnel et la requête associée (annexe 6).
    a) Ce schéma est composé de quatre relations (qui correspondent à quatre tables dans la base de données). Quelle différence faites-vous entre la relation « Commande » et la relation « Ligne commande » ?
    b) Quel calcul la requête prépare-t-elle à partir des éléments de la base de données ?

▶ Annexe 6
▶ Fiche ressource 5

P7 **15.** **Quels éléments de cette requête varieront chaque mois ? Selon vous, faudra-t-il réécrire cette requête tous les mois ?**

P7 **16.** **Quels outils de reporting M. Fertel pourrait-il mettre en place pour automatiser les reports ?**

IV Prendre des décisions

Ayant constaté que les ventes de voitures neuves continuent de baisser, M. Fertel souhaiterait motiver ses commerciaux en leur attribuant une prime en fonction de leur chiffre d'affaires. Il veut voir apparaître sur le tableau de bord du responsable des ventes le chiffre d'affaires mensuel par commercial et le chiffre d'affaires par gamme. Il souhaite également connaître le chiffre d'affaires réalisé par la nouvelle voiture que le garage commercialise, la Logan.

P7 **17.** **En utilisant la fonctionnalité du tableau croisé dynamique, complétez le tableau de bord de M. Fertel.**

Annexes 5 à 7
Fiche ressource 6

18. **Analysez les données obtenues et donnez votre avis sur l'idée de M. Fertel d'attribuer une prime en fonction du chiffre d'affaires.**

19. **À l'aide de PowerPoint, établissez le rapport d'activité que M. Fertel présentera lors de la réunion mensuelle avec les responsables des ventes de véhicules neufs et de véhicules d'occasion.**

Données de la situation

Annexe 1 Tableau de bord du responsable des ventes de véhicules d'occasion

Objectif n° 1 : Dégager de la marge

Évolution du chiffre d'affaires

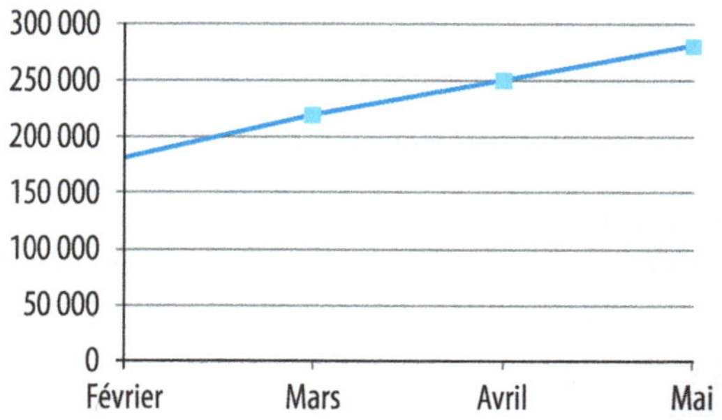

Coût moyen de la remise en état des véhicules

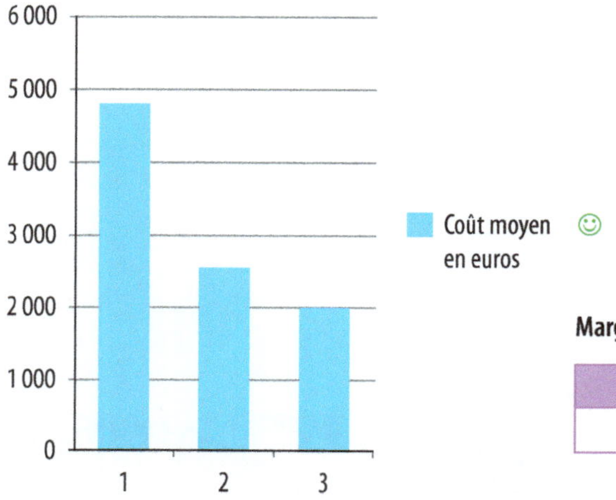

Objectif n° 2 : Avoir une bonne rotation des stocks

Nombre de véhicules en stock 590

Taux de rotation 0,06

Objectif n° 3 : Fidéliser la clientèle

Nombre de réclamations	Objectif	Écart	
12	8	-4	☹

Nombre de clients fidèles (dont ce n'est pas le 1er achat)	Cible	Écart	
3	5	-2	☹

Marges sur les ventes de véhicules d'occasion

Marge réelle	Cible	Écart	
1 000	700	300	☺

Annexe 2 Trame du tableau de bord du responsable des ventes de véhicules neufs

Objectif n° 1 : Maintenir et developper les ventes

Nombre de véhicules vendus par vendeur

Nom du vendeur	Nombre de véhicules	Objectif	Écart

Suivi des ventes par mois

Chiffre d'affaires	Valeur cible	Écart	Écart en %

Suivi des ventes par gamme

Chiffre d'affaires	Valeur cible	Écart	Écart en %

Suivi des ventes de la Logan

Nombre d'événements organisés

Nombre de publicités

Objectif n° 2 : Satisfaire la clientèle

Nombre de réclamations

Délai moyen de livraison

Objectif n° 3 : Maîtriser l'achat des véhicules de reprise

Montant moyen des reprises

Évaluation négative du responsable Achats

Annexe 3 Les valeurs cibles définies par M. Fertel pour certains indicateurs

Indicateurs	Valeur cible
Nombre de publicités dans le mois	2
Nombre d'événements	2
Nombre de prospects contactés	20 par jour et par vendeur
Nombre de relances clients	5 par jour et par vendeur
Nombre de véhicules vendus	80
Évaluations négatives par le responsable des véhicules d'occasion des rachats de véhicules	20 %

Annexe 4 Note laissée par M. Fertel

Le service après-vente nous signale 14 réclamations concernant les ventes de véhicules neufs : 6 pour des délais de livraison trop longs et 8 car il manque des options commandées par les clients.

Les commerciaux ont organisé un seul événement dans le mois : un salon « autoshow » un dimanche, qui ne les a pas enthousiasmés (le dimanche, ils aspirent au repos...).
Dans la presse locale, trois publicités sont parues.

Annexe 5 Tableau de bord de M. Fertel

Annexe 6 **Extrait du modèle relationnel du PGI et requête annotés après votre relecture**

Extrait du modèle relationnel du PGI

Informations sur les vendeurs

VENDEUR (num_vendeur, nom_vendeur, rue_vendeur, ville_vendeur, codepostal_vendeur)
    Clé primaire : num_vendeur

COMMANDE (num_commande, date_commande, num_vendeur)
    Clé primaire : num_commande
    Clé étrangère : num_vendeur en relation avec le num_vendeur de VENDEUR

Toutes les commandes réalisées par les vendeurs classées par numéros et dates

Détail des lignes de chaque commande : quel véhicule et en quelle quantité

LIGNECOMMANDE (num_commande, num_véhicule, quantité_commandée, prix_négocié)
    Clé primaire : num_commande, num_véhicule
    Clés étrangères : num_commande en relation avec num_commande de COMMANDE
    num_véhicule en relation avec num_véhicule de VEHICULE

VEHICULE (num_véhicule, modèle, gamme, prix_de_vente)
    Clé primaire : num_véhicule

Liste des véhicules proposés

Requête

Calcul à partir d'éléments

Relations (tables) dans lesquelles se trouvent les éléments à partir desquels on va faire les calculs

```
SELECT gamme, SUM(prix_négocié*quantité_commandée)
FROM VEHICULE, LIGNECOMMANDE, COMMANDE
WHERE VEHICULE.num_véhicule=LIGNECOMMANDE.num_véhicule
AND LIGNECOMMANDE.num_commande=COMMANDE.num_commande
AND date_commande BETWEEN 01/05/2015 AND 31/05/2015
GROUP BY gamme;
```

On va faire le calcul pour chaque gamme

Période pour laquelle on veut faire les calculs

Annexe 7 Données extraites du PGI : les ventes du mois des véhicules neufs

gamme	modèle	nom_vendeur	num_commande	prix_négocié	Délai de livraison prévu en jours	Délai de livraison réel en jours
1	Twingo	ABDELAMAN	coab253	10 200	10	8
1	Clio	ABDELAMAN	coab254	18 000	10	12
2	Mégane	ABDELAMAN	coab255	23 000	8	8
2	Laguna	ABDELAMAN	coab256	25 000	12	10
1	Clio	ABDELAMAN	coab257	14 500	10	8
5	Zoé	ABDELAMAN	coab258	22 400	8	8
4	Logan	ABDELAMAN	coab259	7 800	5	5
4	Logan	ABDELAMAN	coab260	8 000	15	12
4	Logan	BERNARDEAU	cobe310	7 800	10	10
1	Twingo	BERNARDEAU	cobe311	11 000	10	10
1	Clio	BERNARDEAU	cobe312	15 000	8	8
1	Clio	BERNARDEAU	cobe313	14 000	8	5
1	Kangoo	BERNARDEAU	cobe314	20 500	5	5
1	Clio	BERNARDEAU	cobe315	14 800	5	8
4	Logan	CARON	coca851	7 700	5	8
4	Logan	CARON	coca852	7 800	10	12
4	Logan	CARON	coca853	8 000	8	9
1	Clio	CARON	coca854	14 600	9	8
1	Clio	CARON	coca855	19 800	6	6
1	Clio	CARON	coca856	18 700	7	7
1	Twingo	CARON	coca857	10 900	8	8
1	Twingo	CARON	coca858	14 600	10	10
3	Latitude	CARON	coca859	46 000	10	8
3	Nouvel Espace	CARON	coca860	32 500	10	8
3	Koleos	CARON	coca861	41 000	10	7
4	Logan	CARPENTIER	cocar423	7 800	8	12
4	Logan	CARPENTIER	cocar424	8 000	6	10
1	Clio	CARPENTIER	cocar425	16 800	5	10
1	Clio	CARPENTIER	cocar426	17 500	15	10
4	Logan	DOVIDOR	codo754	7 700	12	8
1	Clio	DOVIDOR	codo755	15 000	10	10
4	Logan	DOVIDOR	codo756	7 900	10	12
1	Twingo	DOVIDOR	codo757	13 800	10	8
1	Twingo	DOVIDOR	codo758	14 000	12	10
4	Logan	FOILIER	cofo120	8 500	8	6
1	Clio	FOILIER	cofo121	15 600	8	6
4	Logan	FOILIER	cofo122	8 300	6	6
1	Twingo	FOILIER	cofo123	11 000	5	5
4	Logan	FOILIER	cofo124	8 500	23	18
1	Kangoo	FOILIER	cofo125	20 300	10	12
2	Mégane	FOILIER	cofo126	21 500	10	10

• • •

gamme	modèle	nom_vendeur	num_commande	prix_négocié	Délai de livraison prévu en jours	Délai de livraison réel en jours
4	Logan	FOILIER	cofo127	7 900	12	10
2	Mégane	FOILIER	cofo128	23 000	15	12
4	Logan	GAMIN	coga540	7 800	14	14
1	Clio	GAMIN	coga541	15 000	16	14
4	Logan	GAMIN	coga542	7 900	10	12
4	Logan	GAMIN	coga543	8 100	8	8
1	Twingo	GAMIN	coga544	10 800	7	7
1	Twingo	GAMIN	coga545	13 500	8	8
4	Logan	MARTIN	coma314	8 500	5	5
1	Clio	MARTIN	coma315	16 800	5	7
4	Logan	MARTIN	coma316	7 700	4	5
4	Logan	MARTIN	coma317	7 700	8	8
1	Kangoo	MARTIN	coma318	21 300	10	10
2	Scenic	MARTIN	coma319	24 500	10	12
3	Laguna	MARTIN	coma320	28 400	10	12
1	Twingo	MARTIN	coma321	10 600	5	12
1	Clio	MARTIN	coma322	15 300	5	5
4	Logan	VIVIEN	covi12	8 600	5	8
4	Logan	VIVIEN	covi13	8 500	7	8
4	Logan	VIVIEN	covi14	7 800	5	5
1	Clio	VIVIEN	covi15	18 000	5	8
1	Clio	VIVIEN	covi16	18 500	8	8
5	Twizy	VIVIEN	covi17	7 500	10	10
1	Twingo	VIVIEN	covi18	12 500	10	10
1	Kangoo	VOUTIN	covo368	21 900	9	9
4	Logan	VOUTIN	covo369	8 600	10	10
3	Nouvel Espace	VOUTIN	covo370	31 400	7	8

Fiche ressource 1

Le tableau de bord opérationnel, un outil d'aide à la prise de décision

Les entreprises mesurent la performance à l'aide de documents appelés « tableaux de bord opérationnels » et utilisent à cette fin des procédés de reporting.

I Définition et rôle du tableau de bord opérationnel

1. Définition

Un tableau de bord est un document qui rassemble des indicateurs de manière claire et synthétique dans le but d'aider à décider, à coordonner et à contrôler les actions d'un service, d'une activité, d'un centre de responsabilité…

2. Rôle

Le tableau de bord est de plus en plus utilisé en complément des informations produites par la comptabilité financière et la comptabilité de gestion pour répondre aux exigences d'un pilotage rapide. De plus, il semble désormais important de piloter l'ensemble des dimensions de la performance pour toutes les parties prenantes de l'entreprise avec un système d'information qui intègre des variables diversifiées bien au-delà du seul système d'information comptable.

II Les spécificités du tableau de bord par rapport aux autres outils de gestion

1. La nature des données

Un tableau de bord peut présenter des indicateurs de natures diverses : monétaire, physique, qualitative… Ceci le distingue des autres outils de gestion (comptabilité analytique) et de la comptabilité générale, où les données sont exclusivement monétaires.

2. La réactivité

Un tableau de bord est conçu pour permettre une **action rapide en réponse à des objectifs précis**. Ceci implique :

– **des délais de parution réduits :** un tableau de bord mensuel doit être mis en forme dans les 7 jours de la fin du mois ;

– **la possibilité d'une consultation rapide :** afin qu'il puisse être consulté d'un seul coup d'œil, le tableau de bord ne doit contenir que l'information strictement nécessaire. Il comprend donc peu d'informations mais celles-ci sont pertinentes. Par ailleurs, les méthodes de présentation choisies (couleurs, graphiques) doivent en faciliter la lecture ;

– **une proximité entre l'information et l'action :** les indicateurs doivent être judicieusement choisis afin que les responsables puissent réagir rapidement et concrètement. Il faut parfois privilégier des variables physiques aux résultats financiers.

3. La délégation de pouvoir

Les tableaux de bord sont conçus en fonction des missions confiées aux responsables de centre et en collaboration avec eux. En participant au choix des indicateurs, chaque responsable acceptera de juger et d'être jugé par rapport à ces critères.

III La démarche générale de construction d'un tableau de bord

Si un tableau de bord peut être isolé, il est plus généralement articulé dans un réseau de tableaux de bord qui s'emboîtent les uns dans les autres.

Exemple

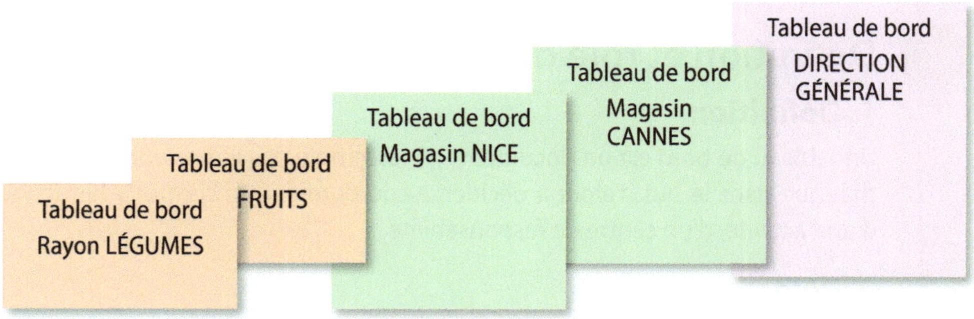

IV Les intérêts et les limites du tableau de bord

1. Les intérêts

Un tableau de bord est un outil de gestion indispensable aux preneurs de décisions.
Il permet :
– de repérer les indicateurs essentiels pour piloter ;
– d'avoir une vision globale et synthétique ;
– d'assurer un suivi permanent et continu à travers les différents indicateurs choisis ;
– de motiver et de mobiliser les différents acteurs.

2. Les limites

Un tableau de bord peut parfois atteindre ses limites car :
– la pertinence des indicateurs est difficile à mesurer et se tromper dans les indicateurs choisis peut être source de décision inadéquate ;
– si les indicateurs sont trop nombreux ou trop complexes, la lisibilité devient difficile ;
– les informations peuvent ne pas ou ne plus être fiables ;
– le suivi permanent des objectifs peut créer un stress difficile à vivre pour les acteurs.

Fiche ressource 2

Préparer la construction d'un tableau de bord

Pour que les tableaux de bord ne fassent pas double emploi avec les documents comptables et prennent tout leur sens, ils doivent répondre à des exigences spécifiques. Il faut réfléchir en amont à ces spécificités.

I Définir les indicateurs à retenir dans un tableau de bord

1. Prendre en compte les objectifs fixés aux centres de responsabilité

Il faut débuter la construction d'un tableau de bord par une réflexion sur le centre de responsabilité : ses missions et ses principaux objectifs quantitatifs ou qualitatifs.

Exemples

Objectifs quantitatifs : conquérir une part de marché, augmenter le chiffre d'affaires…
Objectifs qualitatifs : améliorer l'esthétique des produits, améliorer la qualité des produits…

2. Tenir compte des facteurs clés de succès

Il faut ensuite détecter les facteurs clés de succès (FCS) du centre de responsabilité.

3. Choisir des indicateurs de performance

En cohérence avec les objectifs fixés et les facteurs clés de succès, des indicateurs de performance sont proposés. C'est l'étape la plus importante. Si ces indicateurs inclus dans le tableau de bord ne sont pas perspicaces, ce dernier deviendra sans intérêt.

L'information contenue dans un tableau de bord doit être parlante c'est-à-dire que l'on va mettre en perspective les résultats obtenus par rapport à un système de référence, comme les objectifs mensuels ou les valeurs cibles.

Les indicateurs de performance doivent avoir les qualités d'un instrument de mesure : être fidèles et simples. Si aucun indicateur ne reflète parfaitement l'évolution d'un FCS, on peut avoir recours à plusieurs indicateurs donnant une idée approchée de cette évolution.

Exemples

Facteurs clés de succès	Indicateurs de performance
Produire les quantités demandées dans les délais prévus	Nombre de retards / Nombre de commandes (Délai de livraison N – Délai de livraison N-1) / Délai de livraison N-1
Satisfaire la clientèle	Nombre de retours d'articles Nombre de retards de livraison Taux de fidélité des clients
Produire au moindre coût	(Coût réel – Coût préétabli) / Coût préétabli
Obtenir du personnel un certain rendement	Quantités produites / Heures de travail Heures supplémentaires / Effectif

II Choisir la forme du tableau de bord

Volume : un tableau de bord de gestion (TBG) journalier doit être limité à une page, un TBG hebdomadaire à une à trois pages, un TBG mensuel à une à dix pages.

Forme des données : il peut s'agir de ***valeurs brutes*** (nombre de commandes…), d'***écarts*** entre une réalisation et une ***norme***, de ***ratios***, de ***clignotants***…

Forme du tableau de bord : il peut s'agir de ***tableaux de chiffres*** (en évitant les tableaux trop grands ou trop complexes) et/ou de ***graphiques*** simples. La première des conditions de succès d'un tableau de bord est sa clarté.

Norme
Objectif fixé par l'entreprise ou observé dans la profession

Clignotant
Valeur de l'indicateur en dessous de laquelle des actions correctives devront être engagées

1. La présentation des données chiffrées

Un tableau de bord doit favoriser une bonne lisibilité. Il s'agit donc d'avoir recours à des procédés visuels.
Les données chiffrées sont **mises sous forme de tableaux** et complétées par un code couleurs en référence aux feux tricolores, des flèches, des smileys ou des indications d'alerte.

Exemple

		Objectif mensuel	Octobre		Novembre		Décembre	
Marge		34 400	30 400	☹	22 500	☹	36 000	☺
Marge moyenne par véhicule	Particuliers	800	1 000	☺	900	☺	1 000	☺
	Entreprises	400	300	☹	300	☹	300	☹
Nombre de véhicules d'occasion vendus	Particuliers	33	25	☹	20	☹	30	☹
	Entreprises	20	18	☹	15	☹	20	😐

2. La présentation des indicateurs graphiques

Parmi les différents types de graphiques qui existent, il convient de choisir le plus adapté. En voici quelques-uns :

L'histogramme	Il convient parfaitement pour comparer directement des valeurs.	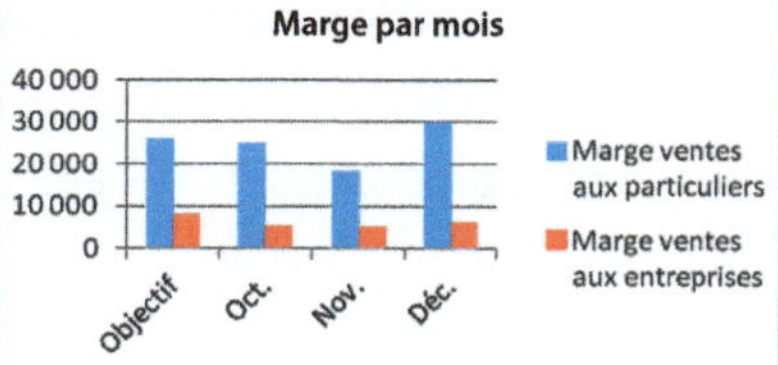
L'histogramme empilé	Il compare la contribution de différentes valeurs à un total, en termes d'unités ou de pourcentage.	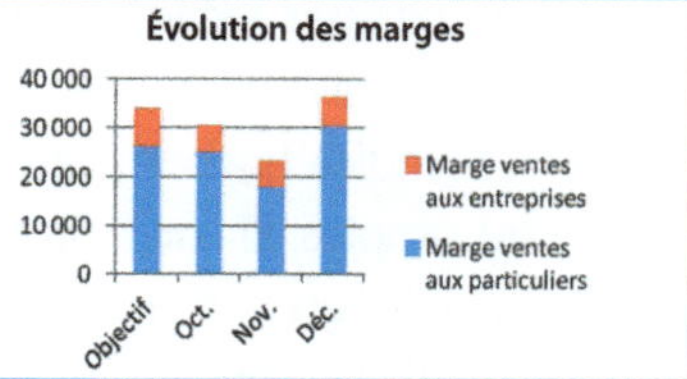
Le graphique en courbes	Il représente des évolutions et des tendances dans le temps. Les courbes peuvent se combiner efficacement avec des histogrammes ou d'autres courbes.	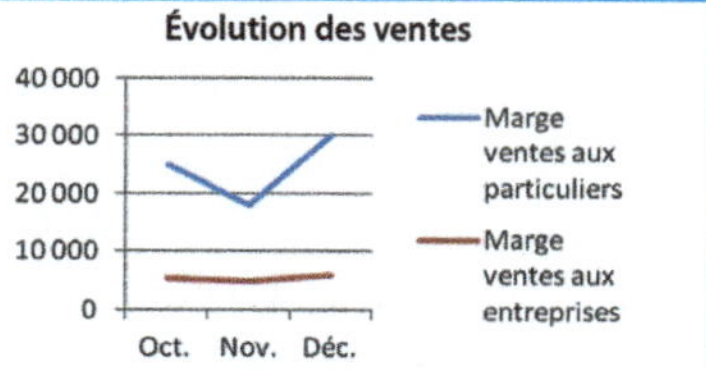
Le « camembert » ou graphique en secteurs	Il indique la contribution des parties au total.	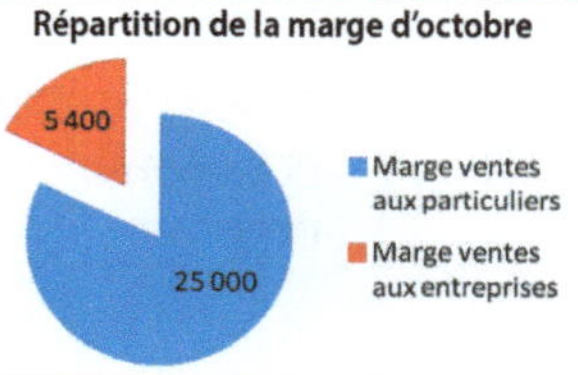
Le graphique en radar	Il affiche les relations entre différentes séries de données. Les relations sont celles d'une donnée par rapport à l'ensemble, comme dans les nuages de points.	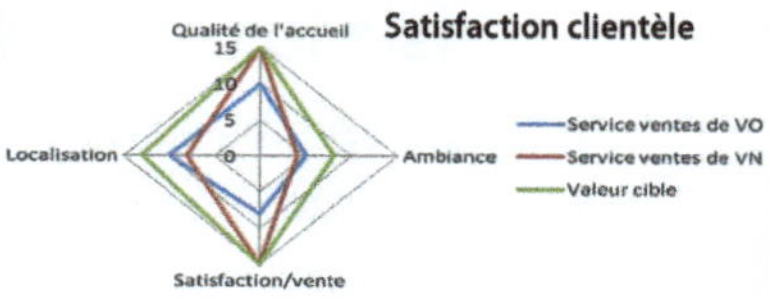
Le graphique en bulles	Il compare des valeurs par groupes de trois. Les deux premiers groupes sont utilisés pour le graphique, le troisième détermine la dimension de la bulle.	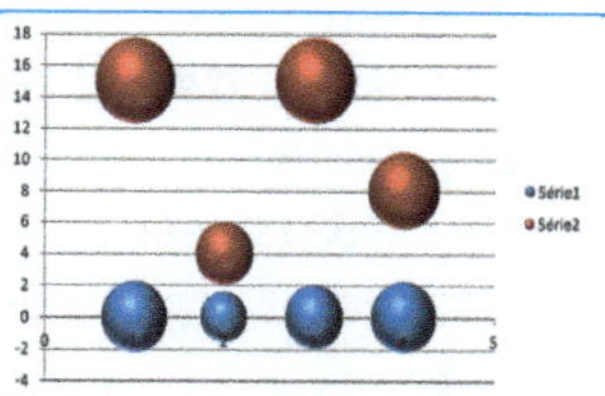

Fiche ressource 3

Lecture d'un tableau de bord

Il existe des logiciels spécifiques de présentation de tableaux de bord mais pour pouvoir modifier un tableau en fonction des objectifs stratégiques et en faire un outil clair, simple et spécifique à l'entreprise, le tableur est un outil très utile.

I Exemple de tableau de bord

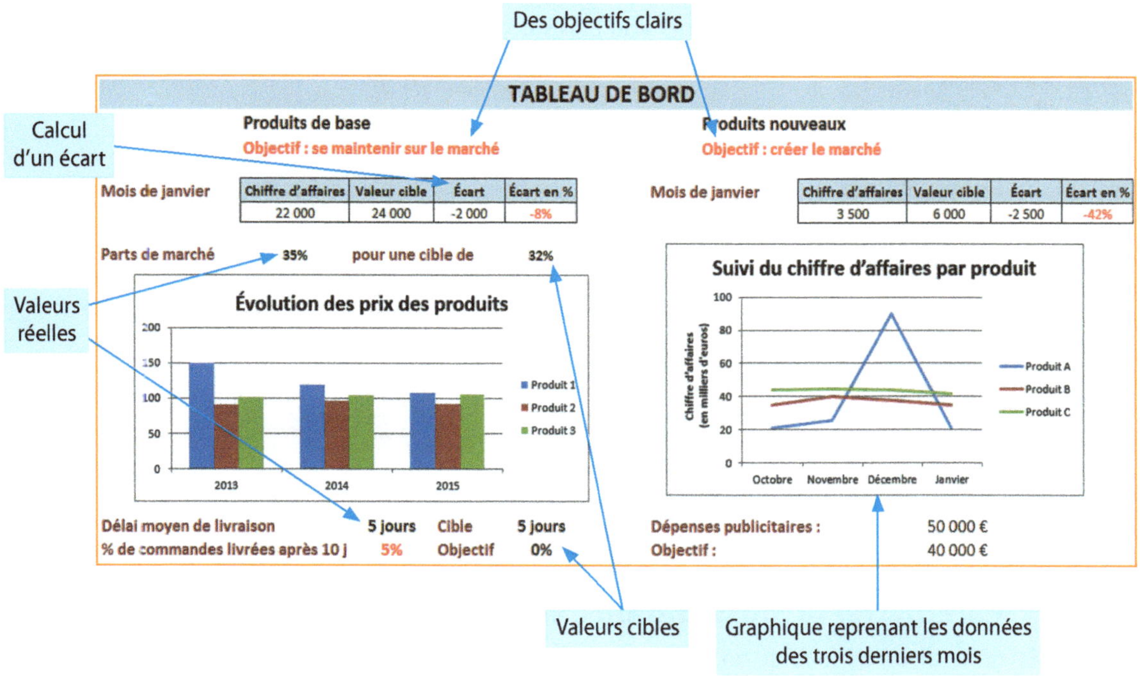

II Lecture

Le tableau de bord présenté ci-dessus tient sur une page, ce qui le rend facile à consulter. Sa périodicité est mensuelle (il s'agit ici du mois de janvier). Il contient des données chiffrées et des graphiques.

Ici, le responsable commercial distingue clairement deux familles de produits : les produits existants et les produits nouveaux.

Les objectifs ne sont pas les mêmes :

– pour les produits de base, il s'agit de se maintenir sur le marché avec comme objectif de détenir 32 % des parts de marché, ce qui est atteint. Par contre, l'objectif de chiffre d'affaires n'est pas atteint. Que s'est-il passé ? Le responsable va pouvoir en chercher la cause. 5 % des commandes ont été livrées après 10 jours, or l'objectif était de 0 % ;

– pour les nouveaux produits, il faut créer le marché, c'est pourquoi on a fixé à 40 000 € les dépenses publicitaires. On s'aperçoit que les ventes n'ont pas augmenté alors que les dépenses publicitaires ont été de 50 000 €.

On notera toutefois que ce tableau de bord est perfectible : certaines données concernent le mois, d'autres l'année, et cela manque de précision.

Fiche ressource 4

Mettre en forme un tableau de bord à l'aide d'un tableur

I Tracer l'aspect général du tableau de bord

Il est indispensable de réfléchir en amont à l'aspect général du futur tableau de bord. Cette réflexion peut se mener sur papier, indépendamment de toute contrainte informatique. Les futurs utilisateurs peuvent donner leur avis sur la présentation la plus lisible pour eux.

Repérer les cellules devant contenir des données saisies.

Repérer les cellules devant contenir des données calculées.

Garder un espace pour la présentation de graphiques.

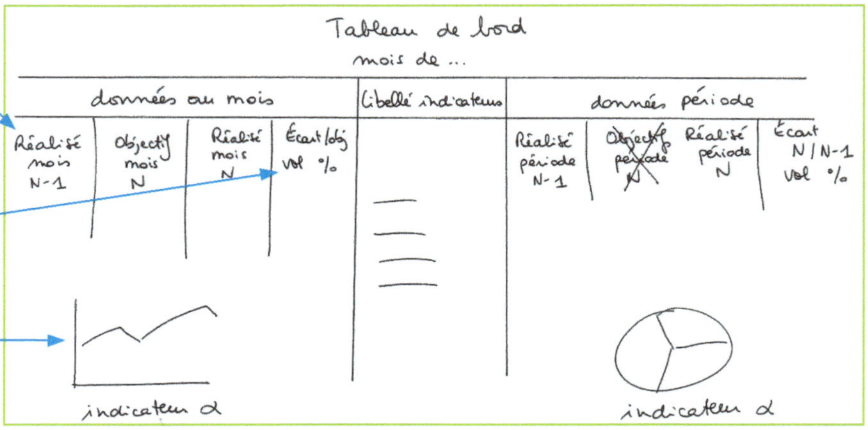

II Exploiter quelques fonctionnalités du tableur

1. Paramétrer la présentation générale du tableau de bord

En général, un tableau de bord est un grand tableau qui nécessite une gestion précise du sens de présentation et des marges.

Fonctionnalité		Conséquence
Mise en page	Portrait / Paysage	Permet de changer l'orientation de la page.
Marge	Aperçu avant impression → Marges	Il est assez rapide d'élargir les marges de la feuille de calcul alors que l'on se trouve en aperçu avant impression. Il suffit de faire apparaître les marges, de cliquer dessus et de les faire glisser vers la droite, la gauche, le haut ou le bas pour visualiser immédiatement l'effet obtenu.
Ajuster	Mise en page → Page → Ajuster	Si cela ne suffit pas, l'option « Ajuster » permet de réduire globalement la taille du document pour qu'il ne déborde pas de la page.
Imprimer des titres sur plusieurs pages	Mise en page → Lignes à répéter en haut / Colonnes à répéter à gauche	Cette option permet de répéter les titres ou la première colonne d'un tableau et de permettre ainsi sa lecture sur toutes les pages.

2. Prévoir une présentation à deux vitesses

On peut être amené à concevoir un tableau qui sera destiné à des utilisateurs différents. Ces derniers n'ayant pas tous besoin du même niveau de détail, on peut utiliser la fonction « Plan » du tableur.

Cette fonction permet de faire apparaître ou cacher le contenu d'une ou de plusieurs colonnes, d'une ou de plusieurs lignes à la demande.

Sélectionner les lignes ou les colonnes → Données → Grouper.

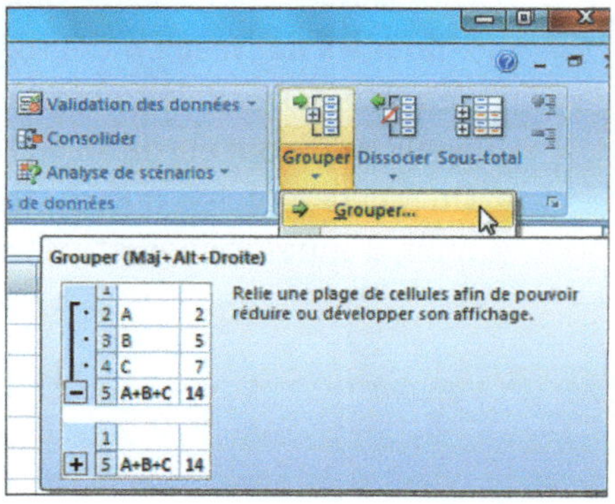

Fiche ressource 5

Les principes de remontée des comptes (reporting)

Automatiser la remontée des comptes et des données permettant l'élaboration de tableaux de bord est un élément important pour pouvoir renseigner correctement les tableaux et en assurer le suivi.

I Définition du reporting

Le reporting est une procédure qui permet de faire remonter l'information depuis le niveau opérationnel (centre de responsabilité, filiale ou autre) vers le centre décisionnel (direction générale).

1. Au sens strict

Ce système normalisé de remontée d'informations comptables et budgétaires avec synthèse et tri sert à rendre compte, à contrôler si les objectifs des centres sont réalisés. Dans le cadre d'une gestion décentralisée, il permet de vérifier que les centres de responsabilité respectent leurs engagements contractuels.

2. Dans un sens plus large

L'ensemble des procédures de remontée d'informations automatisées – qu'elles viennent des données de la comptabilité, de la gestion commerciale, de la gestion des ressources humaines, de la gestion de production… – permettent de construire les indicateurs du tableau de bord.

II Les principes de remontée des comptes

1. La construction pyramidale

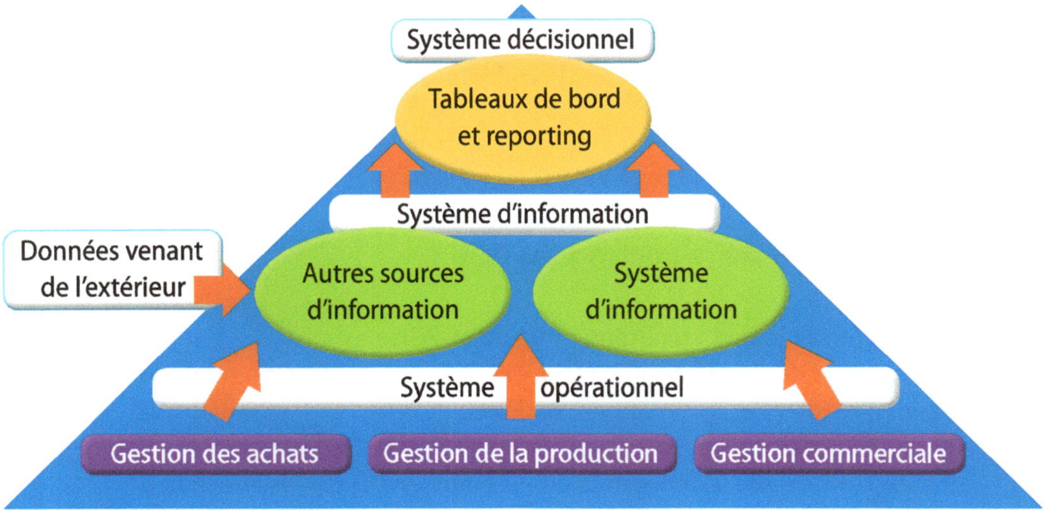

Un tableau de bord doit être construit selon le principe d'une pyramide et va chercher les informations dans les différents processus de gestion de l'entreprise par le biais de requêtes et d'extraction de données.

2. La structuration de l'information

Le second principe est relatif à la structuration de l'information et à la mise en place de systèmes informatiques fiables. La collecte des informations doit être organisée et prévue.
Il faut concentrer les données collectées dans un espace unifié, parfois appelé « entrepôt de

données » (*datawharehouse*). La source d'information devient alors commune, homogène, fiabilisée. Elle fait appel aux données structurées dans des bases de données conçues grâce au modèle relationnel ainsi qu'aux autres données (documents au format « xml » ou autres ressources non structurées) manipulées par les systèmes de gestion de contenu (gestion électronique des documents, GED).

3. L'organisation

Pour pouvoir aboutir et construire de bons tableaux de bord, il faut que tous les acteurs de l'entreprise concernés soient informés de la démarche.

4. La diffusion des données

Il s'agit de mettre à disposition des utilisateurs les informations correspondant aux profils ou aux métiers de chacun. De nombreux choix sont à faire: à qui s'adressent ces données ? Quels sont les indicateurs à présenter ? Par quel trajet : circuit de diffusion type *workflow* ou télécoms ? Selon quel agenda : diffusion à partir de dates établies ou déclenchée à partir d'événements prédéfinis ?

5. La présentation des données

Selon la forme choisie pour présenter les informations, il faut adopter les techniques de communication les plus appropriées : outils bureautiques, requêteurs, générateurs d'états spécialisés dans un PGI, infrastructure Web (site Internet), télécommunications mobiles…

6. La sécurité des données

Superviser la mise à jour des données pour qu'elle se fasse correctement, la sécurité, les sauvegardes et la gestion des incidents est indispensable.

III Les principaux outils du reporting

Ils permettent de rendre compte du travail effectué auprès de la hiérarchie, de réaliser plus ou moins automatiquement des rapports d'activité.

1. Le tableur

C'est un outil de base pour la construction de tableaux de bord. Il permet de nombreuses possibilités graphiques.

> Exemples
> Microsoft Excel, le tableur d'OpenOffice.

2. Les outils de reporting du PGI

Il est possible :
- d'utiliser le module « reporting » intégré au PGI ;
- d'exécuter des requêtes ou de faire des filtres permettant d'obtenir les informations nécessaires que l'on va exporter ensuite sur Excel.

> Exemples
> Le module de reporting de CEGID, SAP Business Object Crystal Report.

3. Les applications spécialisées

Un logiciel spécialisé assure l'interrogation des bases de données selon les requêtes SQL préparées lors de l'élaboration du modèle. Un rapport d'activité peut ensuite être publié à la demande. Ces logiciels offrent des fonctions spécifiques pour l'élaboration du modèle du rapport, des modules de calcul et de présentation (graphiques) afin de concevoir des comptes rendus particulièrement attrayants.

> Exemples
> Open Report, Tableau Software.

Fiche ressource 6

Le tableau croisé dynamique sur tableur

Un tableau croisé dynamique permet de composer des tableaux de synthèse ou tableaux de bord. Il travaille sur des données de type « base de données ». Les noms des variables, appelées « champs », se trouvent sur la première ligne.

I Créer la structure du tableau croisé dynamique

	B	C	D	E	F	G
3	Ref commande	Date commande	Vendeur	Montant	Région	
4	C1012	06/05/2015	Carvin	18000	Nord	
5	C1013	11/05/2015	Carvin	15000	Nord	
6	D985	06/05/2015	Daurion	13500	Nord	
7	D986	07/05/2015	Daurion	6500	Nord	
8	D987	11/05/2015	Daurion	8425	Nord	
9	D988	12/05/2015	Daurion	12500	Nord	
10	F653	06/05/2015	François	12600	Est	
11	F654	11/05/2015	François	19800	Est	
12	F655	12/05/2015	François	21540	Est	
13	F657	12/05/2015	François	10250	Est	
14	M651	04/05/2015	Mauron	7890	Est	
15	M652	04/05/2015	Mauron	3620	Est	
16	M653	12/05/2015	Mauron	1250	Est	
17	B1120	05/05/2015	Baquet	4500	Sud	
18	B1121	06/05/2015	Baquet	6840	Sud	
19	B1122	11/05/2015	Baquet	12560	Sud	
20	B1123	13/05/2015	Baquet	18230	Sud	
21	CH220	06/05/2015	Charron	9840	Sud	
22	CH221	13/05/2015	Charron	12870	Sud	
23	G1358	11/05/2015	Griffon	3620	Sud	
24	A430	06/05/2015	Auguste	8540	Ouest	
25	A431	13/05/2015	Auguste	1560	Ouest	
26	A432	15/05/2015	Auguste	3690	Ouest	
27	CE360	12/05/2015	Certa	12590	Ouest	
28	CE361	15/05/2015	Certa	4590	Ouest	
29	V1400	06/05/2015	Vivian	11360	Ouest	
30	V1401	11/05/2015	Vivian	25800	Ouest	
31	V1402	13/05/2015	Vivian	3650	Ouest	

On a ici une liste de données concernant les ventes des commerciaux. Le tableau croisé dynamique va permettre de faire apparaître des regroupements et ainsi de créer des tableaux de synthèse.

Dans le tableur Excel, placer le pointeur dans n'importe quelle cellule de l'ensemble des données. Choisir la commande « Tableau croisé dynamique » sous l'onglet « Insertion ». La boîte de dialogue ci-contre apparaît :

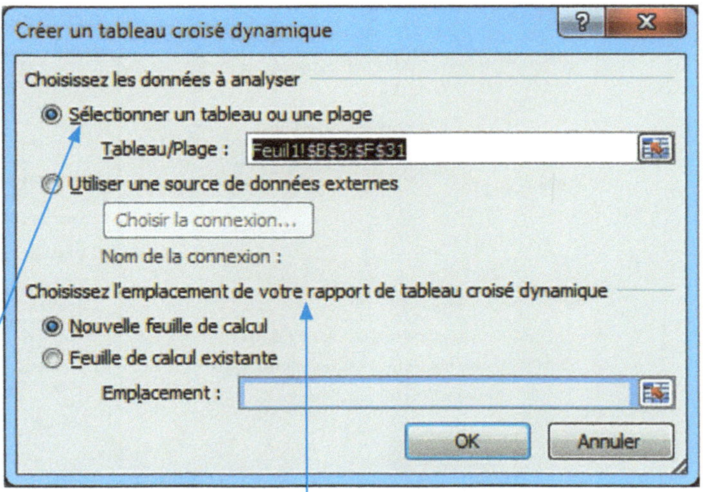

1. Choisir les données à analyser.
Remarque : on peut choisir des données externes.

2. Choisir l'emplacement du tableau : soit sur la feuille de calcul, soit comme nouvelle feuille de calcul.
Remarque : c'est la même démarche que pour les graphiques.

La structure (vide) du tableau croisé dynamique est ainsi créée.

II Remplir le tableau croisé dynamique

L'interface du tableau croisé dynamique est la suivante : les champs (intitulés des colonnes dans la feuille de données) apparaissent à droite.

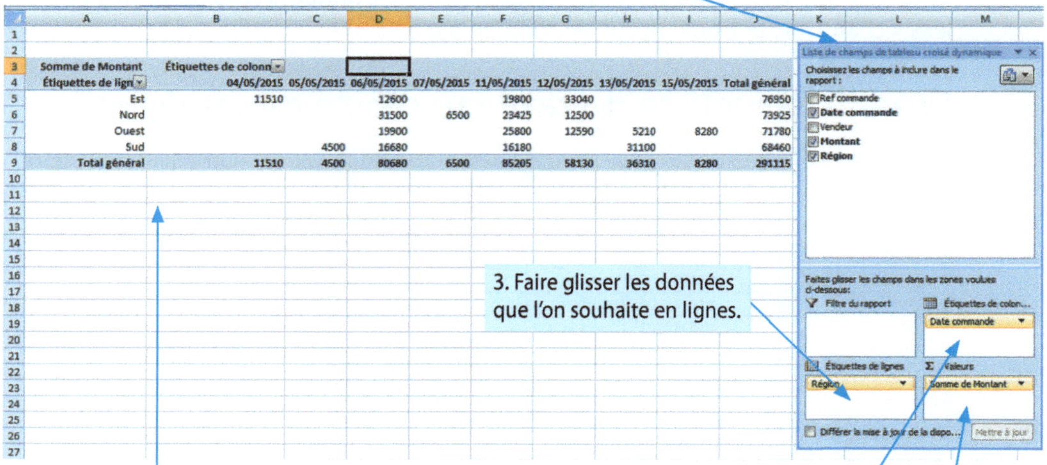

3. Faire glisser les données que l'on souhaite en lignes.

4. Faire glisser les données que l'on souhaite en colonnes.

5. Glisser la donnée chiffrée à calculer.

6. On obtient le résultat suivant.

Remarque :

Le tableau croisé dynamique calcule par défaut la somme des valeurs pour chaque modalité du champ si elles sont numériques, mais il est possible de faire un autre calcul que la somme. Pour cela, dans les paramètres des champs de valeurs, il faut remplacer « Somme » par un autre paramètre (cliquer sur la liste déroulante « Somme de Montant » et sélectionner « Paramètres des champs de valeur »).

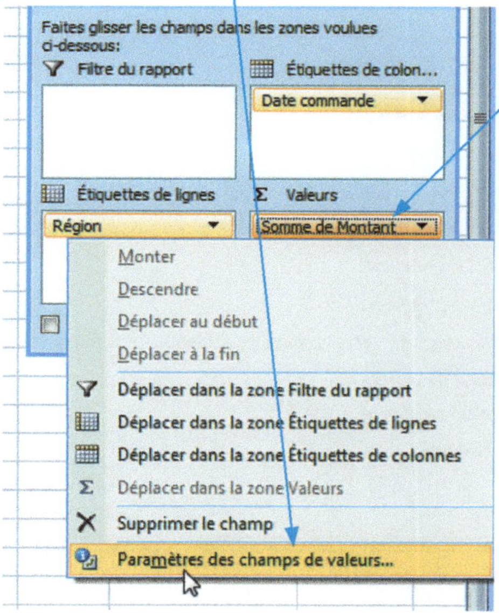

On obtient alors la fenêtre suivante :

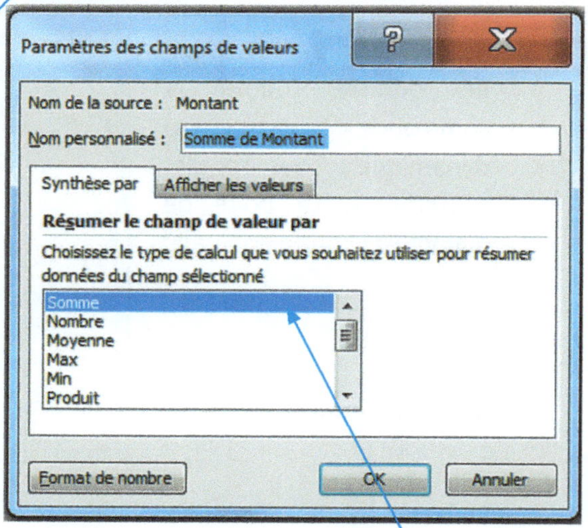

Il est alors possible de choisir un autre type de calcul.

Applications

1 Proposer des indicateurs de performance en cohérence avec la stratégie de l'entreprise

Vous êtes stagiaire dans l'entreprise Dralon, fabricant de linge de maison depuis deux générations. Vous êtes chargé(e) de proposer une mise à jour des indicateurs de performance des tableaux de bord de l'entreprise en tenant compte des nouveaux objectifs fixés par le responsable. Vous décomposez méthodiquement votre travail afin de vérifier la cohérence des indicateurs proposés.

- **Terminez le travail amorcé (document) en proposant des indicateurs en cohérence avec la stratégie de l'entreprise.**

Document **Les indicateurs de l'entreprise Dralon**

Stratégie d'entreprise	Stratégie globale fixée par le responsable de l'entreprise	Assurer la croissance du chiffre d'affaires.
Axes stratégiques	Pour mettre en œuvre la stratégie, il est possible de développer plusieurs axes différents.	*Axe 1 :* Développer les ventes à l'exportation.
FCS	Pour chaque centre de responsabilité, il s'agit de mettre en évidence les moyens d'atteindre les objectifs (facteurs clés de succès).	Service Production : adapter le produit aux exigences de la clientèle internationale (taille, finition, ergonomie…). Service commercial : se faire connaître à l'étranger. Service Expédition : gérer les délais de livraison (exportation).
Indicateurs de performance	Ils doivent permettre de vérifier si les moyens d'atteindre les objectifs (FCS) sont bien mis en œuvre.	?

2 Identifier les critères de performance du personnel

L'entreprise BureauPlus est spécialisée dans la vente de fournitures de bureau aux professionnels. Cette PME, créée en 2000 et composée aujourd'hui de 75 personnes, vient d'être rachetée par Mme Véra. L'ensemble du personnel a été maintenu dans ses fonctions.

L'entreprise est structurée de manière fonctionnelle : un service Achat, un service Gestion et préparation des commandes, un service Expédition. Le personnel administratif est réparti dans un service Comptabilité et un service Ressources humaines. Chaque service correspond à un centre de responsabilité.

Depuis trois ans, quelques tableaux de bord avaient été mis en place afin de communiquer régulièrement à la direction les informations nécessaires au pilotage de l'entreprise.

Vous travaillez auprès du responsable administratif, M. Courtiau. Celui-ci a récemment été vexé par une remarque de Mme Véra : elle n'utilise pas le tableau de bord « Ressources humaines (RH) » car elle le juge inutile. M. Courtiau ne comprend pas : ce tableau de bord répond aux critères de simplicité et de rapidité de lecture… Il vous demande votre avis.

1. **Quelles sont les différentes finalités possibles d'un tableau de bord RH ? Quelle est celle souhaitée par Mme Véra (document 1) ?**
2. **Quels sont, pour Mme Véra, les critères de performance du personnel (document 1) ?**
3. **Observez et critiquez le tableau de bord actuel (documents 2 et 3).**
4. **Proposez une correction à l'aide du document 4.**

Document 1 Entretien avec Mme Véra

Vous : Qu'attendez-vous d'un tableau de bord RH ?
Mme Véra : Un tableau de bord RH peut avoir plusieurs finalités selon la personne à laquelle il est destiné.
En tant que dirigeante de BureauPlus, je souhaite trouver dans ce tableau de bord des indicateurs sociaux de pilotage. Alors qu'un tableau de bord destiné au responsable du service RH devrait présenter des indicateurs d'activité du service (nombre d'erreurs sur les fiches de paie, fréquence des contrôles URSSAF…). Sachant que l'effectif du service est restreint, il n'est pas forcément utile de construire un tableau de bord pour l'activité de notre service RH. J'attends donc avant tout un tableau de bord de pilotage.
Vous : Comment évaluer la performance du personnel ?
Mme V. : J'ai avant tout besoin de comparer l'évolution et la structure de la masse salariale à l'évolution de l'activité de l'entreprise. En effet, une masse salariale qui évolue plus vite que le chiffre d'affaires de l'entreprise est un clignotant sur lequel il faut se pencher très vite. Par contre, il faut bien décomposer la masse salariale (CDI, intérim, mi-temps…).

Document 2 Extrait du tableau de bord RH actuel

	Janvier
Nombre total de CDI	
Nombre d'embauches en CDI dans le mois	
Nombre de départs de CDI dans le mois	
Nombre total de CDD	
Nombre d'embauches en CDD dans le mois	
Nombre de départs de CDD dans le mois	
Taux horaire Smic	
Chiffre d'affaires du mois	

Document 3 Le choix d'un critère de mesure de performance

Un bon système de mesure de performance doit reposer sur des critères d'évaluation ayant certaines qualités :
- Simplicité : le critère doit être simple pour pouvoir être compris et utilisé par les responsables de l'entreprise. Cette simplicité permettra la mise en place rapide d'actions correctives.
- Adaptation aux caractéristiques du centre de responsabilité : le critère doit être cohérent avec les caractéristiques de chaque centre de responsabilité pour permettre la mesure des performances du responsable ou du centre.
- Adaptation aux pouvoirs des responsables : le critère doit incorporer des variables sur lesquelles les responsables peuvent agir (variables d'action). À défaut, ils ne tiendront pas compte du critère de mesure de performance mis en place dans la PME.
- Cohérence : face à un événement ou à une décision ayant un impact positif pour l'entreprise ou pour le centre, le critère doit varier dans un sens positif.

Document 4 Les composantes de la masse salariale de BureauPlus

L'entreprise BureauPlus est composée de 75 personnes dont 68 en CDI et 7 en CDD.
5 contrats sont à temps partiel (2 CDI et 3 CDD). Il arrive assez fréquemment de faire appel à quelques intérimaires.
L'ensemble du personnel travaille 35 heures par semaine, mais il arrive que des heures supplémentaires soient effectuées.
Actuellement, 3 employés sont en arrêt de travail pour cause de maladie et 1 pour accident du travail.
Statistiquement, il faut 75 personnes pour traiter 3 000 commandes par an.

3 Élaborer le tableau de bord d'un service distribution

La Manufacture de lames de scie (MDLS) est une entreprise installée à Périgueux qui fabrique des outils coupants pour l'industrie du bois. Elle est composée de 25 personnes salariées.
Le responsable du service commercial dirige une équipe de dix VRP salariés et cinq agents commerciaux répartis sur toute la France. Il a pour objectif de les accompagner ponctuellement sur le terrain, de gérer directement certains clients, de recevoir et formaliser les commandes…
Le directeur de l'entreprise souhaiterait disposer d'un tableau de bord mensuel pour suivre l'activité de ce service.

1 **Parmi les informations fournies dans les documents, sélectionnez celles qui permettront d'alimenter ce tableau de bord.**

P7 **2** **Mettez en forme une proposition de tableau de bord à l'aide d'un tableur.**

Document 1 Le tableau de bord commercial

Pour les fonctions commerciales, les indicateurs de tableau de bord sont essentiellement tournés vers l'extérieur de l'entreprise : recherche de nouveaux clients (prospection, démarchage, salons professionnels), suivi de la relation clients (remarques sur la qualité des produits, étude des nouveaux besoins…), détermination des besoins futurs du marché (études de marché, enquêtes d'opinion…), étude de la concurrence (analyse qualité et prix de vente, parts de marché…)…

Document 2 Les besoins du directeur de la PME et du responsable commercial

Le directeur de l'entreprise souhaiterait améliorer le taux de résultat net de l'entreprise par rapport au chiffre d'affaires. Sachant que la concurrence est de plus en plus rude, il espère pouvoir maintenir ses parts de marché à 5 ans tout en réduisant ses coûts de fonctionnement.
Le responsable commercial a pour objectif de maintenir le CA tout en favorisant la vente des produits nouveaux, dont le procédé de fabrication permet de réduire les coûts, tout en menant une politique de suivi au plus près des dépenses, notamment des frais de route.

Document 3 Les axes de succès

- Réussir à convaincre les clients actuels de s'approvisionner en produits nouveaux.
- Élargir la clientèle,
- Mettre en place une politique commerciale motivante pour les VRP tout en les incitant à réduire leurs frais de route.

Document 4 Les actions du responsable commercial

Le responsable commercial a beaucoup œuvré pour présenter les nouveaux outils coupants : participation à des salons professionnels (en France et à l'étranger), communication à l'aide de mailing, du site Internet de l'entreprise, de prospectus…
Pour stimuler les commerciaux à vendre les nouveaux produits, il a fixé des objectifs de conversion anciens/nouveaux produits, établit des classements et organise des challenges entre les commerciaux (voyage à gagner…). Dans le même temps, il a modifié les objectifs à atteindre et les pourcentages de commission : les objectifs sont plus élevés mais leur atteinte est plus rémunératrice.
Il suit de très près les frais de carburant en imposant désormais des cartes d'abonnement. Chaque VRP doit présenter la semaine N son planning de visite de la semaine N+1 afin qu'un contrôle soit effectué pour inciter les commerciaux à rentabiliser les kilomètres parcourus.

4 Établir un tableau de bord

La SARL Caron a pour activité la vente de meubles auprès de particuliers. Elle bénéficie d'une réputation de sérieux et de qualité, mais se heurte à une concurrence de plus en plus vive. Depuis plusieurs années, l'entreprise n'a plus de courbe croissante : son dirigeant, Jean-Marie Caron, a la conviction que son activité, bien qu'elle lui assure des revenus suffisants, est en perte de vitesse. Sa fille, Cécile, souhaiterait intégrer l'entreprise et développer son activité. Elle vient de terminer ses études et voudrait que l'entreprise développe de nouveaux produits : vaisselle, objets de décoration, tableaux car, selon elle, les clients préfèrent de plus en plus souvent acheter les meubles et créer des atmosphères design, des couleurs harmonieuses… avec des objets de décoration associés.

À la recherche d'un conseil, M. Caron contacte le cabinet d'expertise comptable que vous venez d'intégrer. Affecté(e) dans le service Gestion récemment créé de façon à prodiguer aux clients du cabinet des conseils en gestion en plus des traditionnelles missions comptables, fiscales et sociales, vous devez répondre aux questions de M. Caron qui, convaincu de la pertinence du projet de sa fille, décide de démarrer cette nouvelle activité. Il souhaite que vous l'aidiez à élaborer un tableau de bord trimestriel lui permettant de réagir rapidement à toute situation.

En vous appuyant sur le document, présentez un projet de tableau de bord de gestion de la SARL Caron.

Document Objectifs de l'entreprise et critères de performance

M. Caron souhaite transmettre son entreprise à sa fille dans un délai de deux à trois ans. Il a trois objectifs : la croissance, l'indépendance vis-à-vis des banques et la rentabilité.

Critères de performance	Indicateurs
Être en croissance	Chiffre d'affaires des meubles Chiffre d'affaires de la nouvelle activité
Être indépendant des banques	Montant du découvert Stock de meubles Créances clients Dettes fournisseurs
Avoir une activité rentable	Marge commerciale*

* Marge commerciale : valeur cible = ce qui est acheté 75 € est vendu 100 €.

ːrédits photographiques

. 5 : Delphotostock/Fotolia ; p. 6 : Andrea Veneziano/Fotolia ; p. 7 : Kzenon/Fotolia ; p. 9 : Boggy/Fotolia ;
. 10 : Alex Tihonov/Fotolia ; p. 17 : peteri/Fotolia ; p. 18 : peshkova/Fotolia ; p. 19 : diego cervo/Fotolia ;
. 21 : de ht en bas et de g à dr. : Rido/Fotolia ; Kurhan/Fotolia ; Kurhan/Fotolia ; olly/Fotolia ; Idprod/Fotolia ;
urhan/Fotolia ; pressmaster/Fotolia ; olly/Fotolia ; p. 22 : alexmu/Fotolia ; p. 23 ht : Piotr Marcinski/Fotolia ;
as : goodluz/Fotolia ; p. 24 : Designer_Andrea/Fotolia ; p. 35 ht : Nilanjan/Fotolia ; bas : Tarzhanova/Fotolia ;
. 36 : Yves Damin/Fotolia ; p. 37 : Ars Ulrikusch/Fotolia ; p. 38 : markobe/Fotolia ; p. 39 : Idprod/Fotolia ; p. 42 ht :
ebastiano Fancellu/Fotolia ; bas : Kurhan/Fotolia ; p. 44 : alexmu/Fotolia ; p. 57 : softfocusphoto/Fotolia ; p. 60 :
urijs Korjakins/Fotolia ; p. 61 : chattenoir/Fotolia ; p. 62 : lucadp/Fotolia ; p. 63, p. 66 : Robert Kneschke/Fotolia ;
. 67 : Patryssia/Fotolia ; p. 68 ht : Mny-Jhee/Fotolia ; bas : yodiyim/Fotolia ; p. 69 : Patryssia/Fotolia ; p. 79 : goo-
luz/Fotolia ; p. 80 : photographee.eu/Fotolia ; p. 81 : Stefan Körber/Fotolia ; p. 82 : contrastwerstatt/Fotolia ;
84 ht : yvon52/Fotolia ; bas : Gennady Poddubny/Fotolia ; p. 87 : contrastwerkstatt/Fotolia ; p. 101 : taaee/
otolia ; p. 102 : Kadmy/Fotolia ; p. 104 : ID1974/Fotolia ; p. 105 : contrastwerkstatt/Fotolia ; p. 108 ht : alma_
acra/Fotolia ; bas : contrastwerkstatt/Fotolia ; p. 109 : Alexi TAUZIN/Fotolia ; p. 110 : contrastwerkstatt/Fotolia ;
123 : vvoe/Fotolia ; p. 125 : Monkey Business/Fotolia ; p. 126 ht : Kurhan/Fotolia ; bas : natale_matteo/
otolia ; p. 127 : highwaystarz/Fotolia ; p. 128 de ht en bas : goodluz/Fotolia ; Jeannette Dietl/Fotolia ;
ghwaystarz/Fotolia ; p. 129 : Kurhan/Fotolia ; p. 137 : freepeoplea/Fotolia ; p. 138 ht : stevem/Fotolia ;
as : He2/Fotolia ; p. 139 : Apart Foto/Fotolia ; p. 141 : highwaystarz/Fotolia ; p. 143 : Kurhan/Fotolia ; p. 144 :
ergiy1975/Fotolia ; p. 163 : litts/Fotolia ; p. 164 : nys/Fotolia ; p. 165 : micromonkey/Fotolia ; p. 167 :
iuseppe.Porzani/Fotolia ; p. 169 : highwaystarz/Fotolia ; p. 170, p. 172 : Kurhan/Fotolia ; p. 173 : mettus/Fotolia ;
174, 175 ht : Monkey Business/Fotolia ; p. 175 bas : fantasy/Fotolia ; p. 178 : Kurhan/Fotolia ; p. 191 : Hayati
ayhan/Fotolia ; p. 192 : wellphoto/Fotolia ; p. 195 ht : Kurhan/Fotolia ; bas : Monkey Business/Fotolia ; p. 197 :
dustrieblick/Fotolia ; p. 198 : Dmitry Vereshchagin/Fotolia ; p. 201 : Kurhan/Fotolia ; p. 213 : k_75/Fotolia ;
215 ht : mariesacha/Fotolia ; bas : Dmitry Shishov/Fotolia ; p. 217 : industrieblick/Fotolia ; p. 219 : Rido/
otolia ; p. 220 : Joey333/Fotolia ; p. 221 : industrieblick/Fotolia ; p. 222 : © Renault Marketing 3D-Commerce ;
230 : photka/Fotolia ; p. 231 : Kevin/Fotolia ; p. 233, 235 : industrieblick/Fotolia ; p. 237 : Syda Productions/
otolia ; p. 251 ht : PhotoKD/Fotolia ; bas : Xuejun li/Fotolia ; p. 253 : Rostislav Sedlacek/Fotolia ; p. 254 :
nadorgs/Fotolia.

ustrations

12, p. 43 : Vincent Rioult ; p. 132 : Jean-Jacques Galmiche.

N° de projet : 10295055
Dépôt légal : avril 2017
Imprimé en france en juillet 2023
par CPI Bussière (2072615)